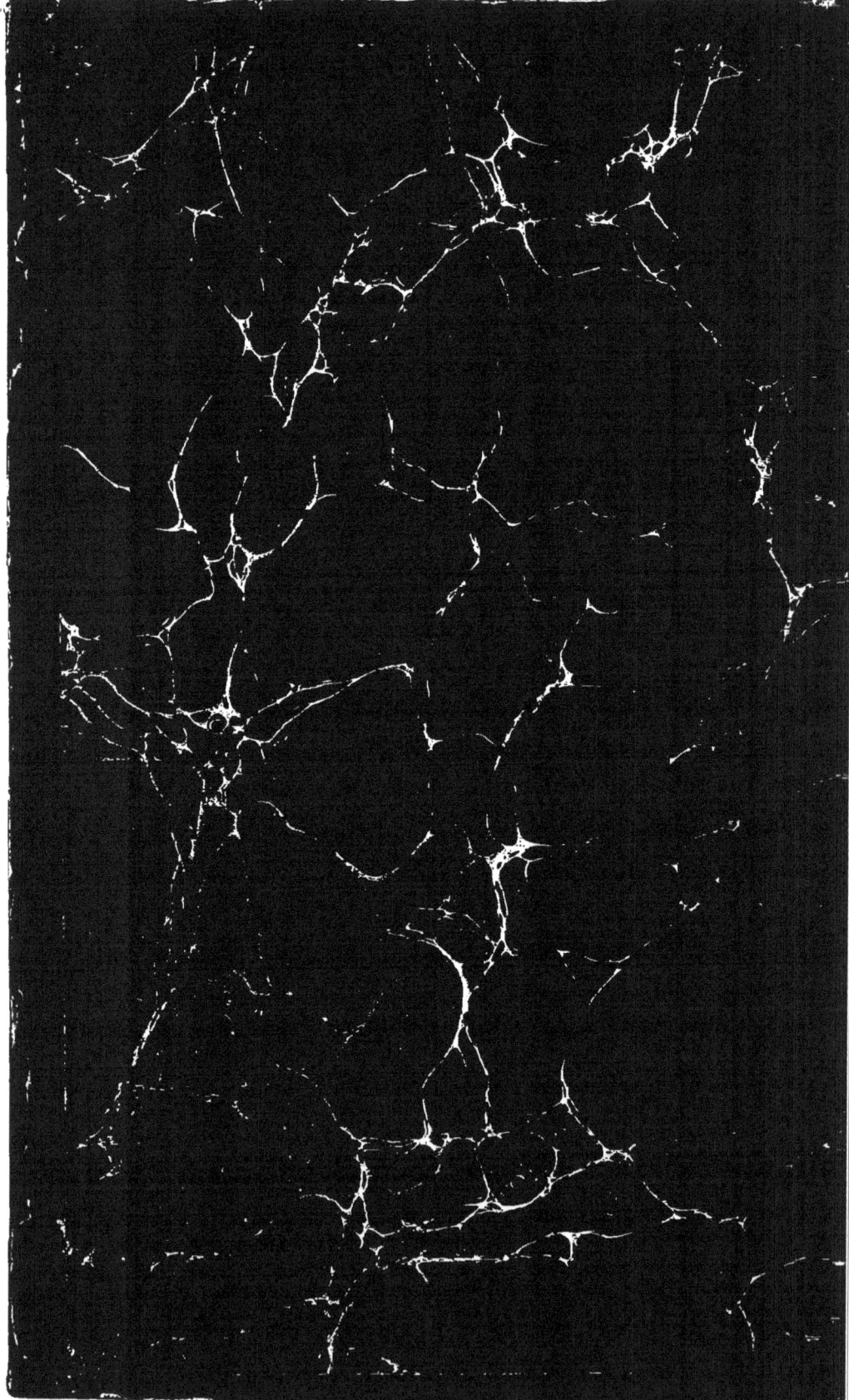

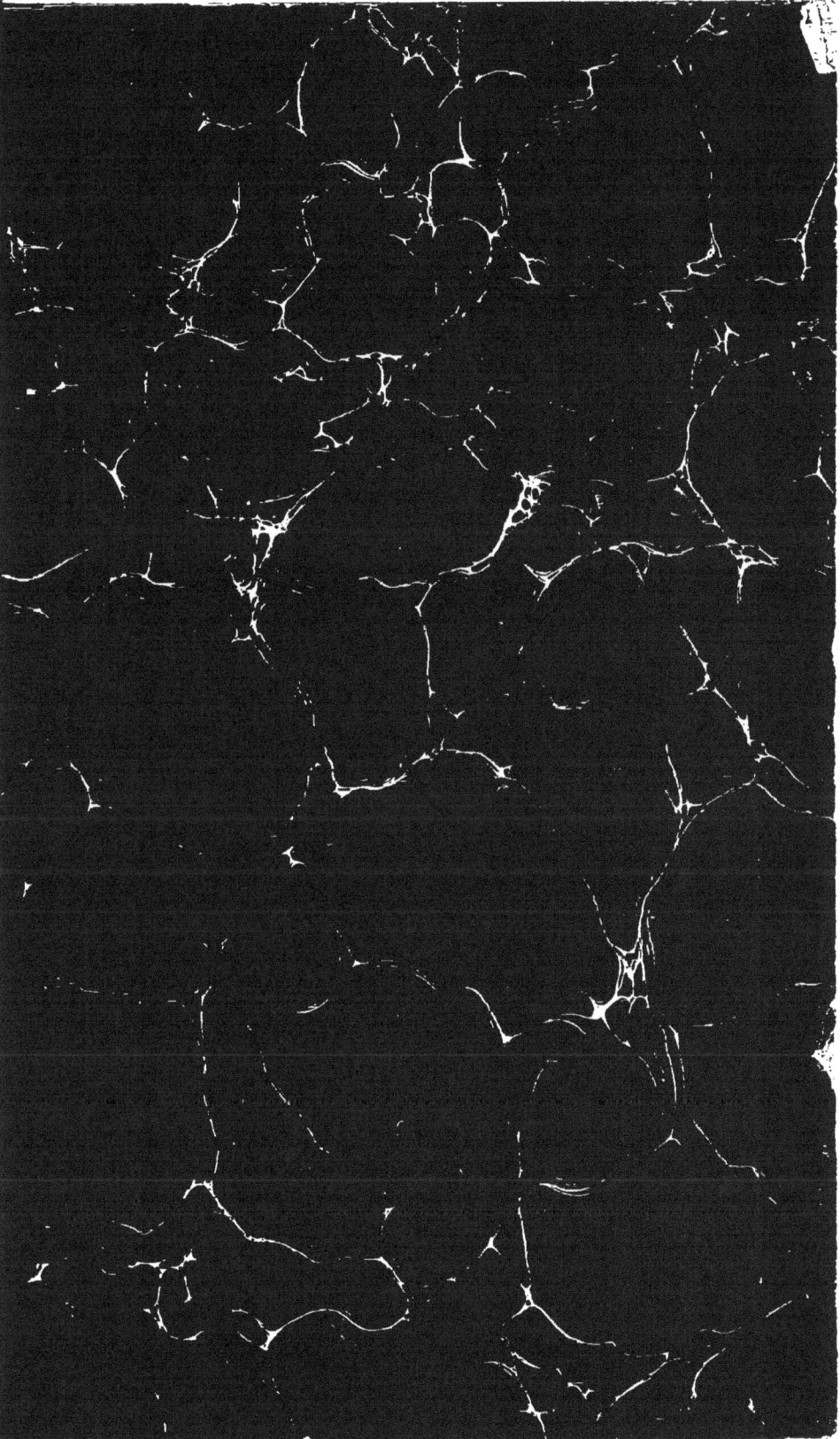

L'ÉCOLE FRANÇAISE
DE PEINTURE

DEPUIS SES ORIGINES

JUSQU'A LA FIN DU RÈGNE DE LOUIS XIV

LEÇONS PROFESSÉES

A L'ÉCOLE NATIONALE DES BEAUX-ARTS (1876-1877)

PAR

GEORGES BERGER

PARIS

LIBRAIRIE HACHETTE ET Cie

79, BOULEVARD SAINT-GERMAIN, 79

1879

Droits de propriété et de traduction réservés

L'ÉCOLE FRANÇAISE

DE PEINTURE

23174 — PARIS, TYPOGRAPHIE A. LAHURE
9, Rue de Fleurus, 9

L'ÉCOLE FRANÇAISE
DE PEINTURE

DEPUIS SES ORIGINES

JUSQU'A LA FIN DU RÈGNE DE LOUIS XIV

LEÇONS PROFESSÉES
A L'ÉCOLE NATIONALE DES BEAUX-ARTS (1876-1877)

PAR

GEORGES BERGER

PARIS
LIBRAIRIE HACHETTE ET Cie
79, BOULEVARD SAINT-GERMAIN, 79

—

1879

AVANT-PROPOS

L'œuvre de l'Exposition universelle de 1878 était commencée. Nous avions pris la résolution d'aliéner trois années de travail et de liberté en faveur de l'entreprise colossale qui vient de profiter si largement aux gloires de la France, quand la mission de suppléer M. Taine dans sa chaire *d'esthétique et d'histoire de l'art* vint s'imposer à notre affection pour le sympathique professeur ainsi qu'à notre amour des beaux-arts.

Nous n'avions pas le droit de nous dérober devant une obligation aussi honorante, malgré l'exiguïté et l'emploi déjà marqué du temps laissé à notre préparation. Il fallut choisir immédiatement un sujet et nous borner à classer, en quelques notes rapides, les dates, les noms et les faits historiques appelés à composer les éléments exacts du développement d'un cours improvisé.

Les chapitres que nous offrons au lecteur, afin de répondre au vœu des amis que nous avons eu le bonheur de compter dans notre auditoire, reproduiront, sous leur forme originale saisie par la sténographie, les causeries qu'il nous a été permis de faire écouter dans l'hémicycle de la rue Bonaparte.

Malgré la présence du public, les leçons de l'école nationale des beaux-arts gardent le caractère d'un enseignement privé. Le style de la conversation convient à ces séances où le professeurse doit tenir surtout à la portée des élèves. Ceux-ci possèdent généralement un bagage très léger de connaissances historiques, littéraires ou philosophiques; il s'agit donc de les instruire et, à la fois, de leur apprendre à voir, à méditer, à déduire. Il faut recommander des faits à leur mémoire et, en même temps, développer chez eux l'esprit d'observation; ce dernier résultat ne peut être obtenu que si le professeur parvient à associer très intimement leur attention à la sienne, dans l'examen des œuvres peintes, dessinées ou gravées qu'il a mission d'expliquer.

L'histoire de notre école nationale de peinture n'avait pas été comprise, depuis bien des années, dans le programme du cours dont nous nous trouvions chargé. Nous avons pensé qu'aucun sujet n'était préférable.

Le nombre et la durée des leçons étaient limités ; il a fallu restreindre notre étude, l'arrêter à une époque déterminée et nous en tenir aux grandes lignes caractéristiques. Le lecteur jugera si nous avons atteint notre but qui était, avant tout, de donner un aperçu historique et une impression critique.

Nous avons choisi des exemples connus et accessibles, en sorte que notre appréciation des œuvres citées pourra être surtout contrôlée ou discutée dans le musée du Louvre et dans les galeries de Versailles.

Après avoir essayé de nous faire comprendre par ceux qui nous écoutaient, nous avons l'espoir d'être approuvé par ceux qui nous ferons l'honneur de nous lire.

L'ÉCOLE FRANÇAISE
DE PEINTURE

PREMIÈRE LEÇON

Introduction : définitions générales. — Origines de l'école française. — Art carlovingien ; école palatine d'Aix-la-Chapelle. — Calligraphes ; peintres de manuscrits ; peintres verriers. — L'architecture et la peinture en miniature. — Le treizième siècle est une ère d'émancipation ; les corporations. — La plate-peinture : retables et tableaux de chevet. — Les peintres imagiers. — Influences diverses : La Bourgogne et les Flandres ; l'école de Cologne ; Van Eyck et Fra Giovanni Angelico ; Hemling et Jean Fouquet.

Je n'attendais pas, il y a quelques semaines, l'honneur de paraître à cette place. J'espère qu'une bonne fortune inappréciable pour moi ne deviendra pas pour mes auditeurs une déception trop amère. Le maître éminent qui a bien voulu me confier la suppléance de sa chaire désire se consacrer à l'achèvement du plus beau monument d'histoire philosophique et nationale qu'aura produit notre littérature contemporaine. M. Taine laissera dans cet hémicycle un vide difficile à combler. Ses conseils joints à ceux du grand artiste qui dirige cette école soutiendront mes efforts dans la tâche périlleuse imposée à mon inexpérience.

Je me propose d'ouvrir le livre des grandes annales de l'Art, aux chapitres consacrés à la peinture française. J'y recueillerai, pour les analyser, les comparer, et les faire servir à d'instructives conclusions, les grands faits de la naissance et du développement de notre école nationale. J'ai la mission délicate et flatteuse de diriger une recherche qui doit aboutir à un enseignement à la fois historique et philosophique. Qu'il me soit permis de mettre une part de ma responsabilité à l'abri, en confessant, tout d'abord, que j'arrive les mains vides de théories inédites.

Mes prétentions sont bornées : je veux être pour ceux qui suivront ce cours un cicerone prévoyant et scrupuleux, avare de leur temps ainsi que de leurs peines. Je m'arrêterai seulement en face de personnalités caractérisées, devant des œuvres reconnues capables de provoquer les remarques utiles et la méditation féconde. J'aurai soin de rappeler ou de faire connaître les circonstances diverses et les influences de tous ordres au milieu desquelles les objets de notre étude ont été formés. Mon ambition sera satisfaite et ma récompense sera acquise, après cela, si, pour la partie dogmatique de mes leçons, je n'ai qu'à résumer et à formuler les jugements que la logique la plus élémentaire aura imposés à l'esprit de tous.

J'estime, en effet, qu'un cours de l'espèce de celui-ci peut être profitable par la revue méthodique de faits ou d'exemples auxquels leur valeur et leur authenticité donnent une éloquence victorieuse, plus que par l'exposé d'une doctrine si consciencieusement réfléchie qu'elle puisse être ; il faut surtout alors que les leçons soient composées d'après des observations matériellement contrôlées ou contrôlables, que les impressions personnelles du professeur n'apparaissent que dans la stricte mesure voulue par la confiance, ou mieux par la confidence qu'il doit à un auditoire curieux et intelligemment libéral.

Le programme que j'aurais à exposer s'esquisse par des traits chronologiques et biographiques trop connus dans leur généralité, pour qu'il soit utile que j'en offre, par avance, le moindre aperçu sommaire; ce n'est, d'ailleurs, qu'en les analysant dans des détails qui échappent souvent à l'observation concrète que je pourrai éclairer les points sur lesquels il me faudra particulièrement fixer l'attention.

En remontant jusqu'aux premiers vestiges apparents d'un pinceau national, en redescendant ensuite le cours des époques jusqu'au seuil du dix-huitième siècle, je citerai les noms illustres des peintres, des princes, des personnages qui, par leur science, leur talent, leur génie, leur goût et leur protection, ont fondé, perfectionné, ennobli, caractérisé, encouragé et modifié la manière française. Nous franchirons les Alpes, le Rhin et les frontières du Nord; nous rechercherons là-bas dans chacune des écoles anciennes de l'Italie, de l'Allemagne et des Flandres, les sources des influences premières; nous y noterons les points de ressemblance dont la connaissance est nécessaire à l'histoire des origines, les termes de la comparaison essentielle à faire pour affirmer l'originalité et l'indépendance relative conquises par nos maîtres. A propos de l'œuvre de chacun de ceux-ci, j'abrégerai les énervements d'un examen trop prolongé en dégageant les caractéristiques visibles de sa composition, de son dessin et de son coloris. Après avoir enseigné à reconnaître l'individualité d'un peintre et les allures d'un atelier ou d'une période artistique, après avoir mis chacun presque en mesure de formuler des attributions dont l'exactitude dépendra toujours néanmoins de l'habitude de voir, c'est-à-dire de l'expérience pratique plutôt que des facultés appréciatives et du savoir, il me restera encore à raconter la vie des principaux artistes, à faire l'historique de certains morceaux.

Est-ce là tout ce que je dois à mon sujet? Certainement non. J'ai à parler de l'Art; ce seul mot implique une recherche plus profonde; il exige des définitions que je rendrai aussi brèves et peu subtiles que possible. C'est, d'abord, j'en conviens, le terme général qui désigne les procédés par lesquels l'activité intellectuelle produit les œuvres qui se rapprochent le plus de la perfection attribuable à chacune d'elles. J'avoue que parler de procédés c'est rappeler l'usage des sens, du bras, de l'outil; j'admets que l'organisme corporel désigne tous les hommes pour être, avant tout, des artisans; mais j'ajoute immédiatement que l'élévation de la capacité morale classe certains d'entre eux au rang d'artistes.

Ces deux degrés dans la grande hiérarchie intellectuelle qui domine toutes nos hiérarchies sociales ont, comme on le voit, des dénominations peu différentiées : artisans — artistes; c'est que notre langue est souvent judicieuse au point de compléter la définition de ses termes les plus généraux par les dérivés de ceux-ci: il m'est donc permis de dire, d'accord avec l'esprit de la langue française, qu'en prononçant le mot Art je spécifie encore le principe universel qui préside à la conception, à la facture, ainsi qu'à la perception ou compréhension des œuvres capables de saisir à la fois les sens et l'âme.

Ce principe lui-même est aussi peu définissable, à première analyse, que celui de l'organisation psychologique de l'être humain.

Je suis tenté de ranger l'Art, considéré sous ce point de vue, au nombre des facultés intellectuelles, quand je réfléchis à l'emploi que l'esprit humain en a toujours fait pour dissimuler, sous les dehors réhabilitants de la forme idéale, le réalisme abaissant des besoins physiques. Ainsi : la nécessité d'abriter sa fragilité corporelle contraint l'homme à se bâtir une demeure, mais son génie crée l'architecture, que les siècles les plus reculés ont connue assez imposante pour fournir des sanctuaires à la Divinité. Les exigences matérielles de la vie commune et le sentiment de l'insuffisance individuelle déterminent l'invention du langage artificiel : l'esprit humain accapare cet outil organique, l'ennoblit en le mettant au service de l'éloquence et de la poésie natives, et voilà les belles-lettres qui rivent un fleuron au diadème de l'être pensant. Si j'envisage, parmi les beaux-arts, ceux qui sont sans relation d'origine avec nos besoins physiques, la sculpture et la peinture me révèlent immédiatement la tendance de l'imagination vers la production d'œuvres qui, sous des formes ou des apparences empruntées à la nature, interprètent les spectacles de celle-ci ; je vois dans cette interprétation préférée et substituée à une reproduction dont le seul mérite consisterait dans l'illusion plus ou moins complète imposée aux sens, l'éclatante manifestation d'une faculté de l'âme nécessaire pour créer une œuvre d'art ou pour en jouir.

Je suis porté, dès lors, à regarder l'œuvre d'art comme une revendication de la partie intellectuelle et de la partie morale de l'homme sur la nature physique, de l'idée sur la matière.

Je comprends, dès lors aussi, ce qu'il faut entendre par « l'idéal » : ce mot cesse d'être un qualificatif énigmatique; il s'érige comme la dénomination vraie de l'essence de l'Art.

L'idéal se définit par les conditions de sa manifestation; celle-ci implique une activité de la pensée capable d'atteindre au génie quand les idées qui naissent sont neuves, abondantes et sublimes; elle demande, en outre, le talent uni au style, c'est-à-dire le pouvoir ou le don de faire éclore dans une imitation éclectique de la nature passive, les proportions, l'harmonie, le rythme qui correspondent à ces idées et contribuent le mieux à les exprimer dans des images sensibles.

J'espère m'être fait rapidement comprendre; s'il en est ainsi, nous avons conquis, par notre entente, le droit de demander à chaque peintre de notre école dans quelles proportions et dans quelles formes il a fait de son pinceau le serviteur de sa pensée.

Dans les arts du dessin, la recherche des secours que les études pratiques peuvent apporter au talent et au goût inné doit être entreprise dans le seul but de faire apprécier le travail de la pensée sous les aspects les plus appropriés, les plus correctement naturels et les plus artistiquement combinés pour transmettre les sensations de l'auteur. Bien penser et bien peindre, c'est être à la hauteur de sa mission ; c'est honorer autrui par la forme sous laquelle on lui communique sa pensée. Savoir bien peindre sans savoir bien penser, c'est le fait de l'impuissance artistique qui gagne par une flatterie le suffrage de la classe nombreuse des observateurs superficiels ; blâmons ces derniers qui décernent trop souvent le titre d'artiste au peintre que des juges autorisés relèguent au rang moins élevé, mais encore très enviable, des artisans habiles et spirituels.

La foule dépasse rarement, dans son examen, l'enveloppe des qualités extérieures qui font le charme accaparant du tableau ; elle se déclare satisfaite après qu'elle a savouré un fini précieux et exact, une facture spécieuse, une composition captivante, un dessin irréprochable, un coloris chatoyant, les tours de force d'une audace toujours heureuse en face de difficultés de métier toujours vaincues par une pratique prodigieusement experte. Il semble que le peintre qui a séduit les yeux mérite toutes les couronnes ; le dédain de pareils succès classe un artiste.

Pour ne pas encourir le reproche d'être sévère jusqu'à l'exclusivisme, je me hâte de reconnaître que sans déroger à son essence idéale, l'Art doit chercher la vérité dans la représentation des objets, à condition toutefois que l'illusion qu'il procure ainsi se change en une effluve poétique.

L'imitation prosaïque de la nature a été désignée par opposition, sous le nom de « réalisme » ; elle n'a rien à démêler avec l'Art pur, car la pensée et le style n'apportent rien aux œuvres qu'elle produit.

Dans sa fonction créatrice, l'Art demande aux sens, à celui de la vue spécialement, de fournir des motifs à l'imagination, de guider celle-ci dans le choix et l'agencement expressif des imitations qu'il est obligé de faire des modèles de la nature ; il ne peut, dès lors, exercer son influence qu'en captivant les sens au point de les assujetir à être les agents promoteurs de cette sympathie organique, grâce à laquelle la pensée se dégage de la forme matérielle qui la revêt et provoque, pour sa perception, les mêmes phénomènes psychologiques qui ont présidé à sa conception. Cette obligation faite à l'Art de ne traiter la nature et les sens qu'en intermédiaires pour l'aider à atteindre son but suprême qui est l'émotion des âmes, certifie encore son espèce idéale.

L'histoire de la peinture a été écrite souvent ; ce sujet est inépuisable ; il serait long de citer les noms des auteurs fameux qui l'ont abordé, qui ont tenu à honneur de corriger, de commenter et de compléter des devanciers moins renseignés sur certains points, morts avant certaines de ces découvertes, qui viennent, par intervalles, enrichir d'un fait nouveau les annales de l'Art. L'homme d'étude suffit à peine à son devoir de connaître les volumes que la science philosophique ou critique produit journellement sur la peinture et sur les peintres. Il faut des loisirs et une vocation pour s'absorber dans la lecture et le dépouillement de ce bagage de livres nécessaire, dans sa totalité, à l'érudit, et dans certaines de ses parties, à l'homme du monde qui aspire à parcourir les musées et les galeries avec l'encourageante certitude d'y trouver une autre satisfaction que celle des yeux.

J'aime à penser, messieurs, que ce dernier désir est le vôtre; que beaucoup d'entre vous viennent ici guidés par l'envie d'être mis rapidement à même de le contenter. Notre École nationale des Beaux-Arts a devancé vos souhaits en ouvrant au public les portes de son hémicycle; à moi de me tenir à la hauteur des promesses faites par elle et des exigences de votre légitime curiosité. Quant à vous, qui entamez ou qui poursuivez le cours de vos études artistiques, qui désertez pour un instant et en faveur de ce cours les ateliers où d'illustres maîtres vous apprennent à dessiner et à peindre, vous font libéralement part des secrets de leur pratique, de leur commerce avec la nature et avec leurs devanciers, de leur puissance géniale et créatrice; quant à vous, élèves de cette école, vos voisins sur ces bancs me permettront de dire que vous serez non pas la classe privilégiée de mon auditoire, — ni ma capacité, ni ma position ne m'autorisent à employer ces mots — mais l'objectif préféré de ma sollicitude. N'êtes-vous pas, en effet, l'avenir pour l'une des gloires les plus radieuses du pays? En vous racontant les anciens triomphes et aussi les anciennes défaillances de l'école française, en vous convainquant de leurs causes, je voudrais apporter mon humble pierre à l'édification de sa grandeur future. Je me joindrai à vos maîtres que je viens de citer pour indiquer, s'il est possible, par quelles voies on arrive à conduire merveilleusement son crayon, sa brosse et sa palette, tout en épurant par le travail assidu et sublime de la pensée, les idées filles des sensations qui inspirent les grands sujets aux grands peintres.

Il nous faudra suivre plus d'une section de la route où sont accumulés les modèles de tous les temps et de toutes les régions, celle de la *tradition*. Que ce mot ne cause aucun effroi ! Il n'a pas le sens rétrograde que se plaisent à lui infliger certains novateurs mécontents, auxquels le succès échappe parce qu'ils ont été rebelles à l'étude, et, par suite, au progrès. La tradition ne circonscrit aucun parcours, elle jalonne simplement la direction à suivre. On se hâte aujourd'hui de la confondre, dans une malédiction commune, avec l'enseignement académique dont j'aurai l'occasion de parler plus d'une fois pour signaler des résultats heureux ou des exagérations fâcheuses ; celui-ci n'a été lui-même qu'une étape ou une halte sur la voie tracée. La tradition, c'est la grande avenue, la carrière sans limites où le but final est toujours aussi loin du voyageur que la perfection est au-dessus des moyens humains. On prétendra peut-être aussi que la tradition entrave la liberté nécessaire à l'artiste. Autant vaudrait dire que le vagabond est plus libre dans les fondrières du chemin de traverse que l'homme aux allures dégagées qui suit la grand' route, et, n'ayant point à surveiller ses pas, laisse son regard inspirer sa pensée en fouillant le ciel ou les horizons lointains.

Je suis loin de répudier ou de nier les aimables productions d'une spirituelle et galante fantaisie ; après m'être recueilli dans le génie du dix-septième siècle, j'aime à me délasser dans l'esprit du dix-huitième.

Pour continuer la gloire ainsi que le charme de notre école, je veux qu'on n'oublie aucune de ces deux époques typiques de la peinture francaise ; mais je crois que personne n'hésiterait à se placer avec moi à un point de vue plus élevé, en souhaitant que nos peintres, fascinés par l'hommage rendu aux qualités éminemment nationales de notre goût et de notre verve, ne se dérobent pas au souffle universel qui répand indistinctement le génie du grand art sur le monde pensant. Il faut apprendre à reconnaître ce souffle, à bien y orienter sa voile pour courir sûrement dans le lumineux sillage des guides immortels...

Je m'arrête ; il est temps d'aborder et d'étudier les premiers faits historiques qui ont trait à notre sujet ; ils seront plus éloquents que moi ; Gœthe l'a dit : « Le plus beau don de l'histoire, c'est l'enthousiasme qu'elle éveille. »

On a contesté, et certains dialecticiens contestent encore l'école française de peinture ; leur principal argument réside dans le sens étroit qu'ils persistent à attacher au mot « École » ; ils veulent que, dans le cas particulier, celui-ci signifie non seulement l'apparition et la permanence constatées dans le grand ensemble des œuvres indigènes, de certains caractères absolument nationaux ainsi que de qualités particulières, mais aussi de quelque chose d'inné dont l'analogue ou l'équivalent de même genre ne peut se trouver nulle part ailleurs.

Cette doctrine rigoureuse qui fractionne le domaine de l'Art au lieu de souder ses parcelles, semble avoir cours en Allemagne ; pour un peu, les instituts étrangers de Rome la proclameraient en face de la Villa Médicis. Notre tutélaire asile de Monte Pincio, — cela est triste à dire, — n'a guère trouvé qu'en France des détracteurs capables d'avancer qu'il a cessé d'être utile au perfectionnement de nos jeunes peintres par l'étude des grandes pages italiennes sous le ciel qui les a vues naître. Nos contradicteurs étrangers attestent seulement que nous nous complaisons au foyer séculaire des écoles maîtresses dans la continuation et même la régénération desquelles notre dix-septième siècle, — la grande époque de notre peinture, — a été absorbée au point de ne pouvoir plus rien fonder d'individuel.

Mon rôle ici ne comporte pas la discussion à propos de tels paradoxes ; quitte à faire un peu d'érudition pour renverser la prétention à plus d'individualité qu'affectent certaines écoles du Nord, il serait facile de leur découvrir des ascendants qui, pour être plus archaïques, ne leur sont pas moins étrangers, dont l'influence a traversé l'art français mais s'est épurée au contact italien.

Notre histoire artistique veut cependant que nous remontions à ces origines communes, en remontant à un ancêtre commun, au grand empereur de l'an 800, au fils de Pépin le Bref.

Charlemagne avait à organiser un monde auquel convenait encore l'épithète de barbare ; il fut le premier des novateurs du moyen âge par la grandeur de ses projets de transformation morale, par l'ubiquité de leur réalisation ; il a été le mieux inspiré de tous par l'appui qu'il a voulu prendre sur la civilisation antique. Mais, les anciens fruits de la belle culture ne renaissent pas par la seule volonté d'un empereur, même sur le plus fécond des sols, si des âges de décadence ont laissé celui-ci en jachère ! C'est ainsi que Charlemagne a fondé l'Allemagne mais n'a su la doter d'abord que des épaves amoindries recueillies dans l'Italie dégénérée des huitième et neuvième siècles. Si par contre, il a pu donner à la France la suprématie européenne que les Mérovingiens lui avaient fait entrevoir, c'est que les Francs, émancipés quatre cents ans plus tôt, avaient conservé, par l'esprit de leur race et la sauvegarde du monarchisme, le reflet de la grandeur romaine, c'est-à-dire l'héritage de la période gallo-romaine terminée seulement à la date de leur indépendance.

Charlemagne avait concentré dans l'école palatine d'Aix-la-Chapelle la protection qu'il accordait aux savants et aux artistes. Nos bibliothèques classent quelques évangéliaires carlovingiens au nombre des manuscrits qui sont sortis de ce foyer; le moindre examen suffit pour faire reconnaître deux influences dans l'exécution de leurs miniatures : l'une appartient au plus détestable byzantin, au style que Rome venait de créer en dégradant encore, par l'incertitude des contours, la manière sèche et livide des mosaïstes ou des enlumineurs de Constantinople, au style qu'elle seule pouvait dès lors répandre et qu'elle avait transmis aux écoles de l'empire; l'autre laisse subsister une apparence du caractère antique aussi effacé que dans le Virgile du sixième siècle de la bibliothèque vaticane, tel qu'avait pu et dû le perpétuer la préférence latine des prélats mérovingiens comme Grégoire de Tours.

C'est donc en se trouvant le seul dépositaire accessible de la tradition classique que notre première peinture nationale, celle des manuscrits, permit à l'art carlovingien d'obtenir, malgré son expansion précipitée, un regain de culture antique qui, pour l'observateur éclairé, n'aura pas disparu tout à fait dans l'art allemand d'Othon le Grand.

J'ai tellement hâte d'arriver à la partie essentielle de notre étude, que je n'entreprendrai ni la nomenclature, ni la description des documents épars à l'aide desquels il vous sera possible de faire par vous-mêmes, les remarques que je viens de vous soumettre.

Il nous faut traverser les siècles jusqu'à l'époque où la France libre de l'étranger, constituée dans son unité territoriale et climatérique, émancipée par la conquête des franchises qui créent l'émulation et permettent la culture de l'esprit public, vieille d'un passé assez long pour donner l'expérience et la connaissance de soi-même, verra naître dans son sein les personnalités et les influences qui, dans les arts comme dans les mœurs, font, à un moment donné, que les nationalités se spécifient. Les greffes d'une école se cueillent à tous les rameaux de l'Art universel, c'est la sève du tronc et du terroir qui donne aux fruits, c'est-à-dire aux œuvres produites, leur arome spécial, autrement dit l'empreinte du génie national.

Malgré l'indispensable rapidité de notre course, je veux tâcher de faire saisir la succession des événements et des actions complexes qui sont les origines étrangères ou indigènes, locales ou générales de la peinture française :

Avant de quitter les temps carlovingiens, je dois

rappeler que Charlemagne légalisa par ses capitulaires et rendit obligatoire la coutume introduite par Childebert, à Saint-Germain-des-Prés, de couvrir de peintures les murs des églises et des cloîtres. Ces fresques ou ces encaustiques primitifs, retraçaient en images conventionnelles la légende sacrée interprétée dans une forme liturgique. Je me garde d'honorer de la moindre attache sérieuse à notre peinture nationale ce badigeon figuratif et officiel dont la disparition gêne la curiosité archéologique, mais ne blesse aucun instinct purement artistique. Cet usage, adopté au point d'être désigné sous la dénomination très générale de « Opera ecclesiæ » a persisté très longtemps ; il est facile de se rendre compte toutefois que les œuvres picturales de cette catégorie devaient être, à peu d'exceptions près, assez médiocres puisqu'on leur préférait, là où la dépense possible autorisait un vrai luxe, les tentures brodées et les draps imagés ou tapisseries dont les rapports de l'Europe avec l'Orient avait introduit le goût. L'empereur lui-même avait choisi la ressource de dépouiller Ravenne d'une partie de ses mosaïques dont il fit revêtir les parois de son palais et de sa cathédrale d'Aix-la-Chapelle.

Malgré sa puissance, le génie de Charlemagne participa à la rudesse des temps ; il avait multiplié les écoles, il était assidu à fréquenter ou à présider les pédantesques disputations des Alcuin, des Pierre de Pise, des Paul Diacre, qu'il avait fait venir de patries éloignées pour les réunir en une sorte d'académie, à son secrétaire Eginhard ; ces savants lui apprenaient simultanément à connaître les formes de la langue grecque ou latine, les subtilités de la dialectique et le cours des astres ; mais, il ne sut jamais écrire.

Savoir écrire! c'est-à-dire fixer et transmettre par des signes matériels les méditations du génie, jouir d'un pouvoir qui échappait au grand empereur lui-même, c'était posséder les prémices de ce privilège du talent et des facultés qui continuera à distinguer les artistes.

Ajoutez à la pratique manuelle de l'écrivain, le talent et le goût imaginatif du dessinateur, de l'enlumineur de l'ornemaniste, vous aurez défini le calligraphe. Constatez les efforts de ce dernier : sa vocation, qui est déjà celle de l'artiste, lui commande de chercher la variété, d'oser toujours; il isole les figures qu'il accolait naguère aux seules lettres capitales, il en compose des encadrements, il les réunit en petits sujets intercalés dans le texte ; ces sujets prennent plus d'importance et d'étendue, ils absorbent la page entière ; des compositions véritables s'étalent en frontispices; vous êtes en présence du miniaturiste.

Si j'avais à présenter l'histoire détaillée et spéciale des origines de notre peinture française, il me faudrait des séances longues et un peu arides pour passer en revue les monuments caractéristiques de notre calligraphie et de notre miniature. J'adopterais peut-être la classification qui reconnaît trois écoles au neuvième siècle : celle de Saint-Martin de Tours, fondée par Alcuin et qui avait le monopole du style carlovingien proprement dit ; l'école Franco-Germaine de Metz, créée par Drogon, fils naturel de Charlemagne, et celle de Reims, où son fondateur, l'évêque Ebbon, avait introduit la double influence italienne et byzantine.

A partir du douzième siècle, c'est-à-dire à partir de la fin de la période de barbarie nouvelle qui succède à Charlemagne ou plutôt à Charles le Chauve, et jusqu'à l'expiration du moyen âge, je chercherais à distinguer, d'après les indications du savant comte A. de Bastard, cinq grandes écoles provinciales : Bourgogne, Picardie, Limousin, Provence, et Aquitaine. Je persiste à penser que je serais ainsi en meilleure voie qu'en m'attachant aux rares vestiges de la grande imagerie murale des cloîtres et des églises, ou bien qu'en prétendant désigner des peintres primitifs par la transcription des noms de certains moines ou évêques sortis des abbayes de Fulde, de Saint-Gall, d'Hildesheim, de Moutier-en-Dier ; les chroniques ont conservé quelques-uns de ces noms, mais on serait embarrassé de retrouver les œuvres de leurs titulaires. Candidus, Tutilon, Bernvard ou Hugues exerçaient tous les arts : ils étaient peintres, statuaires, poètes, musiciens ; ils ont certainement exécuté par ordre et obligation plus d'une de ces peintures qu'ils savaient fatalement destinées à périr rapidement ; ils n'ont pu y inscrire l'enthousiasme artistique et l'idée de durée que révèle presque toujours l'ornementation des manuscrits.

Tandis que l'Italie, en attendant la première renaissance de Giotto, se complaisait dans la mosaïque où le style byzantin ne tolérait plus qu'un souvenir intermittent et excessivement affaibli de l'art antique, la France avait transporté la légende peinte du mur au vitrail ; elle avait inauguré l'art éminemment national de la peinture sur verre. Quelques-uns prétendent que l'ancienne cathédrale du Mans possédait des vitraux peints, dès le neuvième siècle. Quoi qu'il en soit, le progrès s'accentua surtout dans cette branche de notre activité artistique à partir de l'abbé Suger qui, vers le milieu du douzième siècle, garnit de vitraux la basilique de Saint-Denis, où il avait d'abord fait exécuter des peintures murales. Le seizième siècle a vu l'apogée des maîtres verriers ; il me suffira de rappeler Robert Pinaigrier et Jean Cousin.

S'il était écrit que la France devait fonder son école sous les auspices de l'Italie et par les rapports établis avec cette contrée, on peut s'étonner à bon droit que notre pays n'ait point participé à la révolution commencée par Cimabue, pendant le treizième siècle. A cette époque, en effet, un prince français, Charles d'Anjou, comte de Provence, alla conquérir le royaume de Naples ; à son passage à Florence, il visita l'atelier déjà renommé du maître de Giotto et vit ses fresques d'Assise. Il convient d'admettre que la grandeur du mouvement imprimé par Cimabue n'ait pas saisi d'emblée les esprits français, et de regretter que notre génie national n'ait pas eu, au même moment, la destinée triomphante de s'exalter dans deux personnalités complémentaires l'une de l'autre, comme celles de Dante et de Giotto ; mais il me semble juste de soutenir que si la grande peinture sacrée ou historique avait eu en France la tradition et la considération qui fait rechercher le progrès, l'exemple rapporté des rives de l'Arno aurait préparé chez nous une génération analogue à celle qui, en Italie, va d'Orcagna à Benozzo Gozzoli ; comme Pise, quelque ville française aurait eu son Campo Santo.

La peinture en vitrail devait encore rester notre genre

national dans les œuvres publiques ; celle-ci se prêtait mieux d'ailleurs au style de l'architecture septentrionale dont la sculpture et une stéréotomie de plus en plus hardie, savante et harmonieuse, faisaient tous les premiers frais.

L'architecture était l'art prépondérant et révélé du plein moyen âge. La miniature subsistait avec une divulgation naturellement plus timide ; elle ne s'en émancipait pas moins à mesure que l'affranchissement des communes et les croisades élargissaient son champ et permettaient à l'émulation laïque de féconder les règles d'une esthétique embryonnaire établie par la discipline du cloître, en empruntant des sujets nouveaux à la chevalerie et aux rapsodies des troubadours ou des trouvères.

Me trouvera-t-on hardi, si je prétends que la miniature a fourni à l'architecture de la dernière période romane et du style gothique, je ne dirai pas des formes, mais un choix considérable de ces motifs sculptés qui s'épanouissent ou se pelotonnent dans les chapiteaux, les rosaces, les culs-de-lampe, les saillies en gargouilles et les fleurons ? Tout cet arsenal d'accessoires ornementaux empruntés à la flore sauvage, grimpante, jardinière et potagère que le peintre du cloître avait constamment sous les yeux, est entremêlé de ces mille figures chimériques, fantastiques et voulues qu'engendre surtout l'imagination quand elle travaille dans le recueillement d'une solitude austère. N'est-il pas vrai que dans nos vieilles cathédrales, tous ces ornements ont conservé une minutie de dessin qui fait réfléchir à côté du parti-pris décidé des lignes architecturales ?

L'esprit français fit un acte rare de sagesse lorsqu'il s'appliqua à modérer et à régler les bénéfices de l'ère de délivrance inaugurée par le treizième siècle. Les ouvriers et les artistes s'étaient formés en corporations. Ils comprirent que la lutte avec l'école religieuse n'était possible qu'à condition d'organiser le recrutement, l'apprentissage et la hiérarchie dans les corporations. Les peintres furent les premiers à donner l'exemple d'un sage et tutélaire fonctionnement dont les coutumes servirent de bases au roi Charles V pour créer, un siècle plus tard, la première académie de Saint-Luc.

Les peintres et les sculpteurs restèrent unis dans un même corps de métier jusqu'au quatorzième siècle, car la coloration et la dorure étaient l'accompagnement constant de la sculpture dans les édifices, dans le mobilier, dans mille ustensiles ou objets d'usage et d'apparat tels que les selles de chevaux, les chandeliers, les écus de chevaliers, etc.; cela dura ainsi jusqu'au jour où l'émaillerie, le damasquinage, la niellure et les incrustations eurent complètement substitué leur luxe plus positif à cette ornementation trop peu substantielle.

Le peintre sortait et s'isolait de cette double corporation le jour où il se consacrait à la peinture proprement dite désignée sous le nom de *plate peinture*. Faut-il en conclure que nous avons possédé, dès le principe, de véritables peintres? Faut-il accorder cette qualification à ces manieurs du pinceau et de la palette qui travaillaient sur commande, ou, suivant qu'ils s'attachaient à un roi, à une abbaye, à un prince, à un seigneur, devenaient *domestiques, frères-lais, officiers du palais?* Quelles étaient leurs œuvres? Les comptes des maisons royales, qui abondent dans nos archives nationales, mentionnent des cartons de broderies, des tableaux de chevet, des tableaux d'autel ou retables, des peintures d'écus, d'oriflammes ou de guidons militaires, des panneaux décoratifs exécutés à l'occasion de fêtes et de cérémonies, etc.

Les retables ou tableaux d'autel avaient ordinairement la forme d'armoires à deux battants; dans les plus riches, la *plate peinture* n'occupa d'abord que les parties sacrifiées, c'est-à-dire les faces extérieures des volets; celles-ci disparaissaient lorsque le retable ouvert et développé en tryptique, exposait aux regards les contrefaces intérieures, garnies, ainsi que le corps principal, de scènes religieuses exécutées ordinairement en bois sculpté, peint et doré. Le plus important des deux célèbres retables conservés au musée de Dijon sous le nom d'autels portatifs des ducs de Bourgogne, offre un exemple de cette disposition. Ses peintures, divisées en quatre sujets, deux par volet, — « l'Annonciation » et « la Présentation au Temple, » d'une part, « la Visitation » et « la Fuite en Égypte », de l'autre, ne sont pas sans valeur; elles ont l'aspect de miniatures amplifiées; on les attribue à Melchior Brœderlam, peintre du duc Philippe le Hardi; c'est dire qu'elles datent de la deuxième moitié du quatorzième siècle, et, par conséquent, ont immédiatement précédé l'époque où Jean Van Eyck, renversant les barrières que la coutume imposait au talent et au génie, introduisit l'art véritable du peintre dans ces mêmes applications de la plate peinture qui n'étaient que l'occasion d'un métier. Pendant le treizième et le quatorzième siècle, l'autel portatif ou le retable n'était donc qu'un meuble d'église ou d'oratoire auquel la peinture apportait un tribut ordinaire et banal.

Des actes, publiés dans les *Archives de l'Art français*, désignent deux peintres, Jean Coste et Girard d'Orléans, qui, sous les rois Jean et Charles V, furent chargés d'exécuter des peintures dans la grande salle, la chapelle et la galerie du château du Val-de-Rueil (Vaudreuil). L'architecture décorative et mobilière de ces règnes est suffisamment relatée par les quelques monuments qui subsistent, pour qu'il soit permis de supposer que la peinture mentionnée consistait surtout dans le rechampissage des fonds et la coloration des motifs sculptés qui devaient représenter plastiquement les épisodes historiques ou sacrés indiqués par ces mêmes actes.

Quant à des tableaux tels que l'Italie en produisait déjà à côté de ses fresques et de ses mosaïques, quant à des traductions expressives ou même naïvement senties du côté passionnel et spiritualiste soit du modèle, soit de l'action, il n'en était pas encore question; il faut attendre Van Eyck, dont j'ai cité le nom il n'y a qu'un instant, et sur lequel j'aurai à revenir bientôt, tout en restant dans la donnée essentiellement française de mon sujet.

Nos artistes en plate peinture étaient des imagiers tels que Gringonneur, qui composa des cartes à jouer pour Charles VI. Ou bien, des miniaturistes encouragés à la hardiesse par la protection bourguignonne amplifiaient leur manière toujours soignée et peignaient de petites compositions sur des feuilles de dyptiques ou sur des panneaux simples; quelques échantillons, provenant pour la plupart des anciennes chapelles ducales de Dijon, se trouvent dans les collections d'amateurs privilégiés. Ce dernier genre semble avoir fourni les meilleurs tableaux de chevet qui s'accrochaient à la tête du lit, près du bénitier; on doit placer au même rang les miniatures isolées et suspendues au moyen des chaînes d'argent dont la fourniture figure souvent dans les comptes d'orfèvres.

A côté de ces petits tableaux, ou mieux de ces images, on en rencontre d'autres plus primitives, plus fabriquées, aux allures plus grecques, et qui devaient orner aussi les alcôves et les oratoires privés. Il faut se rappeler qu'après la mort de Giotto, les Italiens du quatorzième siècle s'étaient mis à produire et à exporter une quantité considérable de peintures qui avaient la prétention de rappeler le style du maître. Comme toutes les imitations grossières, celles-ci supprimaient les caractères qui sont le sceau du génie de l'auteur; elles laissaient subsister, en l'exagérant encore, la facture un peu grecque que la main de Giotto n'avait pu abdiquer tout à fait, surtout dans les figures sur fonds d'or. Ces pastiches barbares ne valaient pas mieux que les images vulgaires répandues par les Basiliens du mont Athos et par leurs copistes. Les provinces françaises avaient dû être inondées de ces peintures, en même temps qu'elles avaient pu recevoir par le nord, des productions de l'école allemande de Cologne qui réalisait l'alliance du gothique le plus raide avec le style byzantin le plus gemmé et le plus orné. On peut dire qu'aucun caractère national ne perçait encore réellement dans le dessin ou dans la peinture, à travers cette atmosphère néo-grecque.

Je n'irai pas davantage chercher les ancêtres de l'école française parmi les brosseurs de ces décors, de ces espèces de cartonnages peints, dont les rois et les grands vassaux faisaient un usage fréquent et coûteux, lors de leurs entrées dans leurs bonnes villes ou pendant les fêtes compliquées dont la cour de Bourgogne avait surtout le monopole. Ces enlumineurs en grand étaient aussi fabricants d'images de différents styles; on donnait le nom de tableaux à certaines de leurs compositions insérées dans des ensembles décoratifs; les comptes royaux mentionnent les noms de quelques-uns d'entre eux jusqu'à des époques relativement modernes. — Après le sieur Jean Bourdichon, que Louis XI et Charles VIII firent assidûment travailler, c'est M. Antoine Charron, peintre, « payé pour deux « batailles faites de plate peinture en forme de bronze; « pour un autre tableau fait de plate peinture où était « représenté Mars sur un chariot triomphal », — le tout exécuté pour l'entrée à Paris, comme roi de Pologne, de Henri, alors duc d'Anjou; je pourrais en citer de plus anciens et toute une série jusqu'à Laurent Vouet, père de Simon Vouet, avec lequel j'entamerai l'histoire véritable de l'école française.

Si j'avais à retrouver ma voie, après cette longue digression, afin de poursuivre la recherche des traces qui marquent les origines de notre peinture, je remonterais jusqu'à la rencontre d'un guide irrécusable. Dante, aimait la France, qui fut sa plus douce terre d'exil; l'Université de Paris a été son asile consolateur;

peu s'en est fallu qu'il n'ait écrit ses chants divins dans notre langue. Néanmoins son ingrate patrie ne cessa jamais de toucher son cœur; il la voyait au travers et au-dessus des luttes d'ambitions terrestres et prosaïques qui la déchiraient. Après avoir flétri la guerre civile dans ses chefs, il se reprit à exalter le souffle artistique qui agitait Florence, Sienne, Pise, mais ce retour à la gloire des siens ne lui fit pas oublier la France; le deuxième chant du Purgatoire rend hommage à la miniature française, en signalant la supériorité que ce genre avait surtout acquise à Paris, où le développement du pouvoir royal et l'assemblée des États-Généraux venaient de fonder le centre intellectuel du royaume. Dante n'a pas cité d'autre peinture.

Il n'est pas nécessaire que je retrace les grands événements européens qui, après la mort de Dante, vers la fin du premier quart du quatorzième siècle, changèrent et compromirent les destinées de notre nation; je n'ai pas à raconter la guerre de Cent-Ans. On peut dire que pendant cette longue calamité, les Anglais étaient en France, mais que la France était en Bourgogne. Ai-je besoin de rappeler les liens d'origine, d'annexions successives à la couronne, de vassalité et de fief qui avaient constitué le duché de Bourgogne en terre absolument française? Pendant un siècle, jusqu'à l'an 1477, qui vit le démembrement de l'héritage de Charles le Téméraire par Louis XI, les ducs de Bourgogne de la maison de Valois-Bourgogne fondée par Philippe le Hardi, balancèrent le pouvoir des rois de France et offrirent le refuge d'une cour brillante, sûre, éclairée à nos artistes nationaux dispersés par la guerre et les troubles. On sait, d'autre part, que ce même duc, Philippe le Hardi, par son mariage avec la princesse Marguerite, fille de Louis II comte de Flandre (1384), était devenu héritier de tous les états de ce seigneur.

Les Flandres, rattachées ainsi à la vraie France de l'époque, à la seule France vivante et pensante d'alors, n'avaient pas à épouser des mœurs tout à fait nouvelles; françaises 90 ans auparavant sous le règne de Philippe le Bel, jusqu'à la bataille de Courtray (1304), leurs rapports constants avec notre nation les avaient assimilées d'avance.

Ainsi que nous, les Flamands civilisés de bonne heure s'étaient adonnés à la miniature. Tout en pratiquant ce genre où la peinture devenait, dans chacun des deux pays, plus soignée, plus pittoresque en même temps que naturaliste, ils composaient des tapisseries comme nous avions la spécialité de composer des vitraux.

Les verrières françaises rappellent le style de nos miniatures : certains manuscrits du treizième siècle reproduisent des médaillons d'un dessin analogue à celui des rosaces de nos cathédrales; le texte de la « Légende dorée », publiée à Paris par Sébastien Vérard vers la fin du quinzième siècle, est entouré d'encadrements illustrés qui contiennent une foule de sujets identiques à ceux des vitraux de la même époque; mais, à cause de la différence si marquée dans la pratique des deux genres, ces analogies de la miniature et du vitrail ne sautent pas toujours aux yeux et ont besoin d'être définies.

Les tapisseries, par contre, semblent être des grandissements de miniatures; on croirait que les tapissiers flamands des quatorzième et quinzième siècles ont voulu éviter, aux curieux de leur temps et des âges à venir, l'usage délicat du verre grossissant pour voir ces fines miniatures dans tout l'épanouissement de leur style et de leur perfection.

La France ne produisait alors que des « tapis sarrasinois », sortes de broderies sur étoffe, dont la fabrication contemporaine de Charles Martel s'était perpétuée dans notre ancienne province de la Marche. Les tapisseries proprement dites provenaient toutes d'Arras et de Bruges c'est-à-dire des Flandres; mais bien avant la fondation de notre première fabrique nationale que François Ier devait établir à Fontainebleau, on peut distinguer parmi les innombrables « Arrazzi » qui décoraient les palais des princes et des rois, en Allemagne, en Angleterre, en Italie, en France, des œuvres que leurs styles aussi caractérisés que ceux des miniatures autorisent à appeler distinctement tapisseries flamandes et tapisseries françaises du quinzième siècle; c'est que les artistes français en se mêlant à ceux des Flandres dans les fabriques du Nord n'ont jamais abdiqué leur manière typique et nationale.

J'offre donc deux moyens d'apprécier la manière flamande et la manière française; si votre curiosité consent à s'armer d'une délicate patience, je vous conseille de tourner avec soin les pages des précieux manuscrits gardés dans les collections publiques ou privées; s'il vous plaît de vous borner à un examen plus prompt et surtout plus rapidement instructif, arrêtez-vous devant quelques-unes de ces importantes tapisseries dont une récente exposition organisée au palais des Champs-Élysées par la Société de l'Union centrale des Beaux-Arts appliqués à l'industrie a fait connaître de très intéressants spécimens.

Comme point de départ, l'école franco-flamande participe au grand mouvement, provoqué ou simultanément ressenti par l'Italie, qui décide, à la fin du quatorzième siècle, la transition du style conventionnel au style individuel. Tout en reconnaissant le principe pittoresque qui l'emporte plus immédiatement en France et en Flandre qu'au delà des Alpes, on est frappé de la tendance toute flamande vers un coloris brillant; cette préoccupation constante de l'effet provient des relations non interrompues que les Pays-Bas entretenaient avec l'Orient, depuis les Croisades et surtout depuis l'époque de Baudouin. La place prise par Cologne à la tête de la ligue hanséatique avait introduit les mêmes errements dans l'école allemande; mais celle-ci, tout en partageant avec les Flandres un amour de la couleur issu de circonstances identiques, n'avait aucune influence sur le style des artistes flamands. L'école française, au contraire, moins serrée dans son dessin, moins accentuée dans ses contours et sa couleur, présentait déjà de gracieuses figures et s'essayait dans ses miniatures aux rudiments de tableaux véritables; elle allait s'associer au triomphe de Van Eyck en lui apprenant les lois d'une facture harmonieuse et plus moelleuse, inconnue dans les ateliers de Bruges ou de Gand.

Nous avons le droit de le prétendre; le goût français avec ses audaces déjà vieilles, la licence prise par nos anciens peintres d'ébaucher des personnages plus vrais dans leurs vêtements ou leurs armures que dans leur anatomie, l'habitude de préférer des attitudes d'allures pittoresques aux correctes rigidités de squelettes habillés, telles sont les ressources que Van Eyck sut mettre à profit quand son génie lui fit reconnaître l'importance intellectuelle et morale des traits du visage et lui dit d'adopter tous les ordres d'expression de la face humaine traduisibles par la peinture. Jean Van Eyck a donné aux traits du visage la souplesse que des pinceaux français avaient su donner aux parties du corps. Quant aux fonds paysagesques qui sont d'un sentiment purement flamand, ils conservent, dans l'œuvre de Van Eyck, un fini raide et égal à tous les plans, sans perspective fuyante ou aériennement estompée ; ils restent semblables, — suivant l'heureuse expression de M. Vitet, — à un travail de géographe.

Van Eyck était né et avait étudié dans une petite ville dont il porte le nom et où l'art consistait, depuis l'époque de Pépin, à faire de la calligraphie plutôt que de la miniature ; dès le huitième siècle, en effet, les religieuses d'Eyck étaient renommées par leur habileté à écrire en lettres d'or et d'argent.

Rendez-vous à Gand, dans la lugubre cathédrale de Saint-Bavon, devant les restes démembrés du merveilleux retable sur le grand panneau duquel trois cents figures pleines de vie, de noble vérité, aux expressions terrestres et célestes, entourent le saint emblème de l'Agneau ; je vous défie, vous tous qui sentez et réfléchissez, je vous défie de ne pas être envahi par la révélation d'un génie supérieur ! On comprendra les effort et la prodigieuse victoire de Jean Van Eyck en se rendant compte qu'il a peint la nature inanimée d'une main formée à la pratique traditionnelle d'un art méticuleux, mais qu'il a fait passer dans ses personnages le souffle qui fait rayonner l'âme. Un grand peintre se révèle en lui parce que sous l'enveloppe de son talent on sent tressaillir la pensée.

Pendant que Jean Van Eyck élevait l'art flamand et l'influence française au rang que j'ai dit, un bénédictin des cloîtres d'Ombrie, devenu profès dans le couvent florentin de San Marco, élargissait à son tour le champ de la miniature sacrée. Fra Giovanni Angelico a transporté dans le domaine de la peinture monumentale la pureté séraphique dont il avait empreint ses premières œuvres confiées à des livres de piété. Ses fresques naïves et limpides renferment des figures touchées avec tant de délicatesse qu'il semble, — comme M. Ch. Blanc a eu raison de le dire, — que le peintre, à travers la mince enveloppe du corps, n'ait voulu peindre que l'âme.

L'avenir de l'école française proprement dite est-il compromis entre l'Italie et les Pays-Bas qui, au quinzième siècle, peuvent être considérés comme les deux centres principaux des arts en Europe? Son temps n'est pas encore venu; elle se complaît dans un raffinement de goût et dans une poésie imagée qui donnent un caractère spécial à ses peintures, mais les laissent au-dessous de celles de ses rivales. Les miniatures du *Bréviaire du duc de Bedford* (man. latins, n° 82) qui, par la délicatesse de leurs teintes, l'énergie des têtes, la fermeté du style, la pureté des ajustements, sont attribuables à Jean Van Eyck, à son frère Hubert et à sa sœur Marguerite, au même titre que celles du *Roman de la Table Ronde* (man. français, bibl. nat., 6976 et 77) et les illustrations peintes ou calligraphiées attribuées à des Italiens tels que Gherardo, Attavante et Girolamo qui ont travaillé au *Missel de Mathias Corvin* (bibl. de Bruxelles) ou à Gambagnola de Crémone, qui a orné la *Vie de François Sforza* (bibl. nat., man. français, n° 9941) sont d'un art beaucoup plus sérieux que les quelques échantillons qui nous restent du talent de notre compatriote Andrieu Beauneveu ; celui-ci passe cependant pour le plus habile des artistes entretenus par le duc Jean de Berry, dans son hôtel de Nesles, à Paris.

En feuilletant dans notre bibliothèque nationale les *Grandes heures du duc Jean de Berry*, on peut se rendre compte, par les seules peintures authentiques que nous ayons d'Andrieu Beauneveu, des qualités que Van Eyck a prises à la miniature française et des défauts qu'il lui a laissés.

Andrieu Beauneveu a peut-être fait des tableaux ; le comte de Viel-Castel lui attribue une grisaille sur soie, qui appartient au Louvre, et où l'on voit Charles V et la reine Jeanne de Bourbon agenouillés. Le souvenir que j'ai gardé de cette peinture exposée dans l'ancien musée des souverains, me la représente comme une image sans caractère, elle tient seulement un rang honorable parmi les œuvres spéciales et fréquentes que les peintres-valets de l'époque exécutaient sur la soie des bannières et des pennons ; le duc de Berry a encore employé à ce dernier office un peintre du nom de Jean de Laval, inférieur sans doute à Andrieu Beauneveu.

Pendant qu'un soldat de l'armée de Charles le Téméraire était recueilli blessé à l'hôpital de Bruges et continuait la gloire de Van Eyck en composant, pour payer l'hospitalité et les soins reçus, les prodigieuses peintures signées du nom de Hemling, Louis XI accordait le titre de peintre du roi au miniaturiste français Jean Fouquet, de Tours. Les miniatures de ce dernier ont une valeur réelle, mais elles cèdent le pas à celles que Hemling exécuta avec ses élèves Gérard de Gand et Livin d'Anvers, pour le *Bréviaire de Grimani* (bibl. de Saint-Marc, à Venise). Néanmoins Jean Fouquet est une personnalité française, en face de laquelle il convient de faire une halte plus longue. Il fera l'objet d'une partie de ma prochaine leçon.

DEUXIÈME LEÇON

Vestiges de la peinture murale en France du neuvième siècle à la fin du quinzième siècle. — Jean Fouquet. — Jean Cousin et les Clouet.

J'ai dit, en terminant ma dernière leçon, que je considérais Jean Fouquet de Tours, peintre du roi Louis XI, comme la première personnalité française, devant laquelle il convenait d'arrêter la course, jusqu'alors si rapide, de notre étude ou plutôt de nos recherches.

Après Andrieu Beauneveu et Jean de Laval, cités parmi les peintres que le duc Jean de Berry avait entretenus, soit dans sa résidence de Bourges, soit à Paris dans son hôtel de Nesles, on connaît d'autres contemporains de Jean Fouquet; les chroniques du temps fournissent les noms de Litemont, peintre des étendards et pennons de Charles VII, — du sorcier et magicien Gillemer, qui exécuta de grandes peintures murales à Poitiers, — de Folarton, auteur d'œuvres analogues dans les églises de la ville de Tours, — de Jean Maubert, que Louis XI recommanda comme enlumineur à l'Université de Caen.

Un scrupule me vient en citant ces noms et la nature des travaux auxquels ils se rattachent; je me rappelle qu'après avoir fait part de mon soupçon que les peintures murales du neuvième, du dixième et du onzième siècles, ne devaient pas être très recommandables puisqu'on leur substituait volontiers des mosaïques rapportées d'Italie ou les draps imagés qui étaient les tapisseries de ces époques, j'ai continué ma leçon en cherchant à faire saisir les influences réciproques qui, jusqu'au quinzième siècle, ont donné un caractère appréciable et particulier aux anciennes peintures des Flandres, de la Bourgogne et de la France proprement dite. Avant d'aborder Van Eyck et Hemling, tout en restant, ainsi que j'ai essayé de le prouver, dans les données françaises de mon sujet, j'ai surtout envisagé les miniatures et ensuite les tapisseries comme des grandissements véritables de celles-ci. J'ai peur qu'on ne m'accuse d'avoir oublié les intéressants vestiges de peintures murales qui subsistent sur quelques points du territoire français. Je les ai omises à dessein, parce que je ne trouve pas en elles les éléments vraiment nécessaires à la démonstration que je poursuis.

Un examen approfondi révèle, il est vrai, dans certaines, un caractère spécial qu'on peut rattacher au sentiment français, mais l'impression dominante est un assujettissement presque constant à la tradition grecque ou italienne et à l'ordonnance liturgique qu'une théocratie rigide a imposée, pendant tout le moyen âge, aux manifestations publiques de l'art religieux.

L'entrave la plus certaine du développement artistique a été cette discipline, resserrée encore par les formules du spiritualisme allégorique qui a constitué le mysticisme de plus en plus voulu par l'Église dans la mosaïque et les peintures murales à la détrempe ou à l'encaustique, depuis l'époque apostolique jusqu'au milieu du treizième siècle. L'émancipation artistique ne peut commencer à se produire que par la libre étude de la nature; l'union des forces de la raison avec celles de l'imagination fait ensuite éclore le pouvoir inventif d'où procèdent la variété et l'individualisme des artistes ou des écoles.

Bien que j'ai cru ne pas devoir citer ces peintures comme des exemples frappants ou des preuves concluantes, je tiens à esquisser la nomenclature et la description critique des principales d'entre elles. On pourra consulter ensuite, au sujet de quelques-unes, la riche collection des reproductions qui ont été exécutées sous la direction de la Commission des monuments historiques, par des artistes habiles et scrupuleux, tels que MM. Denuelle, Lameire, Savinien Petit et d'autres.

En fait de peintures antérieures au neuvième siècle, je ne peux signaler qu'un seul fragment; il est visible dans l'ancienne chapelle du cimetière des héliscamps à Arles; c'est le bas d'une figure d'ange modelée à la manière des mosaïques exécutées à Rome ou à Ravenne, du sixième au huitième siècle.

Le neuvième siècle offre des vestiges assez fréquents, mais d'un intérêt surtout archéologique. — L'église de Saint-Loup-de-Naud, près de Provins, était totalement couverte de peintures. Celles du sanctuaire ont seules subsisté; elles représentent sur la face latérale de droite *les âmes reçues dans le sein d'Abraham;* la conque absidale offre à son sommet une image du *Christ bénis-*

sant avec les *Symboles des Évangélistes* et au-dessous les *Figures des Apôtres*, placés sous des arcatures.

La cathédrale d'Auxerre mérite une visite spéciale; la voûte en berceau de la crypte est couverte, au-dessus de l'autel de la Trinité, par une ancienne représentation apocalyptique peinte à fresque, de 1087 à 1114, d'après l'ordre de Humbaud, évêque d'Auxerre. Le Christ y est représenté à cheval, au centre d'une grande croix jaune toute enrichie de pierreries; quatre anges chevauchent dans des nimbes développés en pendentifs aux angles de la croix. Je ne peux comparer cette très curieuse peinture où apparaît une certaine recherche d'expression dans la figure du Christ, qu'à celles qui furent faites, au même temps, à Rome, dans l'église de Saint-Urbain ou dans celle des Quattro S.-S. Coronati; elle est certainement supérieure à ces dernières; d'autre part, elle ne se rapproche nullement du style byzantin de la fin du neuvième siècle. Je crois qu'il faut y voir une œuvre presque française. La même crypte recèle encore, dans le fond d'un cul-de-four absidal, une importante figure de *Christ bénissant*, assis entre deux chandeliers à sept branches, au milieu d'une auréole en quatre feuilles. Extérieurement à l'auréole sont peints deux anges thuriféraires et les attributs des évangélistes. Cette fresque est de la fin du douzième siècle; elle est de la famille byzantine, mais elle participe, par son caractère, à la réforme dont témoigne la manière plus nourrie des mosaïques de Monreale, en Sicile, et du cœur de l'église de S. Miniato, près de Florence. Des artistes grecs étaient venus en France, à cette époque d'une première diffusion de l'art et nous savons, par le savant Millin qui a encore vu leurs œuvres au commencement du siècle, qu'ils avaient exécuté des mosaïques placées au milieu même des fresques de la célèbre abbaye bénédictine de Cluny, dans les environs de Mâcon.

Le douzième siècle fournit une plus abondante série de morceaux à étudier : c'est d'abord, en Poitou, l'église de Saint-Savin, où la nef et le narthex ont conservé des peintures dont les sujets sont tirés de l'ancien Testament. Une description en a été donnée par Mérimée dans son livre sur *Les Arts au Moyen-Age*. — C'est ensuite la chapelle de l'ancienne Chartreuse du Liget, près d'Orléans ; cinq portions de fresques assez bien conservées restent visibles entre les fenêtres de la partie circulaire du monument. — L'église de Saint-Queriou, à Provins, contient une chapelle dont la décoration peinte emprunte son caractère à l'art oriental; les prophètes étaient représentés dans les parties dégradées. — Dans l'ancienne Gascogne, à l'église de Saint-Macaire, vis-à-vis de Langon, des sujets bibliques sont peints dans les coupoles. — A Tours, dans l'église de Saint-Julien, des fresques à demi-effacées sont encore assez déchiffrables pour qu'on reconnaisse *Moïse brisant les Tables de la Loi devant le Veau d'or*, — *le Passage de la mer Rouge*, — *Moïse frappant le rocher*, etc., etc. — Les transepts de l'église Notre-Dame, au Puy, ont été autrefois ornés de peintures ; les restaurations de 1851 en ont fait disparaître les derniers vestiges. — Le chœur de l'ancienne collégiale, devenue l'église de Notre-Dame-la-Grande, à Poitiers, laisse voir des peintures de l'école byzantine du commencement du douzième siècle; par contre, dans la même ville, l'ancien baptistère, ou Temple de Saint-Jean, renferme des sujets de l'Ancien Testament d'un style presque latin exécutés au milieu d'une décoration à la manière antique. Cette adoption presque simultanée de deux systèmes opposés l'un à l'autre, démontre que la peinture française murale du douzième siècle ne s'était pas ouvert une voie à elle; toute initiative était entravée d'ailleurs par le contrôle des évêques qui imposaient leurs volontés comme des lois.

Il semble possible néanmoins de discerner une tendance plus marquée vers la restauration de l'ancien style classique dont j'ai signalé l'empreinte persistante dans nos manuscrits et je suis en mesure de fournir immédiatement la preuve de ce fait, par deux exemples de peintures à fresque sur lesquels j'insisterai particulièrement :

La première de ces peintures couvre l'un des murs du réfectoire de l'ancienne abbaye bénédictine de Charlieu (département de la Loire); la lutte y est ici manifeste entre l'influence byzantine que la papauté cherchait plus que jamais à maintenir dans l'art ecclésiastique et le classique latin plus sympathique à des pinceaux français. Cette fresque comprenait deux zones superposées; celle d'en haut n'existe plus; les têtes de la Vierge, du roi de Bourgogne Bozon fondateur du monastère, de Saint-Étienne son patron et le buste du Christ en ont été détachés et appartiennent aujourd'hui au musée des Thermes et de l'Hôtel de Cluny. La zone inférieure, quoique très dégradée, laisse encore deviner les figures assises des Apôtres. Le Christ et la Vierge sont conformes aux types de la « Panagia » et du « Pantocrator » qu'ont vulgarisés les moines Basiliens du mont Athos et que leurs successeurs continuent à perpétuer dans les icônes russes. Mais ces figures sont plus humanisées que si elles avaient été exécutées par des orientaux ; les apôtres saint Pierre et saint Paul sont représentés avec leurs physionomies traditionnelles du style romain, sous les traits qu'ont transmis les premiers monuments de notre ère, tels qu'on les trouve graphités sur des fonds dorés de coupes de verre, sculptés sur les anciens sarcophages chrétiens et peints dans les catacombes ou reproduits dans les mosaïques exécutées avant le sixième siècle. Les moines auteurs de ces peintures étaient aussi des miniaturistes; ils ont modelé les visages avec les tons verdâtres caractéristiques qu'on désigne sous le nom de « poche ».

Le second exemple que je tiens à citer appartient aussi au plein douzième siècle; il se trouve dans l'église de Saint-Chef (département de l'Isère) et comprend tout l'ensemble des importantes peintures de la chapelle qui forme tribune dans le bas-côté du nord. Aux parties hautes des deux faces principales, les ordres d'anges sont représentés par des figures ailées qui tiennent du style byzantin par l'allongement exagéré des corps, mais sont latines et françaises par leur souplesse ou plutôt par une absence très frappante de rigidité. Les deux groupes inférieurs où sont réunis, d'une part, les rois d'Israël, de l'autre, les rois de Juda, ont un mouvement inusité et pittoresque ; les personnages assis, à deux plans différents, dans des attitudes variées, vivent par l'expression de leurs gestes; les draperies sont traitées à l'antique d'une façon très acceptable.

La comparaison minutieuse et raisonnée de ces peintures murales antérieures au treizième siècle et, par conséquent, de la période romane, donnerait envie de définir et de classer des écoles provinciales françaises, caractérisées par leurs préférences pour des styles étrangers divers; mais les éléments précis indispensables pour une pareille entreprise font défaut; il est plus prudent de continuer notre revue à vol d'oiseau, dans l'ordre chronologique.

Le treizième siècle a vu la substitution de l'architecture ogivale à l'architecture romane. Les grandes surfaces lisses si bien appropriées aux fresques figuratives ont disparu avec les édifices en pleins cintres et à coupoles. L'ogive a fait émigrer la légende peinte du mur au vitrail; la peinture décorative est devenue ornementale et partielle. Voici la liste de quelques églises connues où il est encore permis d'examiner des peintures murales du treizième siècle; je n'ai rien de spécialement intéressant à dire sur leur style de transition :

La Sainte-Chapelle de Paris ;

L'église de Saint-Pierre-sur-Dive (Calvados) ;

L'église Saint-Georges, à Bocherville, près de Rouen ;

L'église de Saint-Aignan (Loir-et-Cher) ;

Les églises de Saint-Gaudens et de Saint-Martory (dans la Haute-Garonne) ;

L'abside du baptistère de Saint-Jean, à Poitiers ;

La cathédrale de Clermont d'Auvergne ;

La tour de l'ancien réfectoire des Templiers, à Metz.

« Pendant le quatorzième siècle, la peinture des grands édifices fut presque complètement abandonnée ;

les fenêtres s'élargirent et absorbèrent les parties planes disponibles autrefois. Les fresques, après avoir été disséminées dans les chapelles latérales dont on commença à flanquer le chœur et la nef des cathédrales, cédèrent peu à peu la place aux retables et aux tableaux d'autel ; ceux-ci, plus commodes à faire exécuter ou à trouver tout faits, furent vite préférés par les corporations qui entretenaient ces chapelles placées sous les vocables de leurs patrons.

L'église des Jacobins, à Toulouse, vit cependant ses arcatures se peupler de sujets du Nouveau Testament, répartis suivant les convenances architectoniques du style ogival. Les transepts de la cathédrale de Clermont furent peints de même au quatorzième siècle. Ce sont les deux seuls exemples importants que j'aie à citer ; ils participent à la renaissance préparée par l'émancipation artistique que j'ai signalée pendant le treizième siècle. Un sentiment vraiment affranchi et approprié au sujet se manifeste dans les parties conservées ; certaines figures, entre autres celles d'une abbesse mitrée dans l'église des Jacobins de Toulouse, sont d'un dessin remarquablement soigné et pourraient servir de modèles aux décorateurs modernes.

Je ne décrirai pas les fresques d'Avignon ; elles sont italiennes et passent pour avoir été exécutées soit par Simone Memmi, soit par des élèves de Giotto que Clément VI avait appelés dans sa résidence d'exil connue sous le nom de « Palais des papes ». — Un certain nombre de chapelles, dans les anciennes églises d'Auvergne, conservent encore des décorations peintes du quatorzième siècle et sous ce rapport, méritent une visite.

Les églises provinciales de France renferment certaines peintures murales du quinzième siècle pendant lequel se continua l'évolution favorable commencée pendant le siècle précédent. Les personnages représentés prennent des expressions de moins en moins mystiques; ils revêtent même le caractère de l'énergie morale et de la grâce. Celle des peintures de cette époque que je crois opportun de signaler en premier se trouve dans une chapelle de la cathédrale d'Autun; c'est une fresque exécutée par ordre d'un abbé de Cluny qui occupait le siège épiscopal de la ville; elle représente une procession instituée à Rouen à la suite de la peste qui frappa la ville sous le pontificat de Grégoire XII. Une trentaine de personnages, cardinaux, prélats, diacres, seigneurs et dames précèdent ou suivent le pape qui porte l'image de la sainte Vierge. On croirait voir le carton de l'une de ces belles tapisseries flamandes du quinzième siècle, où j'ai cherché à montrer les bienfaits de l'influence française; les costumes y ont la scrupuleuse exactitude que nous retrouverons dans les peintures de Fouquet; les visages empreints d'une bonhomie naturelle et d'une dévotion naïve font plaisir à voir après les impassibles grimaces du moyen age. Je pourrais avouer qu'en leur présence j'ai pensé aux fresques du Campo Santo de Pise; que j'ai vu des cardinaux très proches cousins de ceux-ci dans certaines peintures de Sienne et de Milan; mais, faute de preuves suffisantes, j'aime mieux admettre que la peinture de la cathédrale d'Autun est une œuvre française sans mélange évident.

Il ne faut pas croire d'après ce premier exemple que

la vérité naïve est la seule qualité des grandes compositions murales du quinzième siècle ; pour être convaincu du contraire il suffira d'aller à Bourges examiner les peintures qui ont été épargnées dans la chapelle de l'ancienne maison de Jacques Cœur. Je crois qu'il est impossible de peindre des figures plus angéliques que celles de ces dix messagers du ciel qui portent les paroles du Credo inscrites sur des phylactères ; elles se détachent sur la voûte comme des apparitions vaporeuses et blondes ; un fond de gros bleu stellé d'or fait harmonieusement ressortir la blancheur des robes, l'iris des ailes et l'azur des écharpes. Les draperies traitées à la manière des terres émaillées de Lucca della Robbia, la grâce ravissante et sérieuse des visages de ces anges me rappellent le florentin Botticello ; si j'étais sûr de mon impression au point d'avoir la décevante certitude qu'une si belle œuvre n'est pas française, je saurais gré à Jacques Cœur du modèle italien qu'il a su choisir.

Ma seconde et dernière recommandation est en faveur de l'église Notre-Dame dans la ville du Puy. La belle fresque qu'on y conserve est attribuée au seizième siècle, mais les costumes des personnages la rapprochent beaucoup du quinzième. Les arts libéraux : — *Grammatica* — *Logica* — *Rhetorica* — *Musica* — y sont figurés par quatre femmes assises sur des trônes à dossiers monumentaux. Devant chacune d'elle siège un docteur à chaperon. D'après les inscriptions, c'est d'abord Priscien le grammairien latin, puis Aristote, Cicéron et Tubalcaïn. Priscien et Cicéron lisent ; Aristote disserte ; Tubalcaïn frappe sur une enclume à coups de marteau. Cette composition empreinte d'une philosophie aimable a été regardée par Mérimée comme une œuvre du Garofalo qui peignait à Ferrare pendant la première moitié du seizième siècle. Le seul motif de cette attribution a été la découverte d'une touffe d'œillets dans la coiffure de la « Musique »; Mérimée s'est souvenu que cette fleur était la signature habituelle du Garofalo. C'est vous dire que le doute continue à planer sur cette fresque; les figures féminines ont certainement le caractère florentin de la fin du quinzième siècle, mais les docteurs ont un air moitié germanique, moitié français; leur impassibilité est celle que je retrouve dans les miniatures du temps, où chaque personnage porte une expression figée qui l'éloigne absolument de l'action dans laquelle le peintre l'a représenté. Toutefois, ils sont dessinés, sinon peints à la manière des deux portraits du Louvre catalogués sous les numéros 652 et 653, dont l'un représente Juvénal des Ursins, l'autre le roi Charles VII. Ces deux portraits en buste, de grandeur naturelle, sont traités avec toute la minutie d'un miniaturiste; ils manquent de la largeur de touche qui ajoute la vie à la ressemblance; on les attribue à Jean Fouquet dont il est temps que nous nous occupions.

La date de la naissance de Jean Fouquet est incertaine; il paraît être mort à un âge avancé en 1477, l'année de la bataille de Nancy. Aucun peintre, parmi ses contemporains, n'a joui d'une notoriété comparable à la sienne. Lemaire, poète et conseiller de Marguerite d'Autriche, l'a célébré en le mettant au niveau de Van Eyck. En fait de tableaux authentiques de lui, on ne cite que les deux portraits du Louvre et une sainteté qui fait partie de la collection de M. Louis Brentano à Francfort-sur-le-Mein.

Bien qu'on ne puisse guère l'étudier que comme miniaturiste, on découvre dans Jean Fouquet l'étoffe d'un peintre véritable, surtout par la composition, l'entente relative de la perspective dont il n'a jamais craint d'affronter les difficultés et la science du clair-obscur. La Bibliothèque de Munich possède, à mon avis, le plus précieux spécimen de son art; c'est une scène connue sous le nom de *Jugement du duc d'Alençon*; elle fait partie d'un manuscrit intitulé : « Les cas des nobles hommes et femmes malheureux. » On y voit plus de deux cents personnages admirablement groupés ; l'expression des figures laisse à désirer par son uniformité et la timidité du rendu, mais les costumes sont étudiés avec la recherche des détails qui donne aux œuvres de Fouquet la valeur de documents utiles à l'histoire. L'examen de cette peinture rare apprend comment étaient vêtus les membres du Parlement, les chanceliers, les officiers de la couronne; on y distingue Charles VII et le duc du Maine comme principaux acteurs de cette mise en accusation d'un prince du sang passé aux Anglais.

Fouquet a composé des diminutifs de tableaux véritables en illustrant d'une cinquantaine de sujets le Livre d'Heures de Maistre Estienne Chevalier, contrôleur des Finances sous Charles VII et Louis XI. Quarante de ces précieuses peintures appartiennent au même M. Brentano, de Francfort-sur-le-Mein; l'une d'elles est à Paris, dans la collection de M. Feuillet de Conches;

elles ont été reproduites par l'éditeur Curmer en chromolithographies consciencieusement faites, mais bien éloignées des originaux; cette restitution donne une idée du style; en somme, elle enseigne peu de chose.

Jean Fouquet dessinait avec une lourdeur involontairement brutale; on sent que sa main n'a pas été assez légère pour interpréter son sentiment souvent délicat. Les traits sont partout uniformément anguleux comme dans les personnages cuirassés dont il a abusé. Les draperies d'aspect plastique sous lesquelles il enfouit ses personnages ont une épaisseur trop compacte pour laisser jamais deviner l'anatomie du corps. Les oppositions de lumière sont pour lui les grands moyens d'effet; ses personnages secondaires sont trop souvent laissés dans un pénombre que rien ne motive; par contre, il a peur que ses motifs principaux ne ressortent pas assez, aussi emploie-t-il souvent la méthode puérile qui consiste à éclaircir les fonds derrière eux.

On dirait qu'il a compris ces imperfections du dessin et de la gouache sous ses doigts trop pesants; en tout cas, il a tenté de les racheter par une profusion de rehauts d'or et de hachures dorées qui débordent jusque sur les motifs d'architecture. Il est exact dans ce qu'il a vu, mais il n'est pas inventeur. C'est ainsi qu'une de ses miniatures qui doit représenter *Salomon présidant à la construction du Temple*, fait assister à l'édification d'une cathédrale gothique.

On croirait au premier abord, qu'à l'encontre de ses compatriotes, Fouquet s'est instruit auprès des anciens flamands; un examen plus approfondi révèle une influence italienne. Fouquet a, en effet, traversé l'Italie pour aller à Rome peindre le portrait du pape Eugène IV; il y a certainement subi l'influence toute puissante alors du Squarcione qui, sous une raideur d'exécution un peu byzantine, semait des germes assez féconds pour fonder les écoles de Lombardie et de Bologne.

Il sera bon que vous consultiez à la Bibliothèque nationale le *Manuscrit des Antiquités Juives* (Manuscrit français n° 6891). On lit à la fin : « *Icy ce livre a 12 histoires. Les trois premières de l'enlumineur du duc Jehan de Berry, et les neuf de la main du bon peintre et enlumineur du roy Louis XI, Jehan Fouquet, natif de Tours.* » Il est juste de dire, à la louange de Fouquet, que la comparaison des peintures qui accompagnent le texte justifie l'inscription qui met Andrieu Beauneveu au rang des *simples enlumineurs* et son collaborateur à celui *des bons peintres.*

Jean Fouquet n'est pas à placer à la tête de notre école, comme certains critiques et quelques historiens ont osé le faire; tout chez lui indique une capacité artistique secondée par une imagination féconde et une pensée bien dirigée, mais pas assez forte pour s'affranchir de procédés qui lui convenaient mal. En face de la fresque, du panneau ou de la toile du chevalet, il serait devenu une plus éminente personnalité. Il vivait à une époque où nous avons le droit de nier le génie s'il n'est pas novateur.

L'école de miniature française qui a suivi Fouquet pendant le seizième siècle a voulu renchérir encore sur la manière ornée et brillante de ce maître; la gaieté du coloris a tout primé; l'expression des têtes est devenue complètement insuffisante; cette exagération a fait sombrer les miniaturistes devenus impuissants devant l'envahissement des émailleurs. Le temps ne tarda pas à venir où il fallut avoir recours aux flamands, à Clouet, puis à Porbus pour reconquérir la science de l'expression qui fait les habiles portraitistes; Jean Cousin fit exception comme nous le verrons bientôt, parce qu'il eut le respect de son art, avec le génie et les qualités qui étaient nécessaires pour échapper à l'effondrement presque complet de notre peinture nationale. Quant à Fouquet lui-même, s'il n'a pas donné tout ce que son tempérament incontestable d'artiste avait promis, c'est que la protection royale ne s'étendit pas jusqu'à ses efforts ou ne les reconnut pas. Louis XI avait ses peintres, comme Charles VII avait eu les siens, comme il avait vu son oncle de Bourgogne, Philippe le Bon, en entretenir à sa cour de Dijon; mais Jean Fouquet, le premier parmi les artistes de la maison royale, était moins payé et considéré que le dernier des armuriers.

A la mort de Charles-le-Téméraire, qui laissa une fille unique, l'Europe fut appelée à se partager l'héritage des ducs de Bourgogne. Le duché de Bourgogne proprement dit revint à la France comme fief mâle, et quelques années plus tard la Picardie nous fut complètement accordée par le traité d'Arras (1482). Les Pays-Bas et l'Artois passèrent à la maison d'Autriche par le mariage de Marie, fille de Charles-le-Téméraire, avec l'archiduc Maximilien, fils de l'empereur Frédéric III. Cette nouvelle répartition territoriale isola la France de ses voisins du nord avec l'art desquels le sien avait surtout des affinités; l'occasion de réparer cet état des choses fut perdue plus tard et à tout jamais, ainsi qu'on va le voir.

Franchissons, en effet, les dix années qui séparent la mort de Louis XI survenue en 1483, du moment où Charles VIII, marié à Anne de Bretagne, va secouer la salutaire tutelle de sa sœur Anne de Beaujeu. Le nouveau roi de France est aussi pauvre de santé que d'esprit; c'est un déshérité de l'intelligence qui se tourne mal à propos vers son épée et lui demande de signaler son émancipation souveraine. De quel côté va-t-il frapper? il hésite. L'Italie le tente; il peut tirer de l'oubli et revendiquer les droits qu'il tient de la maison d'Anjou sur le royaume de Naples; d'un autre côté, la prudence guerrière de Crèvecœur, l'ancien général de Louis XI, lui montre vers les Pays-Bas le seul accroissement territorial auquel la France puisse actuellement prétendre avec une apparence de légitimité. S'il se trouvait à cette époque, dans notre pays, un homme désintéressé de la politique de conquête ainsi que de la gloire militaire, capable de discerner dans quel sens les allures contemporaines du tempérament français pouvaient profiter du mouvement artistique qui se perpétuait dans le nord ou de la renaissance scientifique et artistique qui se développait au delà des Alpes, cet homme-là devait souhaiter la déconvenue à tous les brillants paladins qui encombraient la cour, circonvenaient le roi pour l'entraîner à parader sous le soleil d'Italie plutôt que d'aller cueillir d'utiles trophées dans ce qu'ils appelaient les boues de la Flandre.

La guerre des Hussites avait, pendant le premier tiers du quinzième siècle, rejeté dans les Pays-Bas les meilleurs artistes de l'école germanique ; la raideur traditionnelle de ceux-ci, déjà entamée dans l'œuvre de Guillaume de Cologne par l'influence de Van Eyck son contemporain, s'assouplit encore sur la terre d'exil au contact d'un style relativement plus moelleux ; l'école flamande s'assimila par contre un peu du charme d'expression rêveuse qui caractérise les anciens maîtres allemands. Si les Pays-Bas eussent alors été rattachés à la France, le souffle de notre esprit national non encore cultivé jusqu'à l'érudition qui prépare les fruits de la science, ni même jusqu'à la connaissance de ses aptitudes, mais tout naïvement imprégné de ce sentiment de grâce exquise et naturelle que n'abdiqua jamais la touche de nos miniaturistes, qui valut à Alain Chartier le baiser de Marguerite d'Écosse, qui déborde dans les « cent nouvelles nouvelles » de Louis XI et dans les « pastorales » du bon roi Réné, ce souffle vraiment français eut fécondé les prémices d'un grand art en faisant jaillir la beauté de sa correction trop froide et l'émotion vraie de son mysticisme trop profond.

Une école française eut peut-être été fondée, à cette époque, sur les bases solides du caractère national et de la science réelle du dessin ainsi que de la composition ; la France eut mis bientôt en face des Albert Dürer et des Holbein des rivaux capables d'être aussi scrupuleux dans l'imitation de la nature réelle mais d'une énergie plus poétique.

L'Italie recueillait le bénéfice d'une éducation qui nous manquait ; les armées de Charles VIII la traversèrent en s'éprenant de son luxe, sans comprendre son art ; les quelques œuvres françaises du temps, qui nous restent, n'ont rien emprunté à Mantegna et à Botticello qui servaient de modèles aux artistes italiens. Charles VIII, devenu roi avant de savoir lire, ne pouvait comprendre l'œuvre des Médicis; il ne vit d'ailleurs que le plus dégénéré de leurs descendants, Pierre II, fils de Laurent le Magnifique, qui vint dans son camp, livrer les forteresses de la Toscane.

Les compagnons de Louis XII ne profitèrent pas davantage de leurs courses à travers le Milanais et le royaume de Naples; le nouveau roi s'érigea, pourtant, en protecteur des lettres et parvint à fixer dans l'université de Paris, quelques savants venus d'Italie. Un siècle s'était écoulé depuis que Cosme de Médicis avait fondé à Florence la célèbre académie où les dialogues de Platon furent de suite récités et savamment commentés, quand on commença à épeler, dans les écoles de Paris, le texte grec du sublime penseur. Ce retard de la grande science fut le retard de notre grand art et par suite de la naissance de notre école, puisque celle-ci, comme nous le verrons bientôt, devait avoir le privilège de se fonder pour ainsi dire sans transition, par un art assez élevé pour n'avoir été dépassé immédiatement ni jamais par aucune autre école.

Une instruction large et sérieuse, une science réelle et féconde, c'est-à-dire acquise et pratiquée loin du pédantisme, sont indispensables aux générations d'artistes. Toute renaissance, tout développement artistique est en rapport intime avec le progrès scientifique. Il n'est pas d'imagination aussi inventive qu'elle soit, pas de dons naturels aussi prodigieusement abondants qu'ils puissent être, qui n'avortent ou ne se dégradent dans un épuisement coupable s'ils n'alimentent et ne réchauffent leur verve en la mettant en communion avec les grands génies dont les productions honorent l'humanité. Hommes, nous naissons héritiers de la gloire de nos devanciers; mais la part de cet héritage se répartit, pour chacun de nous, à la mesure de nos capacités et de notre courage. Apprenons donc à connaître et à faire nôtre le bien que nous devons défendre. Contemplons dans les chambres du Vatican, cette pléiade cosmopolite de philosophes, de théologiens, de savants groupés par Raphaël dans les fresques immortelles de la « *Dispute du Saint-Sacrement* » et de « *l'Ecole d'Athènes* »; le maître d'Urbino a rendu l'hommage de ces apothéoses aux génies que la nature généreuse lui avait permis de prendre pour les patrons de sa vie pensante, en lui fixant le devoir de les étudier et en lui donnant la faculté de les comprendre. Il faut à des chefs-d'œuvre des sujets dignes d'être traités en chefs-d'œuvre; l'étude et la science seules livrent au grand talent les objets de son application.

Le seizième siècle français vit, dès son aurore, deux hommes devancer leur époque, deux princes, si l'on en juge par le respect égal que notre amour-propre national leur doit : François Ier, un roi ami des belles choses et de la gentilhommerie; Jean Cousin, un artiste amoureux d'art et de science.

François Ier épris du culte que Louis XII, son grand oncle, et Charles d'Angoulême, son père, avaient voué aux choses de l'Italie, formé en face des modèles d'élégance artistique et littéraire que sa mère Louise de Savoie avait recherchés dans la péninsule, pensa immédiatement à recueillir la gloire d'une nouvelle campagne à travers le Milanais qui restait encore à reconquérir.

Lorsque le roi de France entra dans Milan, Léonard de Vinci auquel les froideurs de Léon X avaient rendu plus cher le souvenir de faveurs accordées par Louis XII, vint au-devant lui et se laissa emmener en France. L'illustre florentin, l'ancien protégé des Sforza, fut magnifiquement traité à Fontainebleau où se tenait la cour de son royal protecteur ; mais il reçut du peuple un accueil aussi peu enthousiaste que son dédain fut grand pour ce qui formait notre art national ; l'œuvre unique de Léonard en France parait avoir été.... un projet de canal à travers la Sologne. Ce fait est explicable : les artistes de la grande époque italienne étaient habitués à voir leurs œuvres soumises à la critique d'un public formé de longue date à la connaissance du beau par l'exemple de pontifes ou de princes éclairés et amis des arts. L'entrainement de nos compatriotes n'avait pas encore été provoqué dans cette voie ; ils étaient loin d'un tel raffinement de goût et s'exaltaient plus volontiers au récit des prouesses de Marignan qu'à la vue des premiers chefs-d'œuvre rapportés d'Italie.

Voilà pourquoi Jean Cousin, qui peut légitimement être regardé comme notre premier peintre, semble n'avoir pas conquis, à son époque, une gloire assez retentissante pour le sauver de l'oubli et de l'obscurité qui entourent aujourd'hui sa personnalité. Il était cependant, par son caractère et ses aptitudes, de la même race artistique que les italiens de la renaissance, qui considéraient comme une pauvreté d'esprit de ne cultiver qu'une seule branche de l'Art et s'évertuaient à devenir complètement maîtres de la technique de chacune d'elles. Il fut verrier, miniaturiste, peintre, sculpteur et architecte.

Jean Cousin naquit à Sens, vers l'an 1500. Sa vie a été longue, car elle lui permit de se marier trois fois et de produire un grand nombre d'œuvres dans les trois arts du dessin. Nous ne connaissons la plupart d'entre elles que par des descriptions ou de vagues indications que des chercheurs savants et infatigables, tels que MM. Ambroise Firmin Didot et Anatole de Montaiglon, ont exhumées des archives de Paris ou des départements.

Guy Le Fèvre de La Boderie, dans son livre de la « *Révolution des Sciences et des Arts*, » paru en 1578, cite Jean Cousin parmi les plus habiles architectes de son temps ; les comptes du domaine de Chambord attestent qu'il a travaillé au château comme architecte et comme sculpteur des ornements extérieurs. Il a laissé un *Traité de perspective;* les figures en raccourci gravées sur bois, au frontispice de cet ouvrage, dénotent un dessin correct, mais un peu sec ; le style indique qu'il a su se dérober aux mollesses d'une grâce de convention qui était le caractère dominant et contemporain des maîtres de l'École de Fontainebleau, dont j'aurai à parler ; ces derniers furent toutefois plus appréciés que lui sous les règnes de François Ier, de Henri II, de François II, de Charles IX et de Henri III.

Le chef-d'œuvre qui a mis Jean Cousin au rang des grands sculpteurs est très connu : je veux parler de la belle statue exécutée en albâtre de Lagny, qui représente l'amiral Chabot et était placé sur son tombeau ; elle se trouve actuellement au musée du Louvre. On lui attribue le tombeau du grand sénéchal Jacques de Brézé, dans la cathédrale de Rouen. On hésite entre lui et Germain Pilon pour nommer l'auteur du monument funéraire de Diane de Poitiers, dont le musée de Versailles possède un moulage.

Je dois considérer Jean Cousin surtout dans sa qualité de peintre ; lui-même s'est intitulé « maître peintre », dans les quelques actes qui ont été retrouvés au fond des archives de la ville de Sens ; son nom se rattache plus particulièrement à l'ancien art français de la miniature et du vitrail. Je citerai, parmi ses œuvres les plus authentiques, deux manuscrits : l'un faisait partie du musée des Souverains ; c'est un livre de prières composé pour le roi Henri II ; il contient dix-sept sujets dont six ou sept exécutés en camaïeu rose, bleu, gris et en or rappellent, par leur dessin plus naïf et plus énergique que celui des sujets en couleurs, le style des gravures et des verrières du maître de Sens. Le second est un in-folio qui faisait partie de la collection de M. Ambroise Firmin Didot ; c'est le bréviaire ou livre d'heures de Claude Gouffier, grand écuyer de France ; on y voit huit peintures sur vélin, qui sont presque des tableaux, puisqu'elles se mesurent par $0^m,38$ de hauteur sur $0^m,20$ de largeur ; elles sont d'un style plus égal. L'une, qui représente *le Christ délivrant les âmes de l'enfer*, a les mêmes qualités de grandiose dramatique, que le vitrail de la chapelle de Vincennes, dont le sujet est l'*Approche du Jugement dernier*, et que le fameux tableau du *Jugement dernier* exposé au

Louvre dans la salle des peintres du seizième siècle.

Les miniatures et les tableaux de chevalet de Jean Cousin démontrent son attache réelle, mais esthétiquement relâchée, aux dogmes artistiques du moyen âge ; il semble même, au premier aspect, qu'il n'ait ressenti que de seconde main et par contre-coup, la bienfaisante influence répandue sur les italiens par l'antiquité classique retrouvée. Il est notre premier peintre, parce qu'on lui doit un progrès ; imbu d'un louable esprit de réaction militante contre les afféteries de Fontainebleau, sa réticence ne l'a pas fait rétrograder, malgré son entourage qui préférait les notes gaies aux accords graves ; il a tendu l'oreille à l'écho lointain mais harmonieux du concert éclatant de la renaissance italienne. Ses verrières de la cathédrale de Sens, de la Sainte-Chapelle, de Vincennes et de l'église de Saint-Gervais à Paris, atteignent, dans leur transparence, au coloris suave du Corrège tandis que leur dessin et leur composition rappellent parfois le tempérament énergique mais inégalement réglé de Jules Romain. Je n'insiste pas sur l'étude de ces morceaux, car je m'arrêterai plus longuement et plus profitablement en face des peintures à l'huile de Cousin.

Avant d'examiner le tableau du Louvre, il est à propos que je parle de cinq portraits peints par Jean Cousin, que M. Bouvyer de Tours a exposés en 1873 lors de l'exposition rétrospective d'objets d'art organisée dans cette ville. L'heureux propriétaire de ces cinq petits panneaux est un descendant de Jean Cousin ; ceux-ci ne sont jamais sortis de sa famille. Jean Cousin avait épousé, en troisième noce, Marie Bouvyer, sœur de Jean Bouvyer chanoine de la cathédrale de Sens et il avait uni à un parent de celui-ci, dont le prénom était Étienne, sa fille Marie née de sa seconde femme, Christine Nicole Rousseau. Parmi ces portraits, celui du chanoine Jean Bouvyer et celui de Marie Cousin prouvent que si Jean Cousin n'a pas fréquenté Holbein, son contemporain, il a étudié avec une prédilection marquée sa manière à la fois fine et simple subordonnée au respect absolu mais raisonné du naturalisme le plus vrai. Or, pendant la fin du quinzième siècle et presque toute la durée du seizième siècle, les artistes allemands n'étaient pas attirés en France plus que leurs œuvres n'y étaient appréciées; Holbein préféra même la voie des Pays-Bas pour se rendre en Angleterre; on est donc autorisé à penser que Jean Cousin sortit de France pour perfectionner son art et qu'il a été acquérir des connaissances nouvelles en face de modèles étrangers. Il y aura lieu de discerner aussi dans sa manière des symptômes italiens qu'il n'aurait pu que difficilement contracter sans franchir les Alpes. Les trois autres portraits, celui d'Étienne Bouvyer, ceux de Jean III Bouvyer et de Savinienne de Bornes sa femme, sont plus français, mais français dans le genre des types qu'on est convenu d'appeler les « Clouet ».

Il suffit à beaucoup de personnes de se trouver en présence de l'un de ces petits portraits aux allures soignées et précieuses, d'un dessin serré et d'un pinceau minutieux, qui représentent des personnages habillés à la mode des Valois, pour s'écrier : « C'est un Clouet! » Il faut savoir cependant que les peintres du nom de Clouet, ont formé une dynastie dont le chef peignait à Bruxelles en 1475. Jean Clouet, fils de ce dernier, vint en France avant l'avènement de François Ier; c'était un peintre sans qualités brillantes; aucune de ses œuvres n'est authentiquement connue; tout en conservant sa nationalité, il devint peintre ordinaire du roi et fit ainsi partie de la domesticité royale, comme tant d'autres parmi lesquels je peux citer Jean Perréal, autrement dit Jean de Paris qui figure dans les comptes sous la dénomination de peintre et valet de chambre des rois Charles VIII, Louis XII et François Ier; on a conservé, aux mêmes titres, le nom de Jean Bourdichon de Tours et celui de Pierre de Brimbal, désigné par un document de 1531, comme imagier du roi.

Jean Clouet fut sans doute appelé de Flandre pour suppléer à l'insuffisance des artistes français adonnés aux qualités brillantes ou spécieuses de leur art et devenus incapables de rendre les expressions, alors justement que le goût du portrait avait envahi la cour de France.

Jean Clouet forma certainement des élèves et se créa des concurrents, mais son fils, François Clouet, quelquefois désigné simplement par son surnom patronymique de Jehannet, dépassa tous les portraitistes de l'époque. Naturalisé français par un commandement de François Ier, sa vogue très justifiée se continua pendant les règnes suivants.

Les deux admirables petits portraits de Charles IX et d'Élisabeth d'Autriche sa femme, sont regardés comme les deux seules peintures authentiques de François Clouet que possède le musée du Louvre; l'art flamand s'y manifeste par la précision et le rendu des détails ainsi que par un modelé de touche dans lequel la science du clair-obscur ne joue pour ainsi dire aucun rôle. Le style ou, pour mieux dire, le cachet français s'y distingue de son côté par l'élégance et le goût qui ont présidé à l'interprétation des modèles c'est-à-dire au choix des expressions vraies les plus capables de donner à la fois la meilleure impression de la physionomie et du caractère moral. François Clouet est un fils de Van Eyck, émancipé sous le climat ensoleillé de la France.

Sans quitter le Louvre, je mettrais volontiers à l'actif de François Clouet, les deux portraits de Henri II, l'un en pied (n° 111), l'autre en buste vu de trois quarts (n° 112); celui de François de Lorraine, duc de Guise (n° 113) représenté debout; ceux enfin du comte de Cossé Brissac (n° 116) et de Jean Babou, seigneur de la Bourdaisière (n° 121). Les collections publiques et particulières abondent en portraits analogues de mérites inégaux. Ceux de la famille Bouvyer, à Tours, indiquent que Jean Cousin a abordé ce genre et qu'il y a réussi; c'est donc parmi les innombrables petits tableaux classés sous le nom devenu générique « des Clouet » qu'il convient d'abord de rechercher des œuvres de notre premier peintre français.

Jean Cousin a-t-il été en Italie? D'Agincourt, dans son *Histoire de l'Art par les Monuments*, prétend qu'il a composé des verrières pour des églises de Rome. Toujours est-il que l'inspection de son tableau du *Jugement dernier*, qui a été transféré de l'église des Minimes du bois de Vincennes dans les galeries du Louvre, fait supposer qu'il a étudié, en face de l'original de la chapelle Sixtine, plutôt que devant des copies, le même sujet traité en 1541 par Michel Ange. Il a certainement connu aussi l'œuvre de Raphaël et la partie supérieure de la fresque de la *Dispute du Saint-Sacrement* s'est imposée à lui comme un modèle fascinateur.

A sa passion pour son art Jean Cousin joignait un discernement très fin et un grand amour-propre national. Comme portraitiste, nous l'avons vu se faire d'abord le rival heureux de l'école franco-flamande; à un âge plus avancé, ainsi qu'on peut en juger par son portrait placé parmi les figures de son tableau du *Jugement dernier*, il s'est renfermé dans la vraie mission du peintre. En réduisant les dimensions de son cadre il a voulu se mettre davantage à la portée des esprits que séduisaient les mièvreries de l'art contemporain aussi exquis dans son élégance et dans sa coquetterie pailletée ou ciselée, que nul dans son pouvoir impressionnant; il a exécuté pour ses concitoyens un abrégé des modèles de peinture où les écoles italiennes du seizième siècle venaient d'inscrire leur immortalité.

La toile du *Jugement dernier* entr'ouvre les cieux à la manière de Raphaël; les nuées se déchirent aux lueurs des éclairs et de l'arc-en-ciel, aux éclats des trompettes sonnées par un vol hardi et noble d'archanges. Jésus-Christ, entouré d'une assemblée de saints et d'élus, est debout sur le globe terrestre; les gloires du Paradis illuminent sa face empreinte d'une dignité bienveillante; sa main brandit une faucille; pas de geste violent, pas d'allure courroucée, rien de cet aspect terrible donné par Michel-Ange au fils de Dieu. Aux angles supérieurs du tableau, les prophètes trônent sur les nuages; les temps prédits par eux sont arrivés et voilà les planètes et les étoiles qui pleuvent sur la terre, en embrasant les villes et les palais. Toutes ces petites figures dont la plus grande n'excède pas 0^m,20, qui se contorsionnent, s'agitent, se dégagent nettement sur les premiers plans ou se perdent dans l'infini des fonds, révèlent la mâle énergie d'un talent fécond, d'un génie inventif, d'un art qui s'est uni à une science réelle. Si tous les nus venaient à être grandis ils seraient presque dignes du peintre de la Sixtine; le modelé est parfait; l'anatomie est vraie. Toutes ces ruines et tous ces supplices, ces réprouvés qui luttent contre d'affreux démons, ces figures suaves et élégantes d'anges qui parcourent la scène et protègent les justes, la riche architecture de ces rotondes, ces édifices enflammés que reflètent les eaux blafardes de la vallée de Josaphat, sont autant d'éléments de contraste que Jean Cousin a reliés ou juxtaposés sans faillir aux formules d'une ordonnance harmonieuse et, disons-le hardiment, d'une composition savante ainsi que pittoresque.

Le souvenir de Raphaël est inscrit à la partie supérieure du tableau; celui de Michel-Ange se lit au-dessous, dans l'épisode de la barque infernale où des monstres infernaux entassent les réprouvés. Il serait injuste de reprocher ces emprunts à Jean Cousin; Raphaël et Michel-Ange ont dérobé à l'antiquité le secret de la beauté primordiale qui procède de la pureté des formes et de l'harmonie des proportions; ils sont les deux expressions les plus opposées mais les plus frappantes du génie de la renaissance individualisant cette conquête par l'introduction dans l'art de la double caractéristique du sujet et de l'artiste. Michel-Ange trouve ses effets dans l'ampleur et la puissance; sous leur musculature pesante et massive, ses personnages sont empreints d'une vérité surnaturelle; si le modelé et la pose paraissent arbitraires, le sentiment profond et limpide qui a guidé la main du maître ne se dégage pas moins en traits irréfutables de la matière excessive. Raphaël reste sobre parce qu'il reste idéalement pur; son enthousiasme ne connaît pas les voies de l'arbitraire; chez lui, la pensée et la forme ne rompent jamais leur harmonie; la correction de son dessin et la suavité discrète de son coloris impressionnent dans leur savante simplicité parce que le style atteint à la précision psychologique. Jean Cousin a compris ces deux grands enseignements; il les a choisis entre tous et il a voulu les traduire dans la langue française de son époque. N'était-il pas capable et digne de fonder une école, celui qui a distingué et a tenté d'acclimater les principes au contact desquels le grand art peut s'éveiller? Il n'a pas été compris par ses compatriotes, bien qu'il ait mis à leur niveau les exemples qui prouvent que la liberté est le droit suprême des artistes!

On attribue à Jean Cousin un tableau qui fait partie d'une collection privée à Sens, et qui fut découvert dans les greniers du château de Montard, propriété de la famille Bouvyer, à l'époque où Félibien écrivait *ses entretiens sur les vies et les ouvrages des plus excellents peintres anciens et modernes*, vers le milieu du dix-septième siècle. Ce panneau, connu sous le titre de *Eva prima Pandora* représente une femme nue, de grandeur naturelle, couchée dans une grotte dont les ouvertures laissent voir la mer d'une part et une campagne brisée de l'autre; elle est accoudée sur une tête de mort; sa main droite froisse un rameau de l'arbre du bien et du mal; sa gauche s'appuie sur la cassolette fatale d'où s'échappe un essaim de génies malfaisants. L'anatomie du corps aux attaches fines, aux contours moelleux, est trop affectée; mais, au dire de ceux qui ont eu le bonheur de pouvoir étudier cette peinture usée et pâlie, on y constate plus de fermeté et moins de banalité que dans les Diane, les Danaé et les nymphes dont nous verrons le Rosso, le Primatice et leurs élèves peupler Fontainebleau et Anet. Le sujet lui-même, Ève-Pandore personnifiant dans une même figure le péché féminin suivant la tradition chrétienne et la fable païenne, est d'une philosophie robuste à côté des nudités galantes et chasseresses vouées soit au culte, soit au persiflage des duchesses de Valentinois et d'Étampes.

Avant de montrer son génie en traduisant Michel-Ange, Cousin avait prouvé son talent en égalant ou en surpassant des portraitistes du mérite de Clouet. Il a voulu démontrer, en outre, combien la victoire était facile à remporter sur des peintres qui parodiaient pour des femmes et des mignons l'énergie de l'école florentine faite pour des hommes et des héros. Ève-Pandore semble avoir été de sa part la démonstration plus voulue qu'inconsciente des sacrifices que l'art est parfois entraîné à faire au caprice.

La critique et l'histoire n'ont pas suffisamment isolé Jean Cousin parmi les peintres qui ont travaillé en

France pendant le seizième siècle; il a suffi au plus grand nombre de ses historiographes de discerner le parfum d'élégance qui, dans la partie la plus sérieuse de son œuvre, se mêle quand même aux influences Michel-Angelesques, pour le rattacher au maniérisme qui dominait en France. L'élégance de Jean Cousin est cependant toute native; elle est la manifestation de la tendance innée du tempérament français que j'ai signalée dans nos miniatures des treizième et quatorzième siècles. Nous retrouverons bientôt cette même recherche de l'élégance chez Simon Vouet et dans son école; nous la suivrons à travers tout le dix-huitième siècle, aux heures où notre école vivra d'esprit et de fantaisie plus que de génie et d'invention. Parcourez nos salons annuels et vous retrouverez en elle l'élément qui sauve et fait accepter par la foule tant de tableaux vides de qualités essentielles. J'avais raison de le prétendre, Jean Cousin a devancé les temps; son art est demeuré français au milieu de l'invasion étrangère; sa peinture a été méconnue parce qu'elle est restée fidèle à la pureté des grands principes sans prendre souci des décorateurs et des maquilleurs de Fontainebleau.

TROISIÈME LEÇON

L'école de Fontainebleau : le Rosso ; le Primatice ; Nicolo dell' Abbate. — Corneille de Lyon. — Les Foulon ; les Dumoustier ; les Quesnel. — Antoine Caron. — Toussaint Dubreuil. — Bunel. — Ambroise Dubois. — Martin Fréminet. — Quentin Varin.

J'espère terminer aujourd'hui la partie aride de mes leçons. Malgré mon bon vouloir, je n'ai pu rendre ni plus concis, ni plus rapide l'exposé des faits et des influences qui sont les origines de notre école nationale de peinture pendant huit siècles.

Je n'ai pas la prétention d'avoir jusqu'ici inculqué une science bien profonde dans une matière qui, pour être développée comme il convient, absorberait la durée d'un cours spécial. J'ai cherché seulement à faire naître une impression générale.

J'aurais pu me dispenser de tous préliminaires et aborder immédiatement le dix-septième siècle avec Simon Vouet ; mais j'estime que la vie d'une école, comme celle d'un individu, laisse trop de points obscurs ou inexpliqués si son histoire n'est pas rattachée à celles des ascendants directs et des principaux collatéraux de ceux-ci. Les phénomènes de la gestation sont même indispensables à connaître pour se rendre compte des phases d'une existence à ses différents âges.

Il faut donc m'accorder encore quelques minutes de patience et un peu de l'indulgence nécessaire au sujet ainsi qu'au professeur. Nous serons plus à l'aise quand ma prochaine leçon fera comparaître des maîtres connus avec les noms et la réputation desquels tout esprit vraiment français se trouve, d'avance, en pleine familiarité.

Avant de m'occuper de l'école de Fontainebleau dont j'ai déjà parlé maintes fois, j'ai besoin d'ouvrir une parenthèse ; notre musée du Louvre sera toujours le grand arsenal où je choisirai de préférence les modèles accessibles devant lesquels je demanderai à chacun d'aller contrôler les impressions de ce cours ou de ses études particulières. Rentrons donc dans la salle des peintres antérieurs au dix-septième siècle où j'ai signalé les deux portraits attribués à Jean Fouquet, ceux de Clouet ou de son école et le tableau du *Jugement dernier* de Jean Cousin.

Le grand panneau qui porte le n° 651 représente *Juvénal des Ursins, sa femme et ses onze enfants agenouillés;* cette peinture du commencement du quinzième siècle est traitée à la manière flamande-bourguignonne ; il est probable cependant qu'elle a été exécutée à Paris par quelque peintre de la cour de Charles VI ou de Charles VII, car le célèbre président au parlement de Poitiers devait être peu aimé à la cour de Bourgogne qui ne lui pardonnait pas d'avoir sauvé le roi de France des mains du duc Philippe le Hardi.

Un autre grand panneau que le catalogue attribue, sous le n° 650, à un peintre inconnu de l'école française du quatorzième siècle représente : *le Christ descendu de la croix*. Plus je vois ce précieux tableau où l'art germanique perce parfois dans un ensemble d'allures essentiellement flamandes, plus ma pensée se reporte à la partie supérieure du retable de Saint-Bavon attribuée à Hubert Van Eyck, frère de Jean Van Eyck.. Je crois lire, là comme à Gand, cette réminiscence byzantine dont l'artiste n'a pu se départir complètement mais qu'il a corrigée au point d'atteindre à la chaleur vénitienne née sous la même influence orientale. Cette vierge agenouillée, ce Joseph d'Arimathie, cette Madeleine, ces figures que je vois au Louvre sont sœurs par l'expression de cette autre vierge et de ce saint Jean-Baptiste qui m'ont tant frappé dans Saint-Bavon. Mais les draperies rappellent plutôt Jean Van-Eyck qui a souvent corrigé et terminé les œuvres de son frère aîné. Le fond où, par un hardi caprice permis à cette époque, le Calvaire se dresse au bord de la Seine entre le palais de nos rois et l'abbaye de Saint-Germain des Prés, semble avoir été peint par la main qui a représenté le paysage et les murs de la cité de Jérusalem sur le fond du grand tableau du retable de Saint-Bavon. Loin de moi la prétention de contredire absolument l'autorité d'Alexandre Lenoir, de Clarac et de tous les éminents conservateurs qui se sont succédés au Louvre ; je n'oserais prétendre d'ailleurs à la découverte d'une rareté telle qu'une œuvre authentique de Jean Van Eyck, mais la peinture en question est, sans contredit, celle qui peut le mieux donner une idée précise du grand art flamand de son temps. Je veux surtout voir dans l'attribution française du catalogue la confirmation de ce que j'ai dit dans ma précédente leçon sur les ressources que Jean Van Eyck avait empruntées à la manière française pour assouplir aux rêves de son génie la sèche raideur de ses devanciers et de ses contemporains.

Je ne dirai plus rien des Clouet et de leurs congénères qui abondent dans la même salle du Louvre; on remarquera toutefois combien certains portraits et les deux tableaux qui représentent des bals donnés à la cour de Henry III (n°s 656 et 657) tiennent du métier de l'imagier plus que de l'art du peintre.

Le séjour de Léonard de Vinci n'avait laissé aucune trace dans les arts français du dessin, car je cherche souvent, mais toujours en vain, les quelques reflets de sa manière qu'on prétend apercevoir dans les nombreux et fins crayons qu'ont produit les portraitistes du seizième siècle. André del Sarte vint à son tour en France, un an après la mort de Léonard; il fut très en faveur et somptueusement traité à la cour de François Ier. Après avoir peint le dauphin âgé de peu de mois, il exécuta le tableau de *la Charité*, que possède le Musée du Louvre sous le n° 437. Rappelé à Florence par des affaires de famille il se ferma pour toujours le chemin de la France en dissipant follement la fortune qu'il y avait acquise et l'argent que le roi lui avait confié pour l'acquisition de peintures et de sculptures précieuses.

Dans le domaine des arts et de la poésie, nos compatriotes vivaient encore plus par les jouissances des yeux que par celles du sentiment; on se délectait à l'esprit tapageur et aux crudités sensuelles de Rabelais ; la versification française restait informe et admettait le hiatus à côté d'expressions gracieuses ou brillantes. C'est à l'emporte-pièce que le succès se détachait, malgré l'eclectisme relatif et les connaissances raffinées de l'entourage immédiat du roi. Une dizaine de beaux tableaux de la bonne époque italienne, acquis par François Ier et amenés à Paris, étaient à peine regardés ou du moins n'étaient l'occasion d'aucunes leçons utiles au perfectionnement du goût. Aussi, l'orfèvrerie et l'émaillerie des Benvenuto Cellini, des Léonard Limosin, des Courtois, obtinrent-elles et continuèrent elles longtemps à obtenir, par leur luxueuse et brillante élégance, les suffrages d'un monde instruit à juger la peinture d'après les riches miniatures à paillons où les Godefroy et les Nicolas Houel ont exagéré la manière ciselée et niellée des ornemanistes italiens. Ne reconnaître les mérites de Jean Cousin que là où son art se parait de l'éclat du vitrail, c'était pour les hommes du seizième siècle français se déclarer inaccessibles à l'impression ineffable qui se dégage de la beauté égale et tranquille des œuvres d'André del Sarte.

Après dix années d'une détresse publique dont il n'est pas utile que je retrace le cours, les souvenirs italiens se réveillèrent chez le roi avec son goût pour les choses du bel art ; c'est vers 1532 qu'il fit venir à Fontainebleau le Rosso, connu aussi sous le nom du Maître Roux.

Ce Florentin dont les ouvrages, au dire de Vasari, n'avaient été goûtés ni à Florence ni à Rome, acquit seulement en France le renom qui lui est resté. Il avait beaucoup produit en Italie, mais n'avait récolté que misère et déboires, quand sa bonne étoile le fit enfin quitter Venise où il s'était réfugié, pour se rendre en France. L'audace de son dessin, la virulence de son coloris plurent autant que ses qualités de discoureur brillant. Il devint successivement valet de chambre de François Ier et chanoine de la Sainte-Chapelle de Paris. Établi à Fontainebleau comme surintendant des bâtiments royaux, il y a vécu en peintre grand seigneur. Son talent fécond et ambitieux se plia à tout ; il fit des modèles d'orfèvrerie, dessina pour les mascarades ou les fêtes, des costumes, des décors, des caparaçons de chevaux, des arcs-de-triomphe, et inventa des statues colossales. Il mettait la main aux stucs et aux rondes bosses dont il a entouré ses innombrables peintures exécutées dans le palais de Fontainebleau ; peu de celles-ci ont subsisté ; s'il en reste, on les distingue à peine sous les substitutions de ses successeurs, sous les restaurations que des générations de peintres ont fait subir à tous les ensembles.

Lanzi, dans son histoire des peintres, classe le Rosso au dernier rang de la phalange toscane dont Michel Ange était le seul survivant illustre et qui avait compté dans ses rangs Léonard de Vinci et André del Sarte. Il ne tenait rien de ces derniers parce qu'il n'avait pu être qu'un peintre de pratique. Adepte de Buonarroti, mais adepte chez qui l'ambition étouffait le jugement, il avait cru prendre à la nature tout ce qu'elle pouvait lui donner en étudiant à fond l'anatomie sur le cadavre. Ses figures étaient outrées dans leurs musculatures, théâtrales dans leurs poses. Il ressemblait, en face de

Michel Ange, à un avorton qui veut se donner des airs d'athlète.

J'ignore ce que pouvaient valoir les treize tableaux où il avait peint des sujets représentant les principales actions de la vie de François Ier, mais je sais bien que chaque fois que je m'arrête dans la grande galerie du Louvre, devant son *Christ au tombeau* n° 568, je crois voir une caricature insultante et coloriée de la belle « Pieta » de marbre de Saint-Pierre, à Rome, sculptée par le maître de génie à l'ombre duquel il prétendait marcher.

Le Rosso régnait en despote à Fontainebleau, au milieu d'une cour de peintres et de stucateurs italiens qu'il avait amenés ou fait venir ; les principaux se nommaient : Lucas Penni, frère du Fattore, élève de Raphaël ; Lorenzo Naldino, de Florence ; Domenico Barbieri ; Battista de Bagnacavallo. Il payait les dédains récoltés dans sa patrie, en prodiguant les siens aux artistes français tels que François d'Orléans, Simon de Paris, Claude de Troyes et Laurent de Picardie, qu'il avait dû s'adjoindre par ordre du roi. Sa pitié orgueilleuse ne tarissait pas en railleries à l'adresse de ces imagiers à peine dignes de nettoyer sa palette.

La manière à la fois pédantesque et enflée du Rosso plut sans doute au roi parce qu'elle rapprochait vaguement son esprit de ses anciennes admirations florentines ; elle laissa des traces funestes en France, mais précéda, sans y participer, la fondation véritable de l'école de Fontainebleau par deux italiens rattachés aux écoles de Rome et de Bologne.

Le Primatice et son compagnon Nicolo dell' Abbate

ont consommé le mariage de la manière italienne avec les tendances françaises ; celles-ci devaient encore, pendant près d'un demi-siècle rechercher, dans les autres genres que le portrait, la couleur imagée plus que la peinture proprement dite et l'application universelle de l'architecture ciselée dont la mode s'était implantée.

L'influence du Primatice vaut la peine qu'on l'étudie ; elle a persisté sous Henri II et ses fils ; c'est d'elle que procède le style précieux qui, chez Jean Goujon, marche côte à côte avec le respect de l'antique et qui caractérise les grâces chiffonnées de Germain Pilon. Le Primatice eut, par la faveur de François Ier, une abbaye comme le Rosso avait eu un canonicat ; devenu abbé de Saint-Martin et aussi surintendant des bâtiments royaux il fixa sa résidence à Fontainebleau.

En 1539, François Ier avait écrit au duc de Mantoue pour le prier de lui envoyer un jeune homme qui fut à la fois peintre et stucateur : le Primatice fut choisi. Élève de Bagnacavallo à Bologne, il était venu dans Mantoue prendre une place importante parmi les artistes qui concouraient à la décoration du palais du T, sous la direction de Jules Romain par lequel il se rattache à l'école romaine. Deux ans après son arrivée à Fontainebleau, le Rosso étant mort, il prit la place de ce dernier dans la confiance et la faveur du roi ; il a été le véritable décorateur de Fontainebleau, car son premier soin fut de faire disparaître presque entièrement l'œuvre de son prédécesseur.

Aux peintures sauvages du maître Roux, le Primatice a substitué des compositions vides de sentiment mais d'un caprice séduisant, spécieusement belles par un mélange indéfinissable de suavité ombrienne et de brio français. Ses élèves et ses aides furent nombreux ; le principal d'entre eux a été Nicolo dell' Abbate, célèbre par ses peintures exécutées à Bologne dans les palais Torfanini et Poggi ; Henri II l'appela à Paris et l'adjoignit au Primatice qui retrouva en lui son disciple d'autrefois.

L'art et les manières des deux peintres se confondent dans les fresques de Fontainebleau ; il faut peut-être attribuer au Primatice la conception et la composition ; Nicolo dell' Abbate aurait été plus spécialement chargé de l'exécution, si l'on en croit le Père Dan qui, dans son livre intitulé *le Trésor des Merveilles de la maison royale de Fontainebleau*, écrit au dix-septième siècle, répète souvent la mention ; « Peint à frais par « messere Nicolo sur le dessin du seigneur de Saint-« Martin. »

Il sera bon de consulter la remarquable étude que le savant M. F. Reiset a publiée dans la *Gazette des Beaux-Arts* (1859) sur Nicolo dell' Abbate et, par conséquence forcée, sur le Primatice.

Parmi les œuvres authentiques du Primatice seul qui sont encore visibles à Fontainebleau, je dois citer la *Danaé*, qui faisait pendant à la *Nymphe de Fontainebleau*, dans la galerie de François Ier, primitivement décorée par le Rosso. Je dis que cette galerie était primitivement décorée par le Rosso, parce que les peintures actuelles, sauf la Danaé très peu retouchée par notre peintre moderne Couder, ont été restaurées et changées jusqu'à une réfection totale par le Primatice d'abord et par Van Loo cent cinquante ans plus tard. On y compte sept tableaux principaux; à droite : *l'Ignorance et les Vices chassés par François Ier* ; — *le Roi tenant une grenade ;* — *la Piété filiale de Cléobis et Biton ;* — *la Mort d'Adonis ;* — *la Fontaine de Jouvence ;* — *le Combat des Centaures et des Lapithes.* A gauche : *le Sacrifice ;* — *l'Éléphant fleurdelisé ;* — *l'Embrasement de Catane ;* — *les Mariniers ;* — *l'Éducation d'Achille ;* — *Vénus châtiant l'Amour.*

L'ancienne chambre de la duchesse d'Étampes, convertie en escalier, a conservé sept ou huit peintures du Primatice ou de Nicolo dell' Abbate ; mais il faut surtout s'arrêter dans la grande galerie de Henri II pour se faire une idée vraie de la manière des deux maîtres. Les sujets qui y sont traités offrent une grande variété ; tous sont empruntés à la mythologie classique ; ils sont répartis dans les arcatures des parois. Le premier grand sujet est : *le Festin de Bacchus.* Le second représente *le Parnasse avec Apollon accompagnant sur une viole le concert des Muses.* Plus loin, les *trois Grâces* apparaissent au premier plan d'une assemblée de dieux. La dernière composition, d'un caractère olympien et bachique, est intitulée : *la Pomme de discorde.* Ces innombrables figures, à peu près de grandeur naturelle, sont élancées comme des roseaux ; la grâce y remplace la chasteté ; leurs contours semblent accuser le serrement des corsages, des chausses et des gants qui les ont amincies lorsqu'elles étaient femmes par la parure avant de devenir déesses par la nudité ; elles papillottent dans une note brillante, gaie et transparente. M. Alaux les a retouchées assez habilement pour qu'elles continuent à chanter les gloires coquettes de l'école de Fontainebleau.

Les affinités trop vantées du Primatice avec Raphaël et Michel-Ange sont indécises et vaporeuses ; sa suavité est sans idéal, sa hardiesse sans énergie ; s'il existe un trait d'union très allongé entre lui et ces colosses, il faut placer au centre la manière intermédiaire du Parmesan ; celui-là aussi a voulu embellir la nature par la forme plus que par le sentiment dont tout artiste véritable devrait faire vivre ses représentations animées, mais il n'a jamais été jusqu'à la défigurer.

Le Primatice a pris à la renaissance italienne et il a transplanté sur le sol bien préparé de la France un style particulièrement favorable à la décoration ; il a fait naître l'industrie artistique des Bernard Palissy et des Briot. Son système élégant gagnait d'autant plus de grâce exquise, qu'il s'appliquait à des partis décoratifs de dimensions assez réduites pour permettre de rechercher la perfection dans le fini du travail ; aussi a-t-il envahi pendant le seizième siècle les meubles et tous les ustensiles de la vie privée.

L'école de Fontainebleau a retardé l'avènement du grand art français dans la peinture, mais elle a puissamment contribué au développement des qualités courantes de notre goût. Les peintres nationaux assez maîtres d'eux-mêmes pour résister au courant ou aux ordres royaux qui entraînaient leurs confrères à devenir des manœuvres sous la direction des italiens protégés par la cour, ne regardèrent jamais ceux-ci que comme des architectes décorateurs. En m'exprimant ainsi, je n'ai nulle envie de reléguer la peinture décorative à un rang inférieur qui ne peut lui convenir. L'art du peintre décorateur, de l'artiste chargé de faire concourir l'ornement et le tableau à un harmonieux effet d'ensemble, est estimable entre tous; il a séduit les plus grands génies de toutes les écoles. S'applique-t-il aux édifices religieux? il exige que le peintre substitue aux images mystiques du moyen âge des compositions telles que l'œil ne s'y arrête pas assez pour troubler, par une distraction, le recueillement de l'esprit. La peinture décorative religieuse est, pour ainsi dire, toute de sacrifice; l'artiste sait que peu de juges iront apprécier son dessin ou la touche de son pinceau, et qu'il doit s'attacher à créer une atmosphère de sainteté dont chaque molécule sera le fruit de son labeur et de son talent, mais dont l'analyse sera interdite de façon à laisser dans l'ombre toutes les qualités particulièrement sensibles dont la critique courante ou l'enthousiasme des foules tient compte dans les tableaux de chevalet. S'agit-il de décorer un palais? le sujet, si puissamment traité qu'il soit, devient souvent un accessoire au milieu de l'or et des ornements plastiques qui l'encadrent; le laisser-aller est cependant défendu, car le moindre indice de négligence éclaterait comme la fausse note de l'instrument le plus secondaire dans une symphonie. La peinture décorative est un art fondé sur l'harmonie; l'école de Fontainebleau a eu le tort de croire qu'il reposait sur l'effet des parties et surtout sur la richesse; elle a admis faussement que la coquetterie pouvait devenir l'accessoire de la beauté réelle, sans la compromettre.

Nous devons savoir gré au Primatice d'avoir tenté de perpétuer en France la fresque décorative et d'avoir cherché à l'y acclimater dans ses applications les plus séduisantes; mais il faut reconnaître qu'il s'est trompé en voulant se faire à la fois l'héritier des grands fresquistes italiens et le metteur à la mode de l'ornementation compliquée; ces deux systèmes accolés ont déteint l'un sur l'autre en se nuisant réciproquement, car l'œil est aussi impuissant que le raisonnement pour saisir, dans les œuvres qui en ont été le résultat, le rendu d'une impression des sens ou le témoignage d'une inspiration.

Beaucoup de nos peintres nationaux, étrangers aux travaux de Fontainebleau, continuèrent à être miniaturistes, dessinateurs ou peintres de petits portraits; quelques-uns se firent graveurs pour obéir au mouvement qui substituait l'imprimerie à la calligraphie. Corneille de Lyon, que Brantôme intitule le peintre des belles dames et seigneurs de la cour, rivalisait avec Clouet en se montrant plus français que lui; il a fait le portrait de Catherine de Médicis, lors de son passage à Lyon. Il faut citer, à côté de lui et dans la même ville, Étienne Martel-Ange, auteur du portrait de Bianca Capello, grande-duchesse de Toscane, qui est au musée de Versailles, et qui fut peint l'année de la mort du Primatice, en 1571.

Le portrait était appelé à rester un genre éminemment national; il tendait à se débarrasser progressivement des influences étrangères, au point que Porbus le jeune adopta le style français dans la plupart des portraits qu'il a exécutés en France; on peut s'en convaincre par les deux admirables petites figures du roi Henri IV, qui sont classées dans la grande galerie du Louvre sous les nᵒˢ 394 et 395. Nos peintres rivalisaient avec les graveurs en produisant ces crayons si naïvement vrais et si simplement beaux, qui, après Clouet et Corneille jusqu'à l'époque de Simon Vouet et de Claude Mellan les derniers partisans de cette délicate manière, ont fait la réputation des Benjamin Foulon, des Dumoustier, des François Quesnel et de tant d'autres.

Benjamin Foulon, fils de Pierre Foulon, peintre d'Anvers, que Claude Gouffier fit travailler aux peintures du château d'Oiron, était beau-frère de François Clouet, et sans doute son élève; il avait épousé la sœur de sa femme. Il figure sur l'état des officiers de la reine, des années 1586-87 ; il est l'auteur du portrait au trait du duc de Vendôme enfant, fils naturel d'Henri IV qui appartient à la Bibliothèque nationale.

Les Dumoustier ont formé une vraie dynastie de peintres, qui ne s'est éteinte que dans le courant du dix-huitième siècle; la plupart des meilleurs crayons de la fin du seizième siècle sont attribuables à Geoffroy Dumoustier ou à ses deux petits-fils Pierre et Daniel; ces artistes ont joui de la faveur de nos rois.

Les Quesnel ont également formé une dynastie; François, fils de Pierre, le plus ancien de tous, est resté surtout célèbre; il était né en Écosse et s'était fait aimer de Henri III et de Henri IV. C'était un dessinateur à confondre avec François Clouet ; on possède de lui un plan de Paris en 12 feuilles. Il paraît avoir été aussi peintre d'histoire ; l'abbé de Marolles a cité, parmi ses œuvres, un tableau à l'huile, représentant l'entrée de Henri IV et de Marie de Médicis à Paris. Il a composé des cartons de tapisseries.

On ne saurait trop apprécier la délicatesse des dessins français du seizième siècle et du commencement du dix-septième siècle ; c'est à cet infiniment petit délicieusement et spirituellement touché de sanguine et de pierre noire, quelquefois rehaussé de lavis ou de pastel, que se réduisit l'art vraiment national pendant les troubles qui signalèrent l'ère des Valois depuis la mort de Henri II (1559) jusqu'à celle de Henri III (1589). Les sanglantes réactions du pouvoir royal ou de la ligue avaient étouffé l'essor des artistes, en même temps que beaucoup d'entre eux fuyaient vers l'Italie où les Carrache ébauchaient une renaissance en fondant l'académie « degli Desiderosi » (de ceux qui aspirent à un avenir meilleur). Il faut attendre les règnes de Louis XIII et de Louis XIV, c'est-à-dire le plein dix-septième siècle, pour voir notre école vivre et s'épanouir grandiosement en secouant la défroque italienne dont l'avaient affublée, comme d'une tunique de Nessus, les pernicieux fondateurs ou continuateurs de l'art spécieux de Fontainebleau.

Avant d'arriver à ces temps meilleurs, j'ai à parler brièvement de certains peintres qui ont travaillé pendant le règne de Henri IV et sous la protection de Marie de Médicis ; mais pour bien saisir leur succession au point de vue de la chronologie et de l'art, il faut retourner un peu en arrière :

Il serait long de citer tous les peintres, les imagiers et les décorateurs de rangs divers qui, pendant le seizième siècle, ont partagé avec les compagnons italiens du Rosso, du Primatice, et de Nicolo dell' Abbate mort le dernier, les travaux de Fontainebleau ainsi que des autres résidences royales, princières ou particulières. Les œuvres de la plupart d'entr'eux sont inconnues ou ont disparu. Le plus grand nombre de ces manieurs de pinceau appartenait à des familles dans lesquelles l'art, ou plutôt le métier de la peinture, se transmettait de père en fils ; quelques personnalités surgissaient de ces générations de praticiens, quoique rien ne soit plus propre à étouffer les aptitudes artistiques que l'esprit héréditaire de métier. Ainsi que nous le verrons par plus d'un illustre exemple, les élus du génie et du grand art ont rarement trouvé sur leurs berceaux les clefs qui devaient ouvrir pour eux les avenues ou les portes de l'académie. Ai-je besoin de nommer Jean Samson, Charles et Thomas Dorigny, Louis et François Lerambert, peintres et stucateurs? François Lerambert aida Germain Pilon dans ses travaux pour le tombeau de Henri II; un de ses descendants, élève de Simon Vouet et de Sarrazin, fut un sculpteur assez estimé sous Louis XIII. Antoine Caron ou Charron, que j'ai cité, dans ma première leçon, parmi les imagiers-décorateurs dont l'emploi officiel se perpétua si longtemps dans les fêtes et les services des cours de Bourgogne et de France, paraît avoir été spécialement chargé avec Fréminet le père de composer, sous la direction du Primatice, des cartons de tapisseries pour notre première manufacture royale fondée par François Ier. Celle-ci avait recueilli un certain nombre d'ouvriers des manufactures du nord, transférées à Bruxelles par ordre de Charles-Quint. Le Louvre et notre bibliothèque nationale conservent quelques dessins de Caron, qui appartenaient à une suite d'allégories moitié de mains françaises, moitié de mains italiennes, où Catherine de Médicis et Henri II étaient représentés sous les traits d'Artémise et de Mausole ; Charles IX y était désigné sous le nom du roi Lygdamis, fils d'Artémise. Les dessins à la pierre noire, lavés de bistre ou d'encre de Chine, et rehaussés de blanc, signés par Antoine Caron, sont d'une élégante monotonie ; il avait appris à exagérer, dans leur allongement, certaines figures du Primatice et il les a répétées à satiété sur des fonds encombrés de fabriques et de motifs d'une architecture maniérée. L'histoire d'Artémise paraît avoir été reproduite en tapisseries d'après les cartons d'Antoine Caron, vers l'année 1569.

Si je nomme Jean Dubreuil, peintre d'enseignes, qui a travaillé aux décorations du Louvre sous la direction de Pierre Lescot, en 1558 et 1559, c'est qu'il était parent, père ou oncle, de Toussaint Dubreuil, qui, à la mort de Primatice auprès duquel il avait peint, partagea la surintendance des bâtiments de Fontainebleau avec Jean Bullant spécialement chargé de l'architecture.

Toussaint Dubreuil appartient au seizième et au dix-septième siècle par Henri III et Henri IV qui le protégèrent à tour de rôle. Il fut le peintre le plus fécond de cette période transitoire qui faillit être mortelle pour les arts. L'architecture dégénérée avait presque fait disparaître la sculpture par l'envahissement de la brique. La peinture se tira mieux d'affaires au milieu du naufrage général parce que nos artistes émigrés en Italie commencèrent à revenir, tout échauffés des grandes querelles de Bologne. Et puis, Marie de

Médicis mettait le pied en France en même temps que sonnaient les premières heures du nouveau siècle; le nom de famille de la reine devait continuer à signifier : « protection accordée aux beaux-arts. »

Une terrible et destructive fatalité semble s'être acharnée après l'œuvre de Toussaint Dubreuil; le *pavillon des poesles* à Fontainebleau, dans lequel il avait peint à fresque l'histoire d'Hercule avec le concours de son confrère Ambroise Dubois et des ornemanistes Leramberg et Jean de Brie, a été démoli au commencement du dix-huitième siècle. La petite galerie du Louvre, dite *Galerie des Rois*, aujourd'hui remplacée par la *Galerie d'Apollon*, a été totalement détruite par l'incendie de 1661. Toussaint Dubreuil s'était associé à un peintre originaire de Blois nommé Bunel, pour peindre sur la voûte de la galerie des rois toute une série de sujets empruntés aux Métamorphoses et à l'ancien Testament. On peut se faire une idée de cette œuvre par la description qu'en donne Sauval dans son livre intitulé : *Histoire et Recherches des Antiquités de la Ville de Paris* (1724). Toussaint Dubreuil, valet de chambre et maître peintre de Sa Majesté, était surtout bon dessinateur; certains de ses dessins passent pour avoir été regardés à Rome même comme étant de Michel Ange; ceux que possède le Louvre présentent toujours un trait assez correct, mais une prétention florentine avortée qui n'explique pas l'erreur des amateurs romains; ou bien, ils décèlent une recherche d'élégance qui, en le rapprochant du Primatice, montre à quel état d'indécision les premiers de nos artistes étaient réduits dans leur art. Son coloris était mauvais en comparaison de son dessin, à ce que rapporte Sauval.

Bunel, également peintre et valet de chambre du roi, avait collaboré aux peintures de la voûte de la Galerie des Rois; il était l'auteur de la plupart des portraits historiques qui en décoraient les trumeaux. Ces portraits lui avaient été commandés par Henri IV; quelques-uns peints par Clouet, celui de Marie de Médicis, dû au pinceau de Porbus et qui se voit au Louvre sous le n° 396, ceux des reines et des princesses pour lesquels il avait été aidé par Marguerite Bahuche sa femme, formaient de rares exceptions dans cette collection due presque toute entière à la main de Bunel seul; elle comprenait plus de cent portraits; il avait peint d'après nature les personnages vivants et il avait voyagé un peu partout pour reproduire les autres d'après les peintures ou les vitraux des châteaux, des chapelles et des églises.

Tout protestant qu'il était, Bunel a peint beaucoup de sujets très catholiques; j'ai peur qu'il ait été surtout copiste dans cette partie de son œuvre. Le musée de Bordeaux possède une *Assomption de la Vierge* qui lui est attribuée. Ce grand tableau d'un style indécis ne tient plus en rien à l'école de Fontainebleau du Rosso ou du Primatice; il a l'air d'une copie mal comprise ou d'un fade pastichage de la première manière du Guide à l'époque où son jeune pinceau hésitait entre les Carrache et le Caravage, avant les voyages à Rome qui épurèrent et définirent sa manière.

Ambroise Dubois peut être considéré comme le successeur de Toussaint Dubreuil et de Bunel, à condition que je me contente d'indiquer les maîtres peintres qui se sont distingués en s'élevant au-dessus des innombrables artistes sans réputation et probablement dès lors sans mérites qui s'empressaient autour de la personne du roi ; c'était un flamand naturalisé français par la protection de Marie de Médicis, qui lui accorda le titre de « peintre de la Reine ; » il travailla d'abord au Louvre et surtout à Fontainebleau où ses peintures encore visibles dans la chapelle haute de Saint-Saturnin sont peu appréciables par suite de leur mauvais état. Le Louvre possède, sous le n° 190, une toile qui provient de la série des quinze sujets de l'*Histoire de Théogène et de Chariclée*, placés à Fontainebleau dans la chambre où Marie de Médicis a donné le jour à Louis XIII ; c'est une composition banale, sans caractère et d'un style éteint ; l'exécution matérielle seule indique un praticien qui savait au moins son métier. Après être venu peindre au Louvre, pendant la régence, il revint à Fontainebleau et y tint école jusqu'à sa mort qui arriva en 1614.

Un seul peintre de l'époque de Henri IV vaut une étude plus sérieuse qui est facilitée d'ailleurs par la conservation de morceaux importants, c'est le parisien Martin Fréminet, élève de son père qui avait travaillé sous le Primatice à des modèles de tapisseries. Quinze années de séjour en Italie l'avaient mis à même de connaître et d'étudier les grands maîtres ; sa prédilection l'arrêta souvent en face de Michel Ange ; il est certainement celui des peintres de Fontainebleau, les Italiens compris, qui a le plus respecté son art et son modèle. Un zèle inventif dans le style fort et parfois violent ne lui fait jamais perdre de vue la correction relative du dessin, même lorsqu'il découpe ses figures en contours trop ressentis. Son premier travail en France a péri avec l'œuvre de Toussaint Dubreuil et de Bunel dans la petite galerie du Louvre ; il y avait peint, au milieu de la voûte, une grande scène connue sous le nom de la *Gigantomachie ;* ce morceau de peinture allégorique, ainsi que cela est relaté dans les mémoires du comte de Brienne, représentait Henri IV sous les traits de Jupiter tonnant et la Ligue foudroyée sous ceux de géants réduits en poudre ; il paraît que les nus et les raccourcis étaient puissamment rendus.

On peut commencer à connaître Fréminet en visitant la chapelle de la Sainte-Trinité, au château de Fontainebleau ; la décoration du plafond est une œuvre d'un certain mérite ; après quatre ou cinq années de travail, elle était à peine ébauchée à la mort de Henri IV (1610) ; le sujet principal est *le Triomphe de la Religion au milieu des Evangélistes et des Docteurs ;* c'est ensuite, *la Gloire du Paradis ;* puis, *les Trois vertus théologales, la Foi, l'Espérance et la Charité.* Ces compositions un peu vides manquent d'expression dans les figures ; les attitudes sont bonnes. Le coloris s'est sali ; les tons se sont détériorés, peut-être à cause du mauvais enduit appliqué sur le plâtre pour recevoir la couleur à l'huile ; de nombreuses restaurations anciennes ont aussi modifié la tenue générale de l'ensemble. Quoi qu'il en soit, il faut y constater un premier essai de grande peinture, grandement exécutée ; les draperies sont bien traitées, quoiqu'elles laissent la musculature des dessous s'accuser avec une exagération choquante. Le succès contesté qu'il obtint auprès de ses contemporains, une fois ces peintures achevées, abrégea, dit-on, la vie de Fréminet.

Je conseille d'examiner aussi le n° 211 du musée du Louvre : *Mercure ordonnant à Énée d'abandonner Didon*. Fréminet a représenté Didon étendue sur un lit de repos dont deux amours soulèvent la draperie supérieure; dans les airs, Mercure désigne la reine de Carthage à Énée assis au pied du lit ; il lui ordonne de la quitter ; le héros se prépare à obéir pendant qu'un amour accroupi attache son cothurne. Dans cette intéressante peinture, on retrouve le Parmesan plutôt que Michel Ange; mais le peintre se montre plus dessinateur que coloriste; le clair-obscur n'y est pas franc; le raccourci du bras droit de Mercure est dessiné par un florentin, la couleur semble avoir été appliquée par un bolonais. Bref, sans être encore français, Fréminet cherche à être italien à la manière des italiens, tandis que ses prédécesseurs ou ses contemporains n'étaient parvenus à substituer à leur manque d'originalité aucun caractère étranger vraiment précis ou esthétiquement approprié. Fréminet mourut un an avant l'arrivée de Rubens à Paris.

Je ne m'étendrai pas davantage sur l'époque de Henri IV ; les documents et les œuvres manquent pour parler avec quelque certitude de la peinture de cette période ; je n'ai plus même de noms à présenter avec la certitude qu'ils se rapportent à des peintres véritables. On sait que sous Henri IV, pendant la régence de Marie de Médicis et les premières années du règne de Louis XIII, les peintres de la cour étaient surtout employés à l'entretien et à la décoration des palais de

Fontainebleau, du Louvre et de Saint-Germain en Laye. Les mêmes fonctions étaient peut-être réservées aussi aux membres de l'académie de Saint-Luc, c'est-à-dire de la maîtrise des peintres de Paris fondée en 1391, dont l'histoire est peu connue puisque ses archives furent détruites en même temps qu'elle, en 1776, dans des circonstances que j'aurai à faire connaître plus tard.

Un peintre picard nommé Quentin Varin, avait été chargé par la reine-mère, revenue à Paris après trois ans d'exil et de captivité, de peindre la grande galerie du Luxembourg. Au moment de se mettre à l'ouvrage, Quentin Varin se crut poursuivi pour un libelle écrit contre la cour par un de ses amis et disparut; c'est alors que Rubens fut appelé et reçut l'ordre de retracer, dans la suite des grands tableaux qu'on connaît, l'histoire allégorique de la vie de Marie de Médicis depuis sa naissance jusqu'à sa dernière réconciliation avec son fils Louis XIII.

Je ne peux indiquer que deux tableaux attribués à Quentin Varin; le principal est placé dans la salle du catéchisme de l'église Saint-Germain des Prés; son sujet est *la Présentation au temple*; il est d'une fraîcheur remarquable de ton et d'idée; j'espère que son attribution est basée sur des renseignements ou des documents authentiques, car, j'avoue que ma crédulité serait facile à ébranler; je serais tenté d'y voir une œuvre réussie de Subleyras ou de quelqu'autre peintre d'histoire du dix-huitième siècle. Ce tableau est trop français pour l'époque qu'on lui assigne, ou bien Quentin Varin n'a pas eu la réputation qui lui était due. Cette dernière hypothèse n'est pas confirmée par l'inspection de son autre tableau qui est placé dans l'église Saint-Étienne du Mont, au fond de la cinquième chapelle à droite; celui-ci porte la signature de Quentin Varin. Bien que cette œuvre soit détériorée, on peut reconnaître sa grande infériorité; elle représente « *saint Charles distribuant des aumônes.* »

L'apparition des tableaux de Rubens exécutés en deux ans à Anvers et retouchés à Paris après leur mise en place n'a pas eu immédiatement une influence appréciable sur l'art français. Le grand art flamand n'élut domicile chez nous que grâce à la protection constante de la reine-mère. Philippe de Champaigne, arrivé en 1621 à Paris et engagé avec Poussin pour travailler au Luxembourg sous les ordres de Duchesne premier peintre de Marie de Médicis, fut obligé de retourner à Bruxelles pour fuir la mauvaise humeur française; bien que rappelé en 1628 pour occuper alors la place de Duchesne qui venait de mourir, son travail assidu et ses mérites incontestables ne furent appréciés que très tardivement; et même, ce ne fut ni à lui, ni à Rubens que le cardinal de Richelieu pensa pour faire peindre la vie de Henri IV dans la deuxième galerie du Luxembourg; les yeux du prélat-ministre s'étaient tournés du côté de l'Italie d'où les germes de notre véritable école nationale devaient sortir décidément, il voulut imposer à la reine-mère le cavalier Arpino, autrement nommé le Josepin; celle-ci eut à résister longtemps avant de donner à Rubens la satisfaction qu'elle lui avait promise en compensation des lenteurs apportées au paiement de ses premières peintures. La disgrâce de Marie de

Médicis et son nouvel exil s'opposèrent à l'achèvement de la galerie et Rubens en fut pour des ébauches qui sont restées hors de France, à l'exception d'une seule qui fait partie de la collection La Caze, au Louvre.

Avant de franchir le seuil de l'atelier de Simon Vouet, et d'entrer au cœur de mon sujet sur les préliminaires duquel ma conscience m'a dit de vous retenir plus que la crainte de vous fatiguer ne me le conseillait, il sera nécessaire qu'on veuille bien me suivre pour quelques instants à travers l'Italie de la fin du seizième siècle et du commencement du dix-septième siècle.

QUATRIÈME LEÇON

L'école italienne de la fin du seizième siècle et du commencement du dix-septième siècle; ses influences sur la manière française. — Valentin. — Simon Vouet et ses contemporains ; son atelier: ses élèves. — Les Blanchard. — Laurent de la Hire. — Claude Vignon — Le Bourguignon. — Jacques Callot. — Les Lenain.

On a vu quelquefois les géants de nos forêts, chênes séculaires appuyés sur une base puissamment élargie, donner les signes d'une nouvelle vie alors que leur cime desséchée annonçait la mort ; l'écorce rugueuse livre passage à la verdure de nouveaux rameaux, mais les feuilles y sont d'une nuance moins mâle et d'un touffu moins robuste qu'autrefois sur les branches maîtresses. L'art géant de l'Italie s'est signalé par un semblable regain de jeunesse et d'éclat.

Au milieu du seizième siècle, tous les grands peintres avaient cessé de vivre ou de peindre ; Michel Ange et Titien subsistaient seuls; le premier avait abdiqué la palette en descendant des échafauds de la Sixtine; Titien, par exception, avait encore à attendre de ses pinceaux vingt années de gloire. Les leçons des grands maîtres s'oubliaient de plus en plus parmi la foule de leurs élèves empressés à les reproduire plus qu'à profiter de leurs enseignements pour créer des beautés originales. A force de ne plus inventer, les artistes tombèrent dans les formules banales. La convention et le maniérisme envahirent l'art de la peinture. On ne luttait plus à coup de génie ou de talent, mais à coup de systèmes; le brio trompeur d'une pratique expéditive exerçait sa séduction malsaine en se substituant aux efforts de l'imagination en travail. Dosso-Dossi et le Garofalo entretenaient encore à Ferrare le feu sacré dérobé à l'autel raphaëlesque qu'avaient déserté Jules Romain et Perino del Vaga, mais ils disparaissaient dans le chaos de la décadence au milieu de laquelle Michel Ange mourant vit presque sombrer l'idéal que son génie avait placé si haut.

L'influence du Buonarroti devint funeste à force d'être mal comprise; les esprits paresseux avaient désappris à lire la profonde empreinte d'une pensée sublime derrière ces formes puissantes qui ne fixaient plus que les yeux et auxquelles chacun s'essayait comme à une virtuosité superficielle.

C'est vingt ans seulement avant la fin du siècle qu'une tentative de réaction s'annonça dans les ateliers des neveux et du fils d'un tailleur de Bologne. Annibal Carrache, le plus grand dans cette famille, s'il était né à la fin du quinzième siècle, aurait certainement mis les facultés artistiques de son âge mûr au service de Raphaël, de Léonard de Vinci ou de Titien; ses instincts n'étaient pas de ceux qui créent les personnalités, mais qui font tomber en extase devant la splendeur magique ou la grâce pénétrante de ces maîtres incomparables. N'ayant pu les servir, il voulut les honorer en ramenant ses contemporains au culte de leur génie. Après avoir disséqué, pour mieux les faire comprendre, les modèles qu'il prétendait réhabiliter, sa doctrine n'a plus aperçu que des membres épars ; son éclectisme, qu'on a pu taxer d'impuissance, a consisté à choisir les plus parfaits et à les souder dans des ensembles qui, sous des mains inhabiles, ont pu produire des monstres, tant il est vrai que l'unité est l'élément capital des belles œuvres.

Les peintures du palais Farnèse de Rome montrent néanmoins dans Annibal Carrache un merveilleux arrangeur, c'est-à-dire un artiste à mettre au second rang parmi les grandes imaginations inscrites au livre d'or des arts. Il a été supérieur à tous ses contemporains et ses imitateurs formèrent une école. Les élèves étaient accourus en foule dans son atelier, mais comment en sont-ils sortis ? Les uns, le Guide et Le Dominiquin avant tous et peut-être les seuls de tous, discernèrent ce que leur maître n'avait pas vu dans les modèles en face desquels il s'était placé avec eux ; ils se rendirent compte que la pureté du dessin, la vérité du coloris et la science de composer sont des dons qui peuvent s'acquérir, mais que celui-là seul est artiste qui s'en sert pour traduire la grandeur, la noblesse ou la poésie que la pensée sait extraire des sujets ainsi que de la nature.

Des individualités comme celles du Guide et du Dominiquin, capables de s'affirmer aussi esthétiquement qu'elles l'ont fait dans l'*Aurore*, du palais Rospigliosi, et *le Massacre des Innocents*, de la pinacothèque de Bologne, ou dans la *Communion de Saint Jérome* et les fresques de *Saint Andrea della Valle*, à Rome, auraient produit des chefs-d'œuvre encore mieux à même de rivaliser avec les plus célèbres de la vraie renaissance, si elles s'étaient développées à l'époque où la lutte n'était qu'une émulation profitable à l'art au lieu de se débattre et de souffrir au sein de querelles coupables qui entravaient la liberté de celui-ci.

On se souvient, en effet, qu'il a suffi au Caravage de traverser l'atelier des Carrache pour comprendre immédiatement dans quel sens il avait à diriger sa fougue jalouse et ennemie de l'étude, afin de se poser, lui aussi, en réformateur. Il mesura le degré d'infériorité auquel il se serait condamné en adoptant un système par lequel il aurait opposé au génie d'Annibal Carrache les seules facilités naturelles d'un talent à peine capable d'atteindre parfois à la tournure originale. Pour tant faire que d'être impersonnel et copiste, il vit dans la nature brutale telle qu'elle se présente journellement aux yeux une source d'emprunts plus abondante que l'arsenal mythologique et biblique des grandes peintures issues soit de l'étude, soit de la recherche d'une nature polie, triée, civilisée et par conséquent restreinte. Ce naturalisme, radical à l'excès, n'eut d'autres fournisseurs que les yeux et oublia de rejeter le trivial comme une déformation du naturel.

Par opposition alors, une troisième théorie fit parler d'elle; le Josépin arriva de Naples, pour se constituer chef de parti. A bas l'éclectisme naïf de Carrache! A bas le naturalisme démocratique du Caravage! un peu de dessin facile, beaucoup de mise en scène, de l'animation et de la fièvre dans les figures, de la lumière et de l'agrément dans le coloris, voilà de quoi faire admettre de grandes machines peintes où la beauté, la vérité et la pureté manquent absolument! Il faut trouver un titre qui fasse croire à un principe dans ces pompeuses nullités! C'est au nom de l'*idéalisme* que la guerre est déclarée au *naturalisme* alors que Carrache n'a plus ni le droit ni la force de s'interposer! Ceux qui restent neutres, ceux qui ne sont les seïdes d'aucun système, qui veulent réfléchir et être eux-mêmes, ceux-là deviennent des persécutés, et la persécution tue le Dominiquin.

Qu'on juge de la foudroyante rapidité avec laquelle la décadence a dû se précipiter de plus belle, dans un milieu où l'on nommait idéalisme le culte de la chimère! Après s'être battu pour des expressions qu'on ne comprenait pas, on se battit pour des manières: les adeptes du Caravage, avec Ribera, Valentin et Le Guerchin à leur tête s'enthousiasment pour les effets surprenants du maître, pour son audace à créer le relief au moyen d'oppositions violentes de tons et d'applications de noirs sans transparence; ils conspuent les pâleurs argentines du Josépin; ils vont jusqu'à nier les harmonies de la lumière chez Le Guide qui avait eu le tort de se laisser placer au premier rang de leurs adversaires.

Trois français méritent surtout l'attention parmi ceux qui furent mêlés ou assistèrent aux cabales italiennes; ce sont Poussin, Simon Vouet et Valentin, nés à cinq années de distance les uns des autres, et, par conséquent, entraînés par les différences seules de leurs tempéraments vers les champions opposés qui eurent leurs sympathies.

Deux d'entre eux Simon Vouet et Valentin prirent pour des chefs d'école les belliqueux patrons qu'ils avaient donnés à leur manière de sentir et de pratiquer l'art. Poussin, tout en rendant hommage au génie maltraité et méconnu du Dominiquin, en vouant son amitié au martyr de l'indépendance artistique, au persécuté qui cachait sa gloire pour sauver sa vie pendant qu'on portait ses bourreaux en triomphe, Poussin, dis-je, restait étranger aux querelles. Son admiration compatissante et son abstention s'ajoutent aux actes ainsi qu'aux travaux de sa vie entière pour montrer en lui l'homme qui ne demandait l'inspiration qu'à la seule force de son intelligence, qui prétendait n'utiliser la connaissance des siècles antérieurs et surtout de l'antiquité que pour bien connaître les limites infranchissables dans la recherche d'une originalité qui, tout en étant caractérisée, reste d'accord avec les immuables principes du beau absolu. J'espère démontrer, dans l'étude spéciale que je consacrerai au plus grand de nos maîtres, que Poussin est purement lui-même et dès lors purement français.

Faut-il exclure Simon Vouet et Valentin de la liste des fondateurs de l'école vraiment française parce que le premier a importé chez nous des types du Guide, du Guerchin, de l'Albane et des Carrache, et qu'il a parfois aussi copié les Vénitiens; parceque le second s'est maintenu dans les voies du Caravage? Cette exclusion serait une ingratitude.

Valentin ne s'est pas fait, par impuissance et pour en imposer, le continuateur banal d'une manière créée par un peintre d'instinct entré dans la peau d'un énergumène révolutionnaire ; il a plutôt suivi un régime en harmonie avec les chaleurs de son tempérament voué à l'énergie.

L'histoire de Valentin est peu connue ; il fut, parmi les premiers français qui cherchèrent à Rome des maîtres et des émules ; il paraît même être arrivé dans cette ville avant Simon Vouet. L'incertitude des dates de sa vie empêche de préciser s'il a été réellement l'élève du Caravage, c'est-à-dire s'il s'est inspiré de son œuvre après sa mort arrivée en 1609, ou de ses conseils pendant sa vie. Quoiqu'il en soit, Valentin a été homme d'étude et de réflexion ; son dessin est correct ; son intelligence du clair-obscur lui fait éviter, dans une application qu'on aimerait cependant à trouver plus châtiée, les brutalités d'effet qui détonnent dans l'œuvre du Caravage.

Qu'on regarde au Louvre, sous le n° 586, le tableau intitulé, *Un concert*. Voilà certes une bonne peinture, d'un très bon dessin, si ce n'était l'abus du noir et le parti pris de forcer les effets d'une lumière venue on ne sait d'où sur des parties voulues de la composition, telles que les visages et les mains. La couleur vénitienne existe sous ces ténèbres.

Les mêmes observations s'appliquent à la toile qui porte le même titre, *Un concert*, sous le n° 587. La lumière éparpillée est celle du jour dans un milieu qui reste quand même d'une obscurité impénétrable ; tandis que les figures rayonnent de clarté, la cuirasse du soldat placé au premier plan oublie de scintiller bien que posée directement en face de la source de lumière que l'éclairage des figures indique comme venant de gauche à droite.

Valentin ne donne pas aux accessoires, dont certains de ses tableaux abondent, une importance capable de nuire à l'intérêt du sujet, mais il les traite avec un soin exquis et un amour complet de la vérité artistique. Il n'est pas plus épuré que le Caravage dans le choix de ses modèles; il semble surtout avoir étudié ses semblables dans les ruelles, les cabarets ou les corps de garde; il s'est épris, entre autres, d'un type de jeune polisson gueusard et mal lavé, éphèbe de carrefours qu'il introduit dans presque toutes ses compositions; et où le place-t-il grand Dieu? dans ses beaux tableaux de l'*Innocence de Suzanne* (n° 585) et du *Jugement de Salomon* (n° 584), il l'installe sur le trône de Salomon et sur la chaise de Daniel! Dans ses *Évangélistes*, de la chambre du roi, à Versailles, il en fait l'ange, emblème de saint Mathieu.

Il faut encore reprendre Valentin sur un point; il fait bien et véritablement jouer à chacun de ses personnages le rôle qui lui appartient dans l'action ou le sujet, mais il est avare d'espace; il semble qu'après avoir tant ménagé la lumière, il veuille épargner aussi l'air, car ses cadres étreignent la composition. Mais, là où il faut le recommander comme un modèle français et honorer sa mémoire ainsi que l'élévation de son sentiment, c'est dans le rendu des expressions, qualité qui devrait toujours dominer la science du dessin, comme la conscience doit dominer la pratique.

Étudiez Valentin, vous qui prendrez part au concours de la tête d'expression fondé par le comte de Caylus; mettez-vous en face du tableau du *Jugement de Salomon*; oubliez la tache faite au premier plan par le cadavre de l'enfant trop cadavérique pour un tableau ; regardez seulement le profil de la vraie mère éplorée et les deux mains crispées sur sa poitrine ; ne sentez-vous pas que la peur, l'angoisse de l'amour maternel, le désir et la crainte de parler s'agitent en elle? Les traits du personnage ont beau être vulgaires, ils prennent une expression indicible de perplexité douloureuse; le génie du peintre éclate malgré lui parce que son pinceau, guidé par une sensation intime et dominante, insuffle à la grossière image, fille de son habitude et de sa manière, la noblesse dont les secousses de l'âme illuminent parfois les visages auxquels la nature a refusé ses dons les plus précieux.

Simon Vouet aurait dû apprendre à dessiner comme Valentin, à manier comme lui les touches et les glacis du clair-obscur en leur donnant toutefois plus de transparence. Son mérite particulier est d'avoir introduit en France l'exécution large et facile. Ses prédécesseurs immédiats n'étaient pas plus avancés dans la mécanique de leur art que les italiens du milieu du quinzième siècle; leurs petits moyens consistaient en tons locaux lavés plutôt que modelés au moyen de demi-teintes en vigueur fournies par des touches plus fermes posées après coup ; on peignait un dessin au lieu de procéder par la large ébauche qui est l'intermédiaire révélateur et nécessaire entre la maquette aussi arrêtée qu'on veut et le rendu définitif.

Ainsi que le fait remarquer très judicieusement M. Dussieux dans son *Histoire générale des Arts en France* placée en tête de son livre sur les *Artistes français à l'étranger*, Simon Vouet laisse deviner dans son genre très inégal que plus d'une fois il a failli oublier l'Italie pour être français spirituel et galant, à la manière dont nous verrons Boucher l'être plus tard. Il était au fond et toujours un dessinateur de petites choses élégantes, de sujets gracieux ou de portraits minutieusement soignés, un pasteliste qui cherchait à donner à ses figures une morbidesse capable d'accepter le fard de ses crayons. Il ne resta peintre à la mode italienne que pour obéir au goût de ses contemporains de France qui jugeaient surtout la valeur des productions artistiques par les rapprochements possibles avec tels ou tels maîtres étrangers ; ces maîtres étaient Le Guide, l'Albane, les Carrache, puis Lanfranc et Le Guerchin ; ils furent ensuite Pierre de Cortone et Charles Maratte.

Ces charmeurs italiens ont laissé des traces profondes dans notre école, si profondes qu'on a été jusqu'à dire qu'ils furent les régulateurs absolus de l'art français. Cette théorie est fausse, elle sera renversée par l'étude que nous ferons de Poussin, de Le Sueur, de Claude le Lorrain, et même de Le Brun et de Mignard. Je le répète, Simon Vouet, peintre honorable et fécond, à une époque où l'amour de l'art n'était pas encore secondé par des connaissances sérieuses, a préparé la branche la plus impersonnelle il est vrai de l'école française, mais celle où notre tempérament national devait le plus s'épanouir avec toutes ses qualités de sentiment un peu turbulent et de grandiose incontestable.

Si quelques peintres français du dix-septième siècle, surtout de l'atelier et de la suite de Vouet, sont restés asservis aux italiens plutôt que de contribuer à la création de l'art national, il est juste de reconnaître qu'ils n'ont guère emprunté que leurs aspects à ces guides étrangers, car on retrouve à chaque pas dans leurs œuvres des défauts ou des qualités qui, en dépit d'eux-mêmes, les font nôtres.

Pour faire connaissance plus intime avec Simon Vouet, transportons-nous en l'année 1627, et entrons au Louvre; le président de Fourcy, surintendant des bâtiments, a reçu les ordres de la reine-mère qui veut que Simon Vouet ait son logement dans le palais; elle désire l'employer aux travaux du Luxembourg. Le nouveau protégé de Marie de Médicis est âgé de trente-sept ans. Fils d'un artiste médiocre de Paris employé dans les écuries royales comme peintre de chiffres et d'emblèmes, Simon Vouet avait quitté la France pour suivre le baron de Sancy à l'ambassade de Constantinople; son premier tableau, œuvre de sa vingtième année, fut un portrait du Grand-Seigneur qu'il n'avait vu qu'une fois pendant une audience de l'ambassadeur. Après un séjour de quelques mois à Venise, Simon Vouet était venu se fixer à Rome vers l'année 1613. Il y tint école jusqu'en 1627; il devint prince romain de l'académie de Saint-Luc et pensionnaire de Louis XIII avec 400 livres par an pour faciliter ses études et ses travaux.

Pénétrons donc une première fois dans l'atelier de Vouet, un an ou deux après son arrivée d'Italie, d'où M. de Béthune, ambassadeur de France l'avait fait partir sur la demande de Louis XIII qui voulait l'employer dans les maisons royales, à Fontainebleau, aux Tuileries, à Saint-Germain en Laye, au Luxembourg.

Sa besogne sera grande, car j'ai peu de noms de quelque importance à citer parmi ceux des peintres dont lui et ses élèves accapareront la besogne.

C'est d'abord un des Leramberg l'auteur d'un tableau du *Sacre de Louis XIII*. C'est ensuite Jean Mosnier, que la reine-mère a connu pendant son exil à Blois, qu'elle a envoyé étudier à Rome où il s'est lié avec Poussin et qui, à son retour, a peint pour le Luxembourg une suite de treize tableaux allégoriques, dont un seul venu jusqu'à nous appartient au musée du Louvre (n° 373); une figure de femme y personnifie *la Magnificence royale* en tenant un caducée et s'appuyant sur une corne d'abondance d'où s'échappent des couronnes et des bijoux; cette peinture tient à la fois des Carraches et de Rubens; elle est du même style bâtard que celles recueillies au Luxembourg dans la salle dite du Livre d'Or, qui représentent l'*Apothéose de Marie de Médicis* et *la Régente rétablissant la paix en France*. Ces deux dernières compositions sont plus attribuables à Jean Mosnier qu'au flamand Van Thulden, élève de Rubens, auquel on les a données quelquefois. Jean Mosnier a surtout peint en province, après que la préférence donnée à Philippe de Champaigne par l'abbé Claude Maugis, conseiller aumônier de la reine mère, et l'accueil fait à Simon Vouet l'eurent chassé de Paris.

Mais revenons à notre atelier privilégié du Louvre: une foule d'élèves et de praticiens se pressent déjà autour du maître; voici d'abord Jacques l'Homme, de Troyes en Champagne, et l'italien Baptiste Molle, ses élèves préférés, qui l'ont suivi en France; ceux-ci sont les contre-maîtres de l'atelier; ils surveillent les flamands Juste d'Egmont et Vandrisse, spécialement occupés avec les français Scalberge, Bellin, Bellange, Cotelle, à exécuter à l'huile ou à la détrempe des cartons destinés à la manufacture de tapisseries de haute lisse qui va être transportée de la place Royale dans le quartier des Gobelins, ou à la fabrique des tapis veloutés dits de la Savonnerie. Cette femme, jeune encore, qui termine une fine miniature, c'est Virginie de Vezzo, que Simon Vouet a épousée en Italie; elle se hâte, car il lui faudra courir les environs du Louvre pour les leçons de dessin qu'elle donne aux demoiselles de la cour. Le maître lui-même quitte son pourpoint de travail; il va se rendre dans les appartements royaux, où Louis XIII le convie quatre fois par semaine à lui enseigner le dessin à la sanguine et au pastel. Avant de sortir, il fait le tour de son atelier; il s'arrête d'abord devant le chevalet d'Aubin Vouet, son frère et son élève; il examine les ébauches que celui-ci entame pour les peintures dont il lui a procuré la commande dans la chapelle de Saint-Germain en Laye. Il dit un mot en passant à Nicolas Chaperon, à Jacques Belly, à Remy Vibert, qui sur le point d'aller à Rome graver d'après Raphaël et les Carraches, se perfectionnent dans le dessin afin de mieux aborder le burin. Il répond aux questions de Jean Ninet de l'Estain, occupé à peindre la *Conversion de saint Denis aréopagite*, dont Abraham Bosse nous a laissé une belle estampe; à Noël Quillerié qui, pendant les répits que lui donne son métier de professeur de peinture à la mode, vient lui soumettre ses projets de décoration pour les appartements hauts des Tuileries. Il a surtout un regard aimable pour Michel Dorigny et François Tortebat, car ils auront doublement droit à sa tendresse en épousant ses filles et en reproduisant ses œuvres par la gravure. Je fais grâce de bien des présentations ; cette première visite ne doit pas être une fatigue ; elle a suffi, et c'était son but, pour faire connaître des noms qui appartiennent honorablement à l'histoire de notre art national.

Avant de retourner chez Simon Vouet, où chaque année introduit des hôtes nouveaux, il est temps que je définisse sa manière et le caractère de ses peintures. Je l'ai déjà laissé entendre, son exécution est large ; j'ajoute immédiatement qu'on peut lui reconnaître une activité brûlante, une abondance d'idées allant souvent jusqu'à la richesse dans la composition et, une érudition incontestable. Mais il a eu le tort grave de ne pas résister à l'engouement qui s'attachait à son nom ; il n'a pas su se soustraire à la surcharge des commandes ; son ardeur et son amour-propre lui défendaient d'en refuser aucune depuis les portraits au pastel que les gentilshommes de la cour lui arrachaient à l'envi, jusqu'aux tableaux de chevalet et aux grandes peintures dont on le chargeait pour les églises, les palais, les châteaux et les maisons considérables de Paris. Tout travail lui était bon : ornements en grotesques dans le cabinet de bain de la reine, ou madones lestement peintes sans esquisse et en quelques coups de brosse, pour suffire aux demandes dans une spécialité lucrative qu'il s'était faite. Il est résulté que son coloris est tout à fait factice. Les italiens, dont il rappelait le style et la manière, avaient adopté il est vrai le *fatto alla prima*, mais leurs touches avaient du gras et de la consistance transparente; Vouet inaugura le *fa presto* avec une maigreur de coloration qui constitue le côté désagréable de ses œuvres, encore plus que l'abus des têtes de profil et l'absence ou la monotonie des expressions.

Le Louvre permet de connaître suffisamment Vouet. Si l'on étudie la grande figure du n° 648 qui symbolise *la Foi*, on constate immédiatement une réminiscence pâlie du Guide; l'expression du visage n'est pas dépourvue d'attraits, mais elle ne frappe pas; l'œil est trop arrêté par les tons jaunes de la tunique chatoyante jusque dans ses plis; les épaules sont démesurément larges malgré l'écartement des bras. Les jambes sont d'un dessin lâché; la gauche surtout, bien que laissée dans l'ombre, se distingue par une raideur qui choque même à travers la draperie.

Dans le n° 647, *une Allégorie à la Richesse*, on oublierait les défauts anatomiques et l'absence du modelé dans les nus de la figure principale, si l'enfant qu'elle tient ne donnait l'impression d'une main grotesque, tant le travail est négligé.

Le grand tableau de la *Présentation au Temple*, qui porte le n° 641, est très pur de composition; il dépasse par le goût, je ne dis pas les fresques, mais les tableaux du Guerchin, dont il rappelle la dernière manière; les draperies y sont même traitées avec une sobriété digne de l'antique. Tout l'intérêt du tableau, comme l'attention des acteurs de la scène, se concentre harmonieusement vers la jolie figure de l'Enfant Jésus sur le raccourci de laquelle l'ombre projetée par le grand-prêtre ménage un très heureux effet de lumière ; mais Simon Vouet a voulu absolument signer son œuvre en introduisant une faute abominable de dessin dans la structure monstrueuse de l'épaule du vieillard accroupi sur le premier plan.

Tous les tableaux du peintre peuvent donner lieu à des observations analogues ; ils sont nombreux ; je signalerai le *Martyre de saint Eustache*, au maître-autel de l'église de Paris placée sous le vocable de ce saint ; *saint Merry délivrant les prisonniers*, également à Paris, dans l'Église de ce nom ; quatre figures de *Vertus*, dans le palais de Versailles ; un portrait de *Louis XIII*, au Louvre (n° 640) ; dans le même musée, une *Vierge à l'enfant* qui vaut à peine un médiocre Sasso-Ferrato (n° 642). Les musées de Rouen, de Grenoble, de Nantes, de Bruxelles, etc., possèdent des tableaux de Vouet qui proviennent presque tous des anciennes églises de la capitale.

L'administration municipale de la ville de Paris vient de faire placer, dans une salle de l'hôtel Carnavalet, un plafond qui provient de l'hôtel élevé en 1630 à la place Royale pour M. de Nouveau, général des postes, et habité successivement après lui par le marquis de Dangeau et le marquis de Breteuil ; quelques médaillons à sujets intercalés dans les voussures peuvent être attribués à Vouet.

Malheureusement, Simon Vouet est mal ou imparfaitement connu comme peintre décorateur proprement dit ; ses grands travaux dans ce genre ont disparu presque partout. S'il eût moins cédé à la vogue, s'il se fût recueilli davantage dans son individualité et dans les souvenirs de son séjour studieux en Italie, il eût été le premier à profiter d'une science acquise et d'une intuition artistique que son enseignement, reflet de sa pensée, dévoilait mieux que la plupart de ses œuvres émanées d'une pratique trop souvent inconsciente ; en effet, il convient de faire remarquer, que beaucoup, parmi les principaux peintres français du dix-septième siècle, ont traversé ou fréquenté l'atelier de Simon Vouet. Veuillez y pénétrer encore une fois avec moi, alors que le dix-septième siècle est plus vieux de quelques années, sept ou huit ans avant la date de la mort du roi. Quatre nouvelles recrues vont attirer particulièrement notre attention. Les deux plus jeunes sont à peu près du même âge : ils s'appellent Charles Le Brun et Eustache Le Sueur; mais, quelle différence dans leurs allures !

Charles Le Brun a déjà les airs du grand seigneur qu'il sera un jour; le jeune favori du chancelier Séguier s'essaie dans l'atelier de Vouet aux libertés de la toute-puissance que Louis XIV et Colbert lui délègueront dans le palais de Versailles; il y apprend à peindre sans contrainte, au caprice d'une imagination que le travail de la pensée ne règle pas encore.

Avec sa large collerette blanche et ses longs cheveux bouclés Eustache Le Sueur ressemble à un enfant timide ; ses grands yeux sont pleins d'une douceur profonde ; c'est un philosophe adolescent entré presque par charité dans une école dont la protection ouvre ordinairement les portes; il se tient coi, et son pinceau, occupé à copier machinalement le maître, laisse sa pensée s'absorber ailleurs; son génie naissant entrevoit déjà les immortelles compositions qui le feront surnommer le Raphaël de la France.

Les deux autres sont un peu plus âgés : ce sont Alphonse Dufresnoy et Pierre Mignard, liés par une étroite amitié qui ne se démentira ni à Rome ni à Paris.

Dufresnoy annonce ses prétentions à l'érudition en dessinant des perspectives très mathématiquement étudiées ; il quitte parfois son crayon pour caresser la Muse qui lui dictera son poème sur la peinture. Pierre Mignard se prend déjà de jalousie avec Charles Le Brun ; il lui faut une part égale dans les bonnes grâces de Vouet, et il l'obtient en imitant sa manière au point de lui fournir des œuvres à signer et à vendre. Le maître a voulu fixer auprès de lui un élève aussi précieux : il lui a offert la main de sa fille. Mignard a refusé et bientôt il ira rejoindre Dufresnoy à Rome. Le Brun et Le Sueur ne tarderont pas à s'émanciper aussi ; nous reviendrons à eux pour étudier individuellement dans chacune de leurs personnalités, une gloire différente de la peinture française pendant le dix-septième siècle.

Les allants et venants sont nombreux dans l'atelier de Vouet ; le visiteur le plus choyé est Claude Mellan, son ancien compagnon de séjour à Rome ; après s'être adonné avec Vouet à la confection de minutieux portraits ou de dessins à la sanguine, il s'est consacré à la gravure, et l'une de ses œuvres les plus délicates a été le portrait de Virginie Vezzo avant qu'elle partît pour la France ; il vient de se fixer à Paris, et souvent il s'assoit à côté de Dorigny pour graver les tableaux de leur maître commun. Mariette a donné dans son abecedario une longue et intéressante monographie de Claude Mellan.

François Perrier est aussi le bienvenu, car il a travaillé avec Vouet aux décorations du Château de Chilly, pour le maréchal d'Essiat, surintendant des finances. François Perrier a longtemps, et à plusieurs reprises, habité Rome ; son maître y a été Lanfranc, dont il a pris la manière. C'est un décorateur assez banal, souvent incorrect de dessin, inégal, nul d'expression, et généralement noir dans son coloris. On vante comme son chef-d'œuvre un tableau qui représente *la Mort de Cicéron* et appartient aujourd'hui au musée de Berlin ; il paraît avoir noblement rendu le mouvement de Cicéron s'offrant aux coups de Popilius Lena. MM. Balze frères viennent de restituer sur place les peintures exécutées par Perrier à la voûte de la *galerie dorée* dans l'ancien hôtel de la Vrillière où est aujourd'hui installée la Banque de France ; les sujets représentés sont des allégories mythologiques ; une couleur parfois attrayante et une composition pompeuse d'apothéose séduisent d'abord l'œil, mais il est sage que l'esprit s'abstienne de toute analyse. Il m'est difficile de pardonner à François Perrier son alliance avec Lanfranc contre Le Dominiquin.

Je dois encore signaler, parmi les élèves de Simon Vouet, le graveur et dessinateur Michel Corneille, père de Michel Corneille le jeune dont nous étudierons en temps voulu les grandes et belles peintures dans le palais de Versailles et dans l'hôtel des Invalides.

Simon Vouet fut rapidement surpassé par les maîtres du dix-septième siècle, auxquels il avait appris les premières notions sérieuses de leur art ; la fin de sa carrière fut d'autant plus obscure et coupable qu'il voulut toujours produire davantage jusqu'à devenir un véritable fabricant. Nous le retrouverons, pendant la dernière année de sa vie, à la tête des adversaires de l'académie naissante bien que les fondateurs de celle-ci sortissent presque tous de son atelier.

C'est à propos de Ch. Le Brun que je parlerai de la fondation de l'académie de peinture, de la révolution que ses premiers membres ont tentée et des principes sur lesquels ils ont fait reposer le nouvel enseignement proposé à notre école de peinture.

Simon Vouet avait fréquenté en Italie la plupart des autres peintres qui, sans rien tenir de lui personnellement, se sont fait connaître vers le commencement du dix-septième siècle; certains d'entre eux qui vécurent surtout à Rome, comme Poussin et Claude le Lorrain, auront droit à un chapitre spécial de ce cours. Je parlerai de Charles Errard, à l'occasion de la fondation de l'académie de France à Rome. Enfin, la figure sympathique et sérieuse du lyonnais Jacques Stella sera esquissée à côté de celle de Poussin, son ami et son dieu.

Avant de vous introduire dans l'intimité morale, au sein de la vie pensante et productive des grandes personnalités qu'il faut connaître à fond, et auxquelles il convient d'arracher pied à pied les secrets de leur grandeur ou de leur puissance dans les arts, j'ai besoin de votre attention pendant peu de minutes encore; je veux montrer, par quelques exemples auxquels leurs dates assignent une introduction immédiate dans mon sujet, que certains de nos peintres, dépourvus il est vrai des dons naturels qui créent les grandes individualités, cherchaient encore leurs voies en dehors des entraînements de l'école de Simon Vouet.

Jacques Blanchard, arrivé à Paris en même temps que Vouet, avait surtout étudié les Vénitiens; ses prétentions mal justifiées à porter le surnom de *Titien français* lui valurent des succès qui ne surprendront personne, si l'on se rend compte que les bons juges étaient rares dans le public de l'époque. Ses compositions étaient pétries d'afféterie et ses personnages montraient, par la monotonie de leurs types, que le peintre n'avait été qu'un observateur insuffisant. Sa *Sainte famille* et sa *Vierge*, placées au Louvre sous les n°s 14 et 15, rentrent dans la catégorie des tableaux de sainteté qu'il composait, paraît-il, à la grosse. Quant au n° 16, *la Charité*, je ne crains pas de me mettre en contradiction avec le savant et regretté M. Villot, auteur du catalogue du Louvre, en attribuant cette toile à Gabriel Blanchard, fils de Jacques et auteur du beau plafond de la salle de Diane, à Versailles; on n'y trouve en effet rien du coloris vénitien qui a établi la vogue de Jacques Blanchard; le dessin plus serré et les tons opalins du tableau en question sont, au contraire, en opposition flagrante avec les renseignements qu'on possède sur la manière du contemporain et du concurrent heureux de Simon Vouet.

Le parisien Laurent de la Hire refusa également de se laisser entraîner à la suite de Vouet; ses penchants et la direction qu'il avait reçue de son père, peintre médiocre fixé en Pologne, le poussèrent à étudier les œuvres du Primatice à Fontainebleau; il s'en inspira pour composer des cartons de tapisseries destinés aux manufactures établies par les frères Gobelins dans le faubourg Saint-Marcel ; ces premiers travaux ont rendu son exécution plus pratique que vraie ; aussi ne réussit-il jamais à faire de bons portraits, quoique très adonné à ce genre qui fut aussi tout de convention sous son pinceau. Laurent de la Hire a peint beaucoup de paysages ; le Louvre en possède quelques-uns qui se distinguent par une grande légèreté de touche. Si l'on examine dans le même musée (n° 287) la grande toile de *l'Apparition de Jésus aux trois Maries*, son aspect d'une couleur terne et uniforme rappellera l'élégance banale des imitateurs du Primatice ; les chairs sont marmoréennes, et les nus, sans modelé, n'accusent leurs formes que par l'accentuation des contours ; on dirait que les figures ont été peintes, puis découpées pour être collées sur le fond paysagesque et rajustées aux draperies ; les plis de ces dernières, ainsi que les feuillages, jurent pitoyablement, à côté, par la recherche de leur rendu ; c'est l'œuvre d'un peintre incomplet, d'un dessinateur passable qui ignorait l'harmonie et la pondération des valeurs. Si l'on regarde encore le grand sujet du n° 290, *le Pape Nicolas V se faisant ouvrir le caveau qui contenait le corps de saint François-d'Assise*, on y trouvera un manque choquant de hardiesse dans les oppositions d'ombres et de lumières ; l'éclairage produit par la lampe sépulcrale suspendue à la voûte du caveau où se passe la scène n'autorisait pas un effet de lumière diffuse. Saint François est pétrifié dans son extase ; la figure du pape n'a de valeur que par le dessin des accessoires du costume traités un peu à la manière du Dominiquin. Bref, c'est une peinture lymphatique ;

on voudrait souffler la vie à ces personnages momifiés et attiser la flamme qui éclaire les groupes.

Le Louvre ne possède aucun tableau d'un peintre qu'il me faut citer après Laurent de la Hire, de Claude Vignon, dont l'église parisienne de Saint-Nicolas possède une *Circoncision*; c'est encore un adepte du faux éclat, des poses immobiles et de la vie anémique.

Par contre, pour peu qu'on aime le mouvement, l'action, la mêlée ou la foule, l'enthousiasme artistique mêlé à l'amour du vrai, je signalerai un peintre et un dessinateur : Jacques Courtois, dit le Bourguignon, et Jacques Callot.

Jacques Courtois naquit en 1621 à Saint-Hippolyte, près de Besançon. J'ai trouvé il y a quelques années, dans la salle d'école de ce village, une toile abandonnée et tout écaillée qui peut lui être attribuée en toute assurance. Jacques Courtois résidait à Milan dès l'âge de quinze ans; il a peu quitté l'Italie ; sa nature ardente l'entraîna d'abord vers les batailles qui, à cette époque, étaient fréquentes dans la péninsule; il put assister à des combats où le sang espagnol et le sang français coulèrent soit en Savoie, dont le prince Victor-Amédée Ier avait épousé Christine, sœur de notre roi Louis XIII, soit dans les plaines du Montferrat et de Mantoue ; il put voir le duc de Parme, Édouard Farnèse, lancer ses alliés de Toscane et de Venise contre les Polonais et les Pontificaux commandés par Taddeo Barberini, neveu du pape Urbain VIII; aussi remarque-t-on dans les tableaux de Jacques Courtois une variété inouïe et une bizarrerie indéchiffrable de costumes. C'est un peintre d'impression; son style est mâle et plein d'invention; ayant à rendre le mouvement, la fougue, la fureur des combats, il n'immobilise pas ses personnages par un rendu trop soigné; son coloris est à la fois empâté et transparent. Il n'est pas peintre d'histoire, il est peintre d'épisodes, d'escarmouches plus que de batailles proprement dites. Il aime la vérité, et jamais, malgré son imagination certainement très vive, il n'a traduit sous une forme d'épopée ces petites campagnes de minces héros ou de partisans, auxquelles il a mêlé sa jeunesse. Sa manière sentie fait illusion. On raconte qu'une fois établi à Rome, il fit des tableaux dans le genre du Guide et de l'Albane; je crains qu'on ne l'ait confondu en cela avec son frère Guillaume Courtois qui fut élève de Pierre de Cortone. Jacques Courtois mourut en 1676 à Rome dans un couvent de jésuites où il s'était retiré sous le nom de *il Padre Jacopo Cortesi;* il a signé ainsi quelques tableaux de sainteté exécutés à la fin de sa vie.

Jacques Callot n'a pas été soldat, mais batteur d'estrade dans une bande de gueux et de bohémiens nomades, au milieu desquels il était tombé après s'être échappé à douze ans de la maison de son père, héraut d'armes de Lorraine. Il était né à Nancy en 1588. Il suivit ses compagnons d'aventure jusqu'en Toscane, où un officier du grand-duc fut séduit par son extérieur aimable, s'intéressa à lui et le confia à un peintre célèbre de Florence nommé Canta Gallina; celui-ci lui procura les ressources nécessaires pour parvenir à Rome, but suprême de son escapade. Là, il fut reconnu par des marchands de Nancy qui le ramenèrent dans sa patrie et dans sa famille. Nouvelle fuite; cette fois encore jusqu'à Florence où son frère aîné le rattrape, l'arrête et le réintègre en Lorraine. Il se montre soumis, et son père, croyant enfin à la vocation du jeune entêté, le laisse partir pour Rome, porteur de recommandations adressées en sa faveur par Henri II, duc de Lorraine, au souverain pontife Paul V; il entre dans l'atelier du français Thomassin qui lui apprend à dessiner; mais le voilà qui séduit la femme de son professeur, et il est expulsé. Il se lie alors avec Stella et regagne Florence où il devient un familier de la cour éclairée de Cosme II de Médicis.

Callot ne revint à Nancy qu'en 1620; c'est seulement alors qu'il commença son œuvre, la tête toute pleine des souvenirs de ses voyages et de ses études. Il quitta sa ville natale cinq ans après; Élisabeth d'Autriche, gouvernante des Pays-Bas, l'avait mandé à Bruxelles pour immortaliser par son dessin l'histoire du siège de la citadelle de Bréda, réduite après dix mois par le marquis de Spinola, malgré l'héroïque défense de Maurice de Nassau. Le succès de ses gravures parvint aux oreilles de Louis XIII et du cardinal de Richelieu, qui le rappelèrent en France pour graver les épisodes de la prise de La Rochelle et de celle de l'île de Rhé, en 1628.

Après avoir montré son talent, il dévoila son cœur en refusant au roi de dessiner la prise de Nancy, car ce fait d'armes mettait la Lorraine sous le joug français : « Plutôt me couper le pouce, s'écria-t-il, que de l'employer jamais à rien qui soit contre l'honneur de mon prince et de ma famille ». A partir de cette époque, Jacques Callot résistant aux sollicitations du cardinal de Richelieu qui voulait l'attirer à Paris, se confina dans son atelier de Nancy; le grand artiste y vécut, pour son art ainsi que pour son bonheur, entre sa femme et sa fille unique, dédaigneux de la richesse ou de la gloire bruyante. Il est mort en 1635, aux lieux qui l'avaient vu naître.

Les tableaux que l'on attribue à Jacques Callot, à l'académie des Beaux-Arts de Venise (une *Vue ancienne du Pont-Neuf* et la *Foire de l'Imprunetta*), au palais Corsini de Rome (les *Misères de la Guerre*) et dans bien d'autres galeries, sont apocryphes ; ils peuvent seulement avoir été exécutés, de son temps et d'après ses estampes. Quant à sa véritable œuvre, à son œuvre gravée, on en connaît plus de 1500 pièces ; toutes méritent d'être examinées.

La manière de Callot ne comporte pas plus le coloris que l'art du sculpteur ; il s'en passe et réunit au suprême degré toutes les autres qualités qui font les grands peintres : l'invention, la composition, le dessin et l'expression ; il a de plus la verve et le sentiment poétique. Comme l'un de ses biographes, M. des Maretz, l'a fort bien fait sentir, il ne lui a manqué, pour être placé à un rang encore plus élevé, que d'avoir peint en grand ce qu'il avait gravé en petit. L'une de ses estampes les plus belles et les plus connues la *Foire de la Madone de l'Imprunetta, près de Florence* est un véritable tableau, une œuvre originale et pittoresque, tellement marquée au sceau de son génie et de son caractère propre qu'aucun graveur ne pourrait graver d'après elle, sans changer ce je ne sais quoi qui en constitue le style à part et la senteur *sui generis*.

Le plus rapide examen suffira pour reconnaître à tout jamais les figures et les compositions « à la Callot », soit dans le genre dépenaillé, comme ses scènes de bohémiens et de bateleurs ; soit dans le genre burlesque comme son estampe compliquée de la *Tentation de saint Antoine*; soit dans les sujets nobles, historiques et sacrés, où il a traité l'histoire de *l'Enfant prodigue*, la *Vie de la Vierge*, le *Passage de la mer Rouge*, le *Massacre des Innocents*, le *Martyre de saint Sébastien*, etc. Il sait, en restant lui-même, atteindre à la fierté, à la grâce, à la chasteté, après avoir été trivial, naturaliste, individuel, comme il faut l'être quand on se déguise en soldat repu de ripaille ou de misères, en bohémien errant et maraudeur, en repris du sort ou de la société.

Jacques Collot n'a pas gravé au burin ; il a cherché la liberté qui était nécessaire à sa main privée du pinceau, dans les procédés plus larges de l'aquafortisme ; comme il y excelle aussi ! comme il y est inventeur ! Un simple trait touché avec plus ou moins de fermeté lui suffit pour donner de l'effet aux figures sans avoir recours aux ombres ; on prétend que cette méthode, si hardie dans des images réduites, lui fut inspirée par la vue des figures incrustées par Duccio et Beccafumi dans le pavimentum de la cathédrale de Sienne.

Callot n'a eu ni prédécesseurs, ni successeurs dans son genre. S'il a un défaut, c'est d'avoir, après la suppression de toutes lignes continues, atténué la souplesse obtenue ainsi, par un emploi constant de tailles toujours droites et parallèles dans les ombres de ses terrains ou de ses draperies. Bref, je recommande à l'admiration de chacun et dès lors à sa méditation, un grand artiste français qui a trouvé moyen d'être un véritable peintre sans jamais se servir d'un pinceau ou d'une palette.

Je n'ai pas le droit de passer sous silence le nom de Le Nain, qui appartient à trois peintres du commencement du dix-septième siècle. Les Le Nain fournissent, par leur histoire biographique, leurs rapports mutuels et leurs manières, des énigmes qu'on s'acharne vainement à deviner tout à fait. Ils sont originaires de Laon. Mariette a distingué le chevalier Mathieu Le Nain, né vers 1607, puis Antoine Le Nain et Louis Le Nain, venus au monde, l'un en 1588, l'autre en 1593, sans pouvoir découvrir leurs liens de parenté ; il prétend que ces deux derniers ont pendant toute leur vie, travaillé inséparablement sur les mêmes tableaux, et qu'ils moururent à deux jours l'un de l'autre, en 1648, avant la fondation de l'académie, dont Mathieu Le Nain fit partie comme peintre de portraits. Les assertions de Mariette paraissent authentiquement renversées par de nouveaux documents découverts depuis lui ; ceux-ci établissent que les trois Le Nain étaient frères et qu'ils furent tous trois académiciens. Sauval prétend qu'ils s'associaient tous trois pour peindre et cite comme la plus importante de leurs œuvres communes la décoration de l'ancienne chapelle de la Vierge, dans l'église Saint-Germain des Prés.

D'après Félibien, ces peintres étaient peu estimés par leurs contemporains. Sans m'appuyer sur ce jugement rétrospectif, je reconnais que rien n'est plus désagréable, à première vue, que les tons glauques ou gris verdâtres et que l'abus des blancs qui forment imperturbablement la gamme du coloris dans les tableaux que leurs traits caractéristiques font attribuer aux Le Nain. La scène est le plus souvent rustique et jouée par des acteurs livides dont les expressions sont encore plus tristes que sérieuses ; la seule qualité à signaler est la vérité de ces expressions, leur espèce toujours la même étant une fois admise. Vous me donnerez raison en regardant par curiosité seulement, comme je vous y engage, les tableaux placés au Louvre, sous les n°s 374, 375, 376, 377, et intitulés *la Crèche; Un maréchal dans sa forge; l'Abreuvoir et le Repos villageois;* un autre tableau, du même genre et des mêmes peintres, fait partie de la collection La Caze (n° 227 du Catalogue spécial) ; il est aussi à considérer.

Je ne sais pour quels motifs le catalogue du Louvre continue à attribuer aux frères Le Nain le n° 378, *Procession dans une église ;* cette délicieuse petite peinture sur cuivre ne rappelle en rien les tableaux précédents; je ne la crois pas française; si elle n'est pas du flamand Porbus, on peut très raisonnablement la mettre à l'avoir du Hollandais Van der Helst qui savait si bien peindre des figures parlantes et vivantes. On croirait véritablement qu'il existe ou qu'il a existé un parti pris de réhabilitation en faveur des Le Nain, si peu recommandables par leur manière qui n'est ni espagnole ni française, tout en tenant vaguement des deux écoles; ne leur attribue-t-on pas, en effet, aussi un merveilleux petit tableau intitulé *Le Benedicite,* qui a été très remarqué à l'exposition des Alsaciens-Lorrains et qui fait partie de la collection de M. Eugène Hamot, à Paris.

J'ai épuisé ce que j'avais à dire au sujet des principaux peintres français du commencement du dix-septième siècle qui se créèrent une indépendance relative, par le choix de leurs inspirateurs en dehors de l'atelier de Vouet ou de la routine italienne importée par ce dernier. J'ai également fini de présenter les aperçus généraux qui forment la préface indispensable à l'étude plus approfondie de nos grands maîtres. Poussin et Claude le Lorrain, Le Sueur et Puget, Le Brun et Mignard, puis les grands portraitistes du dix-septième siècle vont maintenant nous occuper avec toutes les illustrations du règne de Louis XIV.

CINQUIÈME LEÇON

Nicolas Poussin.

Nicolas Poussin, dont je dois parler aujourd'hui, a été nommé *le peintre de la raison et des gens d'esprit*. Il sera l'occasion des plus longs développements de ce cours, car son autorité suprême et législative en matière de grand goût le place à la tête de l'école française de peinture. Il ne doit rien à l'art italien de son époque, bien qu'il ait passé toute sa vie en Italie. Il a été grand, parce qu'il était doué pour le devenir. La physionomie de ses œuvres est celle de la beauté classique. La naïveté n'est pas sa qualité, car il n'a jamais laissé sa pensée s'abandonner à elle-même ; il l'a sagement et sévèrement employée, dans chacune de ses compositions, pour emprunter à l'histoire le secret de sa force ou de son enseignement, à la philosophie la théorie de sa vertu, et à la poésie la recette de son charme. Il n'a jamais considéré une de ses œuvres comme achevée, avant d'être convaincu que sa pensée avait rencontré l'objet de sa recherche ; c'est ainsi qu'il atteignit à l'émotion esthétique que ses tableaux procurent.

Tout en étudiant ses peintures, il nous faut étudier sa vie et son caractère.

Nicolas Poussin naquit en 1594 à Villers, hameau voisin de la ville des Andelys, que Henri IV avait reprise trois ans auparavant sur les Ligueurs. Son père, Jean Poussin, originaire de Picardie, était venu s'y établir et s'y marier, à l'époque de la prise de Paris, après s'être libéré de son service militaire dans le parti du roi de Navarre. Le goût de Nicolas Poussin pour le dessin se manifesta de bonne heure ; il prit ses premières leçons chez Quentin Varin, dont j'ai parlé déjà, et qui était venu se fixer aux Andelys ; il paraît avoir aussi travaillé et étudié à Rouen, dans l'atelier de Noël Jouvenet, grand-père de Jean Jouvenet que nous aurons à connaître parmi les peintres d'histoire de la seconde période du dix-septième siècle.

A dix-huit ans, Nicolas Poussin s'échappe de la maison paternelle et arrive à Paris, où il vit presque de charité. Il a la bonne fortune ou l'intuition de ne pas s'attacher à Martin Fréminet, le seul peintre à peu près avouable du moment. Il est recueilli dans l'atelier du flamand Ferdinand Elle, portraitiste plus occupé par la mode que recommandable par ses mérites ; il se fait également admettre chez Lallemand, peintre anodin d'histoire ; mais son génie naissant le porte à ne rien devoir qu'à lui-même, à être *son propre éducateur*. Suivant la belle expression de l'historien Bellori (Vie des peintres, sculpteurs et architectes modernes. Rome, 1672), c'est en face des estampes de Marc-Antoine, reproduisant les œuvres de Raphaël et de Jules Romain, qu'il « suça le lait et la vie de l'art ».

Ces estampes avaient été mises à sa disposition par un savant amateur, du nom de Courtois, attaché à la personne du jeune roi de France.

La première des épreuves dont sa vie a été remplie atteignit Nicolas Poussin vers ce temps-là. Il s'était lié avec un jeune gentilhomme poitevin, qui lui avait assuré sa protection et l'emmena en Poitou. A peine arrivé, cet ami sur lequel il avait acquis le droit de compter mourut. Il fallut revenir aux misères de l'isolement et du séjour parisien : son pinceau solda les frais de son voyage entre Poitiers et Paris, en laissant quelques paysages dans le château de Clisson (Loire-Inférieure), une *Bacchanale* dans celui de Cheverny (près de Blois), un *saint Charles de Borromée* et un *saint François* pour le chœur de l'église des capucins, à Blois. Ces peintures, exécutées avec beaucoup d'autres à la détrempe et sans enthousiasme, ont dû lui être maigrement payées, car les fatigues et les déboires de la route le conduisirent à Paris dans un tel état d'épuisement, que deux ans de soins et de repos, aux Andelys, lui furent nécessaires pour remettre sa santé.

Cette retraite au pays natal ne fut pas du temps perdu pour une nature telle que la sienne ; sa main était devenue experte, sa science pratique n'avait plus de perfectionnement à attendre que des épreuves auxquelles une grande vocation d'artiste la soumettrait. Ainsi que cela arrive souvent chez les âmes bien trempées, la maladie des organes corporels ne porta pas atteinte chez lui à l'activité de sa pensée. Le plan d'un voyage en Italie s'organisa dans son cerveau, et l'espérance d'aller respirer au berceau de la grande peinture hâta sa guérison, mais la fatalité n'avait pas dit son dernier mot pour lui ; à la suite de circonstances que l'histoire ignore, il ne put aller plus loin que Florence, et nous le retrouvons, en 1622, à Lyon, aux prises avec d'impitoyables créanciers qui le pressurent, le font travailler comme un mercenaire, et une fois satisfaits ou repus, l'abandonnent avec un seul écu dans sa poche.

Nouveau voyage, nouvelle odyssée de privations et de malheurs pour rentrer à Paris ! Il y arrive enfin en 1623, trouve un asile dans le collège de Laon, et s'y lie avec Philippe de Champaigne, plus âgé que lui d'une dizaine d'années. Poussin avait alors vingt-sept ans.

Après qu'il eut de nouveau fréquenté l'atelier de Lallemand, Philippe de Champaigne l'entraîna à travailler avec lui aux peintures du palais du Luxembourg, sous la direction de Duchesne, peintre ordinaire de la régente Marie de Médicis. J'ai exposé, dans une précédente leçon, les motifs qui décidèrent Philippe de Champaigne à regagner Bruxelles. Poussin se reprit alors à rêver de Rome et des moyens d'y parvenir enfin. Aucun sacrifice ne lui coûtera ; aussi le voilà qui accepte la commande de six tableaux que les écoliers de Paris veulent offrir aux Jésuites, pour les fêtes de la canonisation de leurs patrons, saint Ignace et saint François Xavier. Ces peintures, pleines de qualités appelées à grandir quand la méditation sera permise à son esprit, lui valurent un protecteur.

Les promesses de son génie furent escomptées par un certain poète de cour, Giovanni Battista Marino, plus connu sous le nom du cavalier Marin ; c'était un napolitain égoïste et prétentieux ; sa muse avait chanté Vénus et Adonis, à la pauvre manière italienne du temps, et il croyait rendre le plus beau des hommages à l'art de peindre, en rimant des sonnets pour la madone de Titiers et pour les vierges de Raphaël. Le cavalier Marin avait déjà commencé à faire de Poussin le commensal de sa maison, l'obligé condamné à le distraire aux jours de la maladie qui s'annonçait ; il lui avait même demandé d'ébaucher quelques compositions sur des sujets tirés de son poème d'*Adonis*, quand sa santé tout à fait compromise le contraignit à quitter Paris et le Luxembourg de Marie de Médicis, pour aller végéter et mourir au lieu de sa naissance.

Poussin était parti avec son éphémère protecteur ; il foulait librement le sol sacré de l'Italie, et son entrée dans Rome, pendant le mois de l'année 1624, a daté l'expansion de ses facultés. Il avait trente ans, l'âge où jeunesse et force sont synonymes.

Deux sculpteurs, le flamand François Duquesnoy et le bolonais Algarde l'admirent tout d'abord dans leur intimité : c'est entre ces deux conseillers qu'il apprit à connaître l'art antique et qu'il se mit à l'étudier avec passion. La belle peinture des *Noces Aldobrandines*, découverte dans les fouilles du Palatin, quinze ans avant son arrivée, fut sa première admiration ; il en fit la copie, qui est aujourd'hui conservée dans la galerie des princes Doria ; c'est à ce type, refait par son étude et la sûreté de son goût, qu'il conforma désormais sa manière. On rapporte qu'il se mit aussi à modeler à la villa Ludovisi, d'après un tableau de Titien qui représentait des jeux d'enfants. Je soupçonne qu'il copia où interpréta également les restes de la grande mosaïque refaite au sommet de la voûte absidale de la tribune, dans l'église romaine de Sainte-Pudentienne. Ce morceau curieux a beaucoup occupé les savants : M. Vitet, M. Barbet de Jouy, et le commandeur Jean-Baptiste de Rossi, le scrupuleux archéologue chrétien, y ont vu, l'un une œuvre restaurée du quatrième siècle, contemporaine du pape Sirice; les autres, un travail exécuté par les ordres du pape Adrien Ier, quatre cents ans plus tard; mais tous s'accordent à reconnaître une élévation très étonnante de style et un caractère de grandeur artistique suffisants pour faire exception à la décadence qui a signalé les deux époques mises en avant.

J'ai beaucoup et passionnément étudié la peinture lapidaire, partout où elle se rencontre; la voûte absidale de Sainte-Pudentienne a été de ma part l'objet d'un examen mille fois renouvelé; les figures des premiers plans, ainsi que les édifices du fond y sont traités à la manière exacte de Poussin; on me convaincra difficilement que ce dernier, séduit par l'ordonnance magistrale de cette scène, n'en a pas fait une restitution dans le style classique des bons siècles qu'il avait su s'approprier, et que son dessin n'a pas servi de carton à des restaurateurs du dix-septième siècle.

Si jamais quelqu'un de vous visite Rome, je le convie à entrer dans l'église de Sainte-Pudentienne et à devenir mon juge pour la peine que j'aurai prise à lui faire connaître Poussin.

Notre illustre débutant n'étudiait jamais assez à sa guise; son dévouement à l'étude était sans bornes, tant il avait d'amour pour la perfection de son art! On le rencontrait partout le crayon à la main, au milieu des ruines de l'ancienne ville, dans la campagne au bord du Tibre, dans les vignes et dans les ruelles. L'anatomie humaine commençait à n'avoir plus de secrets pour lui ; il n'en continuait pas moins à disséquer, sous la direction du chirurgien Larcher. Ses amis devenaient nombreux, mais ses intimes étaient choisis parmi ceux dont la conversation élevée ou instructive permettait d'aborder toutes les questions concernant la pratique et la philosophie de l'art. Gaspard Dughet, le père, lui avait donné, avec sa fille Anne-Marie, une dot suffisante pour s'installer et acheter une demeure; il s'asseyait, au déclin du jour, devant sa chère petite maison de la Trinité du Mont, entre sa femme, son beau-père et ses deux beaux-frères Jean et Gaspard Dughet; il s'exaltait en discourant avec Claude le Lorrain, Salvator Rosa, Jacques Stella et le bon Lemaire. Son esprit planait ainsi que son regard au-dessus de cette Rome qu'il aimait et dont les querelles mesquines faisaient saigner son cœur. Comme je l'ai dit, il ne devint jamais acteur dans ces luttes d'ateliers rivaux; son courage aida seulement la fermeté de son jugement, quand il devança la justice des âges futurs, en allant payer au Dominiquin le tribut de son admiration. Tandis qu'on se battait dans l'église de San Gregorio pour voir le tableau où le Guide a représenté l'*Apparition de la croix à saint André pendant qu'il marche au supplice*, personne ne daignait jeter les yeux sur la peinture placée en face, — la *Flagellation de saint André* — signée par le Dominiquin. Il s'isolait devant cette œuvre méconnue et cherchait à consoler son auteur désolé; il était même devenu l'hôte assidu de son atelier, où il apprit réellement à peindre le nu. Ses absences de la ville éternelle étaient rares; toutes avaient un motif d'études; c'est ainsi qu'il se rendit à Milan pour faire d'après *la Cène* de Léonard de Vinci, la copie qui appartient à la pinacothèque de Munich.

L'amour du gain ne fut jamais pour lui un mobile déterminant; au point de vue de l'argent, sa carrière d'artiste n'a guère commencé qu'à l'époque de son mariage en 1630; et, cette même année, il se contenta de soixante écus, pour le prix de son tableau de *la Peste des Philistins*, vendu au sculpteur Matteo. Poussin n'a pas hésité à payer d'une pauvreté relative le droit de tout subordonner à la liberté et à la dignité de l'artiste.

Un riche turinois, le commandeur Cassiano del Pozzo, était venu s'établir à Rome pour satisfaire plus sûrement son penchant vers les beaux-arts et son goût de collectionneur. Poussin se lia avec lui et rencontra chez ce grand seigneur, homme de bien, non-seulement un protecteur éclairé, mais aussi un ami dont la fidélité ne se démentit jamais pendant trente-sept années. C'est pour le commandeur Cassiano del Pozzo qu'il a exécuté les sept tableaux qui ont formé sa première suite des *Sacrements*. Il en reste six dans la galerie du duc de Rutland, en Angleterre, à Belvoir-Castle; le feu a malheureusement détruit le septième. Je parlerai de ces compositions en présentant bientôt la description et la critique de l'autre série des mêmes sujets que Poussin a peints pendant son deuxième séjour à Rome; ce second ensemble est le corollaire ou le perfectionnement du premier; il est l'œuvre capitale de notre grand compatriote, le couronnement esthétique de sa vie de penseur et de peintre.

Depuis son mariage jusqu'à l'époque de son départ pour Paris, en 1641, Poussin produisit un nombre considérable de tableaux, car sa réputation toujours croissante et devenue aussi française qu'italienne, avait fait affluer les commandes. Ces œuvres appartiennent à sa première manière. A travers une préférence marquée pour l'antique, l'influence des écoles lombarde et vénitienne s'y accuse par la vivacité de la touche et le brillant du coloris; le style et l'exécution ne sont pas aussi nourris que nous les retrouverons plus tard; cette imperfection relative provient moins du manque d'invention que du respect absolu de Poussin pour la loi fondamentale de la composition, c'est-à-dire pour l'unité, sans laquelle l'harmonie ne saurait exister. Il faut, pour satisfaire à cette loi, que les groupes, tout en ayant leurs raisons d'être particulières, soient rattachés les uns aux autres et pondérés de façon à produire une unique expression d'ensemble; cette résultante expressive et cette conséquence de la subordination de chaque partie du tableau au rendu de l'idée inspiratrice et dominante, peuvent être faussées par le plus léger accident, c'est-à-dire par la moindre rupture dans la correspondance des mouvements, des expressions secondaires et des lignes. Poussin connaissait et redoutait cet écueil; aussi la sobriété fut-elle le principe premier que son pinceau prudent imposa à son imagination si féconde. C'est tardivement, pendant la deuxième période de sa vie, que son génie deviendra plus hardi;

il se laissera envahir par la poésie ; après s'être refusé à faire de celle-ci une maîtresse que l'inexpérience ou la passion du jeune âge aurait pu rendre libertine, il lui dressera le piédestal d'une muse sérieuse, et la vestale respectée lui prodiguera le feu sacré.

Le Louvre est riche en tableaux de la première manière de Poussin : deux *Bacchanales* (n⁰ˢ 440 et 441), exécutées pour le cardinal de Richelieu, laissent deviner son embarras en face d'une commande difficile à refuser et de sujets qui n'eussent été ni de son choix ni de son régime : il s'en tire en s'inspirant de bas-reliefs antiques et se hâte d'en finir en empruntant à l'Albane des artifices dignes d'une mythologie aussi banale. Par contre, sa puissance et son savoir éclatent dans le n⁰ 432, *Saint Jean-Baptiste baptisant le peuple sur les bords du Jourdain*, — le n⁰ 421, *la Peste chez les Philistins*, — le n⁰ 420, *les Israélites recueillant la manne dans le désert*, — et le n⁰ 425, *l'Enlèvement des Sabines*.

Je parlerai peu du premier, malgré l'envie que j'aurais d'insister sur l'imposante grandeur du paysage et la savante disposition des groupes ; j'ai en vue d'autres morceaux plus à même de faire ressortir les enseignements principaux que je veux tirer de l'œuvre du Poussin ; je recommande toutefois, sur le côté gauche, la pose et l'anatomie de l'homme qui quitte ses vêtements, et de celui qui se déchausse ; il faut remarquer, ensuite, à droite, dans un groupe de femmes, le mouvement gracieux et vrai de celle qui veut faire approcher son enfant. Ce tableau est dans la note du calme biblique qui conviendra surtout à la sérénité des derniers lustres de la carrière du peintre ; on observera, à ce propos, que l'œuvre de Poussin subit des transformations parallèles à celles de l'existence la plus normale; le choix des sujets et surtout le parti qu'il en a tiré reflètent l'ardeur ou la gravité de son âge; mais la timidité qui naît de la conscience modère les élans de sa jeunesse, comme sa pensée, devenue plus que jamais maîtresse d'elle-même, profite pour son perfectionnement des lenteurs progressives que le poids des années impose au travail.

Poussin a eu le privilège de vivre comme machine humaine juste aussi longtemps qu'il a vécu comme artiste. Sa vie a été un progrès continu et méthodique, basé sur l'étude et l'expérience; la mort, en le frappant à son apogée, lui a épargné le déclin, qui, trop souvent, est la loi de nos destinées.

Je ne décris donc pas le tableau du *Baptême du peuple par saint Jean-Baptiste;* mais il est essentiel que nous regardions ensemble les trois autres que j'ai cités après. Poussin s'y dévoile tout entier; on sent qu'il cherche à extraire et à communiquer l'impression philosophique que le sujet a fait éclore dans sa pensée, tout en restant fidèle au choix qu'il en a fait, pour se donner l'occasion de développer une action. Que résulte-t-il de cette méthode qui continuera à être la sienne, mais qu'il condensera à mesure que l'expérience lui permettra de tirer d'un épisode ce qu'il n'a osé d'abord demander qu'à un fait complexe? Il en résulte qu'il produit l'expression par le mouvement général de ses figures et de ses groupes; je dirai même que celles-ci et ceux-ci sont subordonnés à l'ensemble, au point de perdre leurs valeurs expressives si on venait à les isoler. Ainsi, en peignant *la Peste des Philistins*, Poussin a voulu que les personnages en action exprimassent à la fois la curiosité, l'effroi, la douleur, qui sont les trois phases philosophiques du sentiment, chez un peuple que la main de Dieu frappe dans son idolâtrie et dans sa vie. Les Philistins ont emporté l'arche d'alliance dans leur ville d'Asoth et l'ont placée devant le temple du dieu Dagon, au pied de l'idole à laquelle ils attribuent leur triomphe. Deux fois de suite l'idole a été miraculeusement précipitée de son piédestal ; la mise en scène matérielle du tableau nous apprend tout cela ; elle nous introduit sur la place principale de la ville, au bas des marches du temple, au milieu des portiques et d'édifices rendus dans une perspective correcte. La foule se rassemble et discute avec animation devant les débris épars de la statue ; un jeune homme, un passant s'avance vers le spectateur ; son geste étonné et son regard, qui se porte à droite, nous apprennent qu'il découvre au loin ou près de lui des scènes terribles que le peintre a voulu laisser ainsi deviner. Pourraient-elles d'ailleurs mieux nous renseigner ou nous saisir plus fortement que le drame joué par les dix autres figures principales du premier plan ? Voici bien toutes les horreurs de la peste : une mère gît inanimée, entre ses deux enfants ; l'un est mort, l'autre veut atteindre un sein qui ne lui verserait plus que le poison ; mais son père s'incline pour le repousser, en même temps qu'il exprime sa douleur, en portant la main à ses yeux pleins de larmes. A côté, un fût de colonne renversé sépare deux moribonds ; l'un laisse aller son bras et sa tête sur ses genoux, dans un affaissement merveilleusement rendu ; l'autre se contracte et reste insensible aux soins ou aux consolations d'une jeune femme accompagnée d'un enfant. Les miasmes remplissent l'air : car voici un autre personnage qui suffoque au premier pas qu'il fait en s'élançant du portique placé à sa droite, une de ses mains tamponne ses narines et sa bouche ; l'autre fait instinctivement signe de ne pas avancer au jeune garçon qui marche derrière.

Le tableau de *l'Enlèvement des Sabines* est, sans contredit, l'un des chefs-d'œuvre de Poussin ; son exécution et sa composition définissent le tumulte excessif, l'idéal dans l'action violente. Poussin n'aurait pas commis la faute de confier la démonstration qu'il poursuivait à un sujet de bataille ; il comprenait que la vue d'une mêlée peut donner seulement une impression de mouvement inconscient et d'agitation sans mobile psychologique : car le soldat qui combat cherche à tuer ou à se défendre, sans que rien en lui reflète la pensée du chef qui l'a conduit sur le champ de bataille. Dans la scène qui nous occupe, des guerriers romains accomplissent un rapt pour se procurer les femmes qui font défaut à leurs appétits charnels, ou les épouses qui doivent leur faire espérer une postérité ; la jeunesse romaine veut, en outre, se venger de l'affront que lui ont infligé les Sabins en refusant de la voir s'allier à leurs filles. Romulus, accompagné de son aïeul Numitor et d'un autre personnage, lève un pan de sa tunique couleur de pourpre ; c'est le signal convenu : la lutte commence contre les Sabines. Voyez l'énergie chaste et courroucée de cette femme qui se débat et saisit aux cheveux le soldat qui l'emporte. Remarquez l'angoisse peinte sur les traits de cette autre qui fuit à droite, bien qu'un ravisseur l'arrête par les plis de son vêtement ; c'est la belle Hersilie, la proie destinée à Romulus : car deux licteurs, académiquement appuyés sur leurs faisceaux, la désignent spécialement ; son père court à ses côtés, elle va être séparée de lui ; elle l'appelle en vain, il ne l'entend plus, car la colère et l'indignation l'ont rendu fou ; s'il se précipite ainsi, c'est moins pour fuir que pour trouver les armes qui manquent à son bras. Est-il une pantomime plus parlante que celle de ces deux mères? L'une s'agenouille suppliante, devant l'estrade qui supporte Romulus, tandis que l'autre parlemente avec le soldat qui veut lui arracher sa fille réfugiée contre son sein. Au second plan, l'action n'est pas moins vive, et, dans l'écartement laissé entre les deux épisodes principaux du premier, on aperçoit le groupe d'un cavalier prêt à recevoir sur son cheval une Sabine, qui se contorsionne entre les bras d'un homme à pied.

Quant au troisième tableau, *les Israélites recueillant la manne dans le désert*, Poussin indique immédiatement le lieu et le motif de la scène. Les tentes du camp hébreu se dessinent au fond dans un site de rochers arides et calcinés : voilà le décor. La faim a répandu la souffrance et celle-ci a exalté les cœurs ; telle est la donnée philosophique. Voici, en effet, une femme qui repousse son enfant à demi rassasié, pour approcher son sein des lèvres d'une malheureuse n'ayant plus la force de se traîner : une autre femme, accroupie, se relève sur ses genoux, et avant même de prendre sa propre part, ordonne à un jeune homme de porter la première manne recueillie à un vieillard agonisant, que son fils soutient en lui faisant remarquer le miracle tombé du ciel. Bien des bras reconnaissants se tendent vers Moïse, qui apparaît au second plan ; mais le prophète exprime par un geste solennel que les actions de grâces doivent s'adresser au Tout-Puissant. En peignant ce magnifique tableau, Poussin a démontré que lorsque le sujet s'y prête, la variété n'est pas incompatible avec l'unité ; il n'a nullement compromis cette qualité essentielle, en créant les attitudes les plus opposées et en disséminant, sans les désunir pour l'esprit, des épisodes aussi variés que les passions, les âges et les sexes de ses personnages. Les uns sont accroupis et ramassent consciencieusement la manne pour la provision de la famille ou de la tente ; mais une femme, moins patiente, tend son manteau pour y accumuler ce qui tombe de la nuée bienfaisante ; un homme se cache pour dévorer les fragments, à mesure qu'il les trouve ou les reçoit, tandis que son voisin interrompt son travail pour prier ; deux enfants se renversent en luttant à qui ramassera le plus de la denrée céleste : c'est l'âge insouciant qui reprend ses droits ! En 1667, le tableau de *la Manne* a servi aux conférences de l'académie royale de peinture et a donné lieu aux plus belles discussions ; le dessin surtout fut déclaré excellent et les proportions des personnages furent comparées aux plus belles statues antiques. *La Peste des Philistins* et *l'Enlèvement des Sabines* sont des tableaux dignes, à mon avis, des mêmes éloges.

Dans la vie réelle, nous voyons ordinairement au delà de ce qui est véritablement, c'est-à-dire que notre œil est l'instrument infatigable de notre intelligence pour dépasser les formes qui revêtent la matière. Le génie du peintre consiste justement à pourvoir son tableau de jouissances plus intellectuelles que les spectacles de la nature ; certaines écoles, celle d'Espagne notamment, sous l'inspiration ascétique et terrifiante du cloître et des auto-da-fé, ont même réussi à procurer l'émotion esthétique, en copiant la nature surprise dans ses écarts les plus sanglants de souffrance et de misère. C'est vous dire que les beaux modèles ne sont pas exclusivement ceux qui procurent, par leur interprétation peinte, les sensations les plus profondes et les plus voisines de ce que j'appellerai le sentiment du beau.

Poussin, sans toutefois se montrer totalement opposé à cette manière de voir, n'a pas toléré que ses personnages se départissent de la beauté plus que dans la mesure voulue pour le rendu exact de l'expression. Son esthétique consistait à vouloir que l'art, qui doit toujours produire le beau, quoique la nature ne soit pas toujours belle, ne se crée pas de difficultés plus grandes que celles inhérentes à son espèce et n'affaiblisse pas ses moyens en répudiant les ressources de la beauté pour engendrer le beau. Il était bien français en séparant difficilement la jouissance des yeux de celle de l'âme, en sentant qu'il n'est pas de belle idée qui ne gagne encore, si elle est présentée sous une forme attrayante. La beauté que la nature ne lui fournissait pas à satiété, il l'a cherchée et il l'a trouvée dans l'art antique. Les académiciens de 1667 l'ont admirablement compris, quand ils ont comparé les figures du tableau de *la Manne* aux plus belles statues de l'art grec. Le Romulus et les deux licteurs de *l'Enlèvement des Sabines*, le passant de *la Peste des Philistins*, et bien d'autres, dans les trois tableaux que j'ai décrits, sont des marbres antiques animés par le pinceau de Poussin. Si l'on considère un autre de ses tableaux placé au Louvre sous le n° 437, *le jeune Pyrrhus sauvé*, on oubliera la peinture pour ne voir que la plastique des figures en mouvement ; les deux personnages qui lancent une pierre et un javelot ont l'équilibre et la pondération qui, dans les statues principalement, contribuent au mouvement et à la force de l'action, pour toutes les parties du corps.

Poussin me donne l'occasion et me crée le devoir d'indiquer, avant d'aller plus loin, ce qu'il faut entendre par ce mot : « la Beauté », et par ce terme plus abstrait : « le Beau », que j'ai employés ou accolés maintes fois dans le cours de mes leçons.

La beauté réside dans la forme ; elle est l'étiquette sensible de la grande séduction de l'Art et son arme de merci dans le tournoi engagé entre lui et la nature. L'Art emprunte à celle-ci les merveilleux détails qui ne se rencontrent que chez elle, et dont l'excellence ne peut être dépassée ; il en compose des œuvres complètes d'une perfection telle, que la nature ne saurait à son tour l'offrir dans l'ensemble d'aucune de ses créations. En obtenant cette perfection plastique, fruit des plus idéales combinaisons, les Grecs ont, les premiers, atteint au plus haut degré du « Beau sensible », c'est-à-dire à la beauté.

Il est un préjugé que la raison et le jugement ménagent, parce qu'il est au profit de la dignité humaine ;

c'est celui qui porte l'esprit à séparer difficilement l'idée de supériorité de celle de beauté. Invinciblement, un dieu, un héros, un poëte, trouvent l'imagination disposée à leur attribuer une perfection du corps et du visage en rapport avec leur prestige, leur gloire ou leur inspiration. Chez les Grecs, la poésie était venue de bonne heure féconder ce préjugé ; la transformation des dieux en hommes et des hommes en dieux avait été idéalisée par le génie d'Homère; les personnages divins ou héroïques de ses épopées sont, en effet, décrits sous les formes les plus belles et les plus fières. Le jour où la Grèce, grande par la conquête et l'indépendance, voulut l'être aussi par les arts, ses sculpteurs s'éprirent de la plus noble des tâches, celle de reproduire pour les sens la perfection que les vers d'Homère avaient attribuée à la figure humaine.

Le beau absolu, — le beau, — n'est plus la marque sensible de l'œuvre d'art, il en est l'émanation. Les grands âges de la Grèce étaient effacés, et l'ère romaine en avait été l'héritière peu scrupuleuse, quand l'heure sonna où l'Art, ce serviteur et cette ressource de toutes les révolutions qui honorent l'humanité par un progrès, se mit au service de la religion, ou, si l'on aime mieux, de la théorie morale qui joignait à la glorification de la forme celle du Verbe ou de la Sagesse.

A cette heure-là, l'axiome admis qu'une œuvre d'art doit être belle, put-il s'appliquer aux premières images chrétiennes qui cachaient timidement leur sens sous des symboles vulgaires ? Le doute est impossible ; car la foi, s'attachant à saisir l'esprit de l'image, empêchait les yeux d'entamer la critique de sa forme. C'est encore grâce à la foi ou à la crédulité que le moyen âge a permis à la flamme artistique de couver sans s'éteindre, en produisant des œuvres désagréables à regarder, mais belles à définir et à comprendre.

La renaissance italienne a été marquée à la fois par un retour en arrière vers la pureté antique des formes et par l'explosion du sentiment dans les arts ; l'expression, symbole des mouvements de l'âme, naquit alors ; les sculpteurs de Pise et de Florence continuèrent l'œuvre progressive de Phidias, dont les marbres n'ont pas encore l'expression, mais accusent un caractère, celui de la majesté spécialement ; — de Polyclète, qui avait su rendre les attitudes du repos et du mouvement, suivant l'anatomie de chaque âge ; — de Praxitèle enfin, l'amant inspiré de Phryné, qui, le premier, anima la beauté de ses statues de tous les tressaillements de l'amour, de la joie, du chagrin. Les ciseaux italiens reprirent la tradition grecque au point où elle avait été interrompue, c'est-à-dire à l'école de Rhodes, qui avait introduit le pathétique et le dramatique dans le beau groupe du *Laocoon*. Les peintres de leur côté allèrent aussi loin que les ressources de leur art commandaient d'aller ; ils laissèrent au sculpteur les expressions individuelles et cherchèrent à rendre celle du sujet, autrement dit la métaphysique du tableau.

L'esthétique, dont un académicien donnait dans son discours de réception la meilleure définition générale, en la nommant « la philosophie du sentiment », l'esthétique est la doctrine abstraite qui prétend que le choix et le rendu du sujet ne doivent avoir qu'un unique objectif : la communication de sensations nobles, pures et glorieuses pour l'esprit humain ; en un mot, l'impression du « Beau ».

Cette doctrine varie dans ses applications, suivant les tempéraments artistiques ou nationaux. En ce qui concerne la peinture, l'esthétique italienne est plutôt suave et méditative ; en dehors de Florence, elle est surtout religieuse. L'esthétique espagnole est religieuse aussi ; mais, Murillo excepté, la poésie sentimentale lui fait défaut. L'esthétique française est positive, en ce sens qu'elle demande plus absolument que toute autre la connexion de la beauté et du beau ; Poussin est bien dûment le chef caractérisé de notre école, parce que ses tableaux dénotent cette heureuse alliance et ne transigent jamais avec son affirmation qui s'impose comme un critérium national.

Chaque fois qu'un tableau français, ou une période de notre art national excitera moins votre sensibilité, c'est que l'équilibre aura été plus profondément rompu dans les conditions réciproques de la beauté et du beau ; lorsque vos études et vos réflexions vous auront permis de raisonner et d'analyser vos impressions, vous reconnaîtrez toujours et infailliblement cette vérité, pourvu que vous n'ayez pas de parti pris.

Je viens de faire connaître la philosophie de Poussin ; parlerai-je maintenant de ses qualités de peintre proprement dit ? Nous connaissons le système de sa composition, c'est-à-dire la concision et la corrélation étroite. Il n'a pas adopté l'esprit ou la méthode des fresques, en face desquelles il a passé sa vie à Rome ; envisagées au point de vue du rendu de l'idée, celles-ci sont des démonstrations très développées ; ses tableaux, par la réduction de leurs cadres, sont des preuves concises plutôt que des arguments.

Poussin dessinait avec la perfection et la conscience d'un maître qui consent difficilement à s'avouer son progrès ou sa supériorité. Son retour constant à l'étude d'après le nu ou l'antique, l'a préservé des négligences que provoque l'infatuation du mérite.

Si l'on me demande comment il peignait, je répondrai que j'en sais peu de chose, et que lui-même aurait probablement été aussi embarrassé que moi pour le dire. Il n'est certes pas ce qu'on est convenu d'appeler un coloriste, car sa peinture est sévère comme son dessin; elle est grande sans être théâtrale ; il a même abandonné très rapidement les tendances vénitiennes de sa jeunesse, et le charme du coloris a toujours été considéré par lui comme secondaire. Il employait des toiles rouges, suivant la méthode de beaucoup d'artistes du dix-septième siècle ; cette impression des dessous a altéré, à la longue, l'harmonie des tons, dans un certain nombre de ses tableaux, d'autant plus qu'il se trouvait amené ainsi à modeler les nus avec des demi-teintes grises ou verdâtres. Ses draperies sont largement traitées, conformément à la nature du vêtement ajusté ou flottant ; elles accusent les formes du corps sous leurs plis, ou bien elles sont noblement et sobrement disposées de façon à en dessiner seulement la structure et les aplombs ; jamais on ne sent le vide à travers leur épaisseur.

Il a l'amour des couleurs franches jusque dans les ombres les plus profondes ; ses noirs et ses clairs-obscurs ont de la transparence ; il évite, autant que possible, les effets trop chatoyants fournis par l'application violente des lumières ; il n'est cependant pas plus avare d'air que de clarté dans la proportion voulue par la vérité et la finesse des oppositions. Dans son tableau de *l'Enlèvement des Sabines*, c'est en faisant vaciller les intensités d'éclairage sur toutes les figures, qu'il a produit l'imitation du mouvement, autant que par l'action contrariée des personnages.

Si l'on excepte ses compositions mythologiques, il s'est abstenu de traiter le nu dans ses figures de femmes, qui donnent néanmoins l'impression de la beauté robuste unie à la sveltesse élégante ; il déshabille plus volontiers ses acteurs masculins, et sans le faire avec une exagération comparable à celle de Simon Vouet, il réchauffe presque toujours leur musculature anatomique par des touches où le rouge domine. Pour animer le regard, il n'emploie presque jamais les points de lumière sur les pupilles ; il se contente d'éclairer les paupières ; on dirait qu'il a craint que l'expression trop vive du regard n'amoindrît celle qu'il savait si bien donner aux traits du visage et à l'ensemble du personnage. Je me résume en disant que Poussin dessinait et peignait en restant absolument maître de la pratique de son art ; il était ennemi des artifices de métier et sûr de lui-même, à la façon dont les écrivains de race sont maîtres d'une langue et de leur style pour rendre, sans périphrases, les grandes pensées que leurs cerveaux enfantent et pour décrire fidèlement les spectacles qui ont frappé leurs yeux.

Il était dit que Poussin ne connaîtrait, dans sa patrie, ni la gloire tranquille ni l'impartialité. La misère et le dédain de ses mérites naissants l'avaient chassé de Paris. La faveur ou plutôt la justice royale va l'y rappeler; mais l'envie et la basse jalousie le contraindront à un deuxième exil qui, cette fois, sera définitif. Au bout de quinze ans de séjour à Rome, sa réputation s'était universellement imposée. Un grand tableau du *Martyre de saint Érasme*, placé aujourd'hui dans la salle du Vatican, à côté des chefs-d'œuvre de la peinture italienne, lui avait été demandé par le pape Urbain VIII, pour être reproduit en mosaïque dans la basilique de Saint-Pierre; le succès de cette œuvre avait commencé sa célébrité; son tableau de *la Peste des Philistins*, pour le sculpteur Matteo; celui de *saint Jean baptisant le peuple*, pour le chevalier Cassiano del Pozzo, et *l'Enlèvement des Sabines*, pour le cardinal Alvigi Omodei, la répandirent à travers toute l'Italie. Le cardinal de Richelieu et sa nièce, la duchesse d'Aiguillon, lui avaient envoyé des commandes. Ces personnages avaient été avertis de ses mérites par Paul Fréau, sieur de Chantelou, conseiller et maître d'hôtel ordinaire du roi, qui, le premier en France, prêta enfin l'oreille au nom de Poussin. C'est pour le prélat ministre de Louis XIII qu'il avait peint quatre *Bacchanales*, *Pan et Syrinx*, *Renaud et Armide* et le *Triomphe de Neptune*. Jacques Stella, qui était venu à Rome en même temps que lui et y avait vécu à ses côtés pendant onze années, lui avait également demandé de travailler à son intention, et Poussin lui avait expédié à Lyon un *Enlèvement de Déjanire par Hercule*.

Il terminait le tableau de *la Manne*, pour M. de Chantelou, son ami depuis trois ans déjà et son fidèle correspondant, quand, en l'année 1639, le cardinal de Richelieu, jaloux de procurer à son pays la gloire des arts qui lui manquait encore, chargea le ministre François Sublet de Noyers, surintendant des bâtiments, arts et manufactures, d'attirer Poussin à Paris. Celui-ci se fit prier pendant plus de deux ans ; les instances de M. de Chantelou, devenu secrétaire de M. de Noyers, un brevet de peintre ordinaire du roi signé de Louis XIII et expédié dans les termes les plus flatteurs, rien n'avait pu le décider encore, quand M. de Chantelou et son frère l'abbé de Chambray eurent la mission d'aller à Rome, pour recueillir des monuments de l'art et choisir des artistes qu'on voulait appeler en France ; ils achevèrent de déterminer Poussin, et, après bien du temps perdu en route, celui-ci arriva au mois de janvier 1641. Il avait confié sa femme à Gaspard Dughet, son beau-frère et son fils d'adoption, et s'était mis en route avec Jean Dughet, son autre beau-frère. Sa réception à Paris atténua un peu ses regrets de quitter Rome, ainsi que sa demeure à laquelle il s'était cramponné si longtemps en répétant le proverbe italien : *Chi stà bene non si muove*. Il occupa de suite une petite maison mise à sa disposition dans le jardin des Tuileries, à peu près au milieu de l'emplacement actuel de la galerie du bord de l'eau. Il fut reçu avec distinction à Rueil par le cardinal ; Louis XIII l'accueillit surtout avec une faveur marquée au château de Saint-Germain ; le roi lui rappela qu'il devait ne travailler que pour lui et refuser les commandes particulières ; puis il dit, en se tournant vers sa suite : « Voilà Vouet bien attrapé. » Ce mot, tout à l'éloge de Poussin, établit immédiatement sa vogue, mais prépara l'animosité de ses rivaux; ses premiers travaux, qui consistèrent en dessins de frontispices pour « l'Imprimerie royale, » créée depuis un an, passèrent pour ainsi dire inaperçus. Des détracteurs surgissaient même pour demander où étaient les preuves de cette fécondité et de ces mérites si vantés; ils furent réduits au silence par l'apparition, à peu de mois de distance, du tableau de *l'Institution de la Cène* destiné à la chapelle de Saint-Germain, et de celui du *Miracle de saint François-Xavier* pour le maître-autel du noviciat des Pères jésuites. Ces deux peintures, les plus grandes de l'œuvre de Poussin, appartiennent au musée du Louvre. La seconde, sous le n° 434, est la plus intéressante à considérer. Contre l'habitude du peintre, les figures y sont de grandeur naturelle; le sujet représenté est saint François-Xavier et son compagnon saint Jean Fernandez rappelant à la vie la fille d'un habitant de la ville de Cangorima, pendant leur voyage d'évangélisation au Japon. Poussin a évité l'écueil principal d'un pareil sujet en n'insistant pas sur la couleur locale; pas de costumes excentriques pour nuire à la donnée morale et pathétique; quatre figures de japonaises converties indiquent seules, à l'arrière-plan, le lieu de la scène. On remarquera la grande expression de piété convaincue que reflète le visage de saint François-Xavier, le beau mouvement de la mère qui se précipite les bras étendus vers sa fille, dont elle vient de voir le sein palpiter à nouveau, et l'attention anxieuse de l'autre femme qui soulève la tête de la morte, en guettant son premier souffle. Le Christ, qui apparaît au-dessus dans une gloire entre deux anges, devint l'objet d'une cabale préparée par la jalousie de Simon Vouet, qui avait peint avec moins de succès un tableau pour la même église. Il prétendit, entre autres critiques, que ce Christ avait plutôt l'air d'un Jupiter tonnant que d'un Dieu de miséricorde. Poussin se défendit en disant qu'il n'aurait jamais pensé à donner au Rédempteur un visage de « Torticolis » ou de « Père Douillet ». Cette attaque et la riposte furent la déclaration d'une guerre où Poussin devait succomber : car son mépris pour la calomnie et les sourdes manœuvres ne lui permirent pas de combattre à armes égales. Il fit encore un grand tableau pour Fontainebleau, un autre pour l'église Saint-Louis et une Vierge pour M. de Noyers. Ses lettres adressées à Rome, à Cassiano del Pozzo, montrent combien on le pressait dans ses travaux au point de ne lui laisser le temps ni de se satisfaire lui-même, ni de servir personne ; il se plaint d'être pris pour un *strappazzone*, — un barbouilleur, — car il faut qu'il travaille à ces tableaux pour l'achèvement desquels on lui marchande les heures, et qu'il s'occupe en même temps de composer des cartons de tapisseries d'après des sujets de l'ancien Testament ; il doit encore et surtout faire les quarante dessins d'une suite des *Travaux d'Hercule* à exécuter en grisaille imitant le stuc, dans la grande galerie que le roi Henri IV avait achevée, sans la décorer, entre les Tuileries et le Louvre.

Ces travaux de la grande galerie du Louvre devinrent pour Poussin la cause de préoccupations incessantes et de chagrins sans nombre. Il avait bien eu la faculté de s'adjoindre un de ses amis de Rome, le bon Lemaire, également peintre du roi et logé aux Tuileries ; mais il fallait modifier l'ordonnance architectonique adoptée par l'architecte Lemercier, changer les emplacements et les encadrements des quatre-vingt-seize paysages représentant les plus beaux sites de France, commandés au peintre flamand Fouquières. Poussin n'entendait pas évincer des collaborateurs imposés; mais il ne pouvait se résoudre à subir leur mauvais goût ou leurs prétentions; il se fit autoriser à étudier et à présenter un nouveau projet de décoration de tout l'ensemble, où les dessins de Lemercier n'eurent plus d'application et qui donnait moins d'importance aux paysages de Fouquières. Ceux-ci s'unirent alors à Simon Vouet; aucune attaque contre Poussin ne leur coûta, et ils parvinrent même à ébranler la confiance que le ministre, M. de Noyers, avait en lui; ce dernier ne s'opposa pas à son départ pour l'Italie, il se contenta de lui faire promettre son retour pour le printemps de 1643. Poussin quitta Paris sans réfléchir si l'avenir lui permettrait de tenir sa promesse; il avait laissé toutes les indications nécessaires pour que les travaux de la galerie du Louvre pussent être entrepris et conduits pendant son absence; sa hâte à quitter les orages de la cour et des ateliers avait été telle, que c'est par lettres seulement qu'il envoya ses adieux à M. de Chantelou, retiré dans son château de Dangu. Comme le fait observer Raoul Rochette dans son discours sur Poussin, prononcé en 1843 devant les cinq académies, la seule vengeance qui pût être à son usage fut de faire un tableau intitulé : *le Temps qui délivre la Vérité du joug de la Haine et de l'Envie et qui la rend à l'Éternité.* Cette toile, l'une des rares allégories qu'ait composées Poussin, a décoré un plafond dans le palais du cardinal de Richelieu ; elle est actuellement au Louvre, sous le n° 446.

Poussin avait emmené avec lui, sur la recommandation du chancelier Séguier, le jeune Charles Le Brun, que nous avons déjà rencontré pendant notre visite à l'atelier de Simon Vouet. Dès le 1ᵉʳ janvier de l'année 1643, il était réinstallé dans son cher asile du Monte Pincio. Pendant son voyage, le cardinal de Richelieu était mort; le roi Louis XIII suivit son ministre dans la tombe cinq mois après, le 14 mai 1643, et M. de Noyers quitta son ministère pour se retirer loin de la cour. Poussin se trouva ainsi dégagé de sa promesse et rendu maître de lui-même. C'est à Rome qu'il allait finir sa carrière d'homme et d'artiste. Il avait quarante-huit ans passés.

SIXIÈME LEÇON

Nicolas Poussin (Suite).

Les vingt dernières années de la vie de Poussin furent exemptes de bruit, mais pleines de travail, de vertu et de philosophie. La sérénité de sa pensée devait l'éloigner des vastes allégories mythologiques qui allaient chanter les gloires du grand roi ; il ne peignit plus que pour les amis qu'il avait conservés en France, pour des hommes de sa condition, tels que Stella, le peintre ; l'architecte Le Nôtre ; le digne et noble M. de Chantelou ; l'honnête M. Cerisiers, négociant à Lyon ; le bon M. Pointel, un riche banquier de Paris. Il leur adressait des lettres admirables, qui ont été recueillies, et dont la lecture est un plaisir en même temps qu'un enseignement ; elles donnent un avant-goût de chacune de ses œuvres ; il y retrace les circonstances qui ont présidé au choix du sujet, les hésitations et les sages lenteurs de l'exécution, les scrupules de l'auteur désintéressé et consciencieux.

En 1644, M. de Noyers était rentré aux affaires et avait rappelé à Poussin les engagements pris à Paris ; il ne put se décider à les tenir, et la présence, à Rome, de son ami M. de Chantelou l'aida à faire accepter ses excuses. Si Poussin était rentré dans Paris à cette époque, les troubles de la minorité du roi l'eussent abreuvé de contrariétés; il s'y serait débattu au milieu d'événements plus forts que lui, la déception eût abrégé sa vie et le monde aurait été privé des plus belles productions de son génie.

En vérité, je ne sais quelle méthode adopter pour décrire les dernières œuvres de Poussin. Sa vie, limpide comme celle d'un sage, ne livre plus aucun fait caractéristique qui se rattache au souvenir de tel ou tel tableau; l'ordre chronologique n'aurait donc pas sa raison d'être, d'autant plus que jusqu'à sa mort, pour ainsi dire, les qualités de la composition et de l'exécution changent peu. Je rejette aussi le classement d'après la nature des sujets; qu'ils soient tirés de la fiction mythologique ou de l'histoire sacrée, aucun n'a été le point de départ ou l'origine du développement d'une pensée soit philosophique, soit poétique; chacun est plutôt l'exemple sensible qui résume l'esprit d'une thèse; le choix en a été fait indistinctement dans le répertoire de la Fable, de la Bible ou des Évangiles, à la seule condition que la donnée matérielle se trouvât en corrélation avec l'idée à exprimer.

Ainsi, Poussin vient d'apprendre plus que jamais, par l'expérience qu'il a faite à la cour de France, combien le bonheur est instable; son âge l'aide à rattacher ce sentiment à celui de la brièveté de la vie; il veut que son pinceau exprime cette double idée philosophique, et il la formule sous ce titre : *le Souvenir de la Mort au milieu des prospérités de la Vie*. Quel sujet va-t-il prendre pour composer ce tableau, qui n'existe encore que par une pensée? Son imagination se met en travail ; montrera-t-il Alexandre le Grand mourant à la fleur de l'âge et à l'apogée de la gloire? fera-t-il comparaître Job sur son fumier? ou bien aura-t-il recours à des allégories compliquées d'emblèmes et de figures inventées? Certainement non ; le lieu commun lui est inconnu. Si l'histoire ou la fable ne peuvent lui fournir le fait qui convient précisément à sa visée, il ne leur emprunte que des indices, il trouve en lui-même ce qu'elles lui refusent, et il compose l'idylle séduisante et touchante que le Louvre possède sous le n° 445. C'est le tableau nommé : *les Bergers d'Arcadie*. Tous les poètes de l'antiquité ont chanté l'Arcadie comme le pays de la vie délicieuse et de la félicité parfaite ; c'est au sein de ce paradis que Poussin a placé la scène : voilà tout ce que la mythologie a fourni à sa peinture. Trois pâtres et une jeune bergère découvrent un tombeau isolé au milieu d'un paysage tranquille, à l'ombre d'un bosquet solitaire. Ces enfants de la nature heureuse et de la poésie naïve s'arrêtent surpris ; le plus âgé des bergers s'accroupit afin de déchiffer pour lui et ses compagnons ces mots tracés sur la pierre : *Et in Arcadia ego*.

Les visages peignent moins l'étonnement que le passage de l'insouciance joyeuse au recueillement.

Et moi aussi, je fus pasteur dans l'Arcadie !

leur crie ce mort qui a connu comme eux la vie libre et contente. Faites mieux que d'examiner, étudiez les attitudes de ces quatre personnages : le jeune arcadien qui se dresse, à gauche, en s'appuyant sur son *pedum* et sur le bord du monument, hésite à comprendre les mots qui vont troubler la fête de son existence ; on dirait qu'il attend pour pleurer que son compagnon ait terminé d'épeler une à une les lettres de l'inscription. Le groupe placé à droite est un contraste harmonieux ; le berger, vu de face, qui pèse sur son bâton et s'accoude sur son genou en montrant du doigt la sentence latine, c'est le philosophe de la bande ; il a saisi immédiatement l'avertissement du sort et il l'explique à la jeune fille, debout, qui pose sa main sur son épaule. Celle-ci contraint difficilement ses lèvres à ne plus sourire ; c'est en vain qu'elle veut réfléchir, en fixant son regard et sa posture ; elle ne peut admettre que les roses de son visage, les grâces de sa taille et les joies folâtres de la jeunesse auront un déclin et une fin !

Une autre fois, Poussin avait voulu peindre l'image de la vie humaine en traduisant les graves paroles de saint Augustin : « Et qu'est-ce que la vie de l'homme, sinon une dissipation continuelle de son cœur et de son esprit ? » Tout en se faisant le commentateur du plus grand des écrivains chrétiens, il n'avait pas hésité à se servir des mythes de l'antiquité païenne dont la valeur allégorique pouvait le mieux servir sa pensée ; il avait mis une lyre aux mains du Temps, et celui-ci faisait danser en rond quatre femmes qui, sous les emblèmes des quatre saisons, personnifiaient à la fois les quatre âges de la vie, la Richesse, le Plaisir, le Travail et la Misère.

Plus tard, M. Pointel, ayant vu chez le cardinal Mazarin un tableau du Guide où la Vierge était représentée assise au milieu de jeunes filles pleines de beauté, demanda à Poussin de composer pour lui une peinture qui rendît un aussi éclatant hommage aux grâces pudiques de la femme. Immédiatement, l'âme du poète entonne un hymne à la beauté féminine, et l'esprit du peintre s'évertue à en grouper les strophes autour d'une dédicace sensible; le Guide a fait un choix qui prouve peu en faveur de son invention; il faut en faire un autre où tout soit à créer idéalement, en restant dans une donnée réelle et humaine. L'épisode de la rencontre de Rébecca et d'Éliézer auprès du puits de Haran se présente alors à son esprit, comme la Marguerite de Faust au milieu de ses compagnes aurait pu s'y esquisser cent cinquante ans plus tard. Ce tableau d'*Éliézer et Rébecca* est une perle dans l'œuvre de Poussin; c'est l'un des plus purs joyaux du musée du Louvre, où il porte le n° 415.

Le costume oriental d'Éliézer est si sobrement traité que son personnage reste, pour ainsi dire, un accessoire de la composition. L'irrésolution est peinte sur le visage de la jeune Rébecca, en qui le serviteur d'Abraham vient de reconnaître l'épouse destinée par Dieu au fils de son maître; la vierge a déposé son urne et, par un geste plein d'un doute innocent, elle refuse de croire que les bijoux offerts lui soient bien destinés. Les jeunes filles du pays sont venues aussi pour puiser de l'eau, et elles assistent à l'aventure de leur compagne en exprimant chacune un sentiment ou une émotion; la jalousie, la moquerie, l'intérêt amical, et même l'indifférence se peignent sur leurs visages et s'annoncent par les attitudes ou par l'action. On remarque la distraction inconsciente de celle qui remplit l'amphore de sa compagne sans s'apercevoir qu'elle va inonder le sol; de l'autre dont le regard fixé sur

Rébecca se refuse à guider sa main pour atteindre le vase qu'elle cherche à saisir en se baissant. Les grâces, les différents ordres de beauté, la naïveté, l'expression et la convenance caractérisent cette aimable production de Poussin. Toutes ces idéales jeunes filles sont des blondes aux yeux noirs, mais il n'en est pas deux qui se ressemblent; leurs ajustements sont décents, et comme l'a dit Gault de Saint-Germain dans la belle description qu'il a donnée de ce tableau, « Poussin a « senti qu'en voilant les appas de cette jeunesse vêtue « d'étoffes dociles qui cèdent aux formes de la nature, « il la parait de toutes les beautés qu'embellit encore « une vive imagination. »

Les observations dont j'ai fait part, il n'y a qu'un instant, sur la manière de Poussin, sur la philosophie de son art et sur son esthétique, s'appliquent aux tableaux que je viens de décrire. Le sentiment antique domine partout dans l'exécution; si même on considère le n° 416, *Moïse sauvé des eaux*, on remarquera derrière la figure principale, drapée et coiffée comme une Agrippine antique, une personnification toute mythologique et statuaire du fleuve le Nil, représenté sous les traits d'un vieillard à moitié couché et tenant la corne d'abondance classique.

Ce tableau me permet d'introduire une remarque qui m'amènera elle-même à parler des paysages de Poussin. L'épisode du *Moïse sauvé des eaux* se passe au milieu d'un site qui ne rappelle en rien la vallée du Nil et le climat égyptien; on aperçoit, au fond, des montagnes qui sont celles de la Sabine, un pont et un édicule romains, puis une pyramide qui rappelle le monument de Sextus à Rome. Poussin ne s'est jamais attaché précisément à reproduire avec une volonté d'exactitude les lieux dans lesquels l'histoire ou la légende place les épisodes et les faits qu'il s'est donnés pour sujets. Ses paysages sont toujours empruntés aux environs de Rome et ses intérieurs de villes sont garnis d'édifices antiques restaurés ou de constructions de l'Italie moderne. C'est la pensée et la forme du tableau qui ont seulement du prix à ses yeux; il est en communion d'indifférence avec nos grands auteurs du dix-septième siècle, auxquels le décor importait aussi peu que le costume des acteurs qui récitaient leurs tragédies.

Poussin n'est pas à proprement parler un paysagiste. Aidé des conseils de son ami Lemaire, qui excellait dans cette spécialité, il avait beaucoup étudié la perspective linéaire; il a profité de cette science acquise à force d'étude pour ne jamais hésiter à garnir les fonds de ses tableaux d'édifices accumulés dont les lignes fuyantes sont tracées avec une précision mathématique. Poussin n'a pas eu d'autre objectif que l'homme agissant et pensant; aussi a-t-il volontiers évité de fournir les termes d'une comparaison entre lui et la nature indépendante; c'est-à-dire que la plupart de ses ensembles paysagesques font voir une nature que le génie ou l'industrie de l'homme ont façonnée et meublée, au sein de laquelle celui-ci a le droit d'être maître comme l'exige l'esprit du tableau.

Poussin ne veut pas que l'imagination du spectateur franchisse les premiers plans où réside l'intérêt principal de la composition et s'égare dans des lointains indécis; aussi place-t-il toujours sa ligne d'horizon très haut et ferme-t-il volontiers l'espace. Malgré cela, il a le talent de ne supprimer ni les distances, ni l'air, ni la lumière. Ses paysages sont harmonieux, positifs et épiques. Ils sont peints avec la fermeté que nous lui connaissons, mieux peints que ceux de Claude le Lorrain, qui n'a jamais su rendre les feuillages aussi savamment que lui ; néanmoins ils leur sont inférieurs, parce que ces derniers communiquent, avant tout, les impressions de l'atmosphère et les poésies du soleil qui est l'âme de la nature.

Dans le paysage grandiose que chacun de vous a certainement remarqué dans le salon carré du Louvre (n° 453), et qui est intitulé : *Diogène jetant son écuelle*, l'œil perçoit le sentiment de l'espace; celui-ci est immense, mais il est néanmoins assez circonscrit pour que les nombreuses figures répandues à tous les plans gardent leurs importances particulières. On se rend compte que Poussin poursuit l'alliance des grands aspects de la nature avec les monuments, et que, sous son pinceau, la nature elle-même devient, pour ainsi dire, monumentale. Le tableau de *Diogène* a été désigné par son auteur sous cet autre titre : *Vallon des environs d'Athènes*, et cependant Diogène seul est athénien dans cette vaste composition ; au-dessus d'un amas de toits modernes qui doivent représenter à gauche la ville chère à Minerve, je vois à la place du Parthénon s'élever une espèce de casino à terrasses qui rappelle celui du Belvédère au Vatican ; où sont les plaines du tranquille Ilisus ? où est le sommet de l'Hymette ? où est la pointe rocheuse du Lycabèthe ? où sont les lauriers d'Académus ?

Dans un autre grand paysage du Louvre (n° 452), *Orphée et Eurydice*, le chantre de Thrace s'accompagne sur sa lyre au moment où Eurydice vient d'être piquée par un serpent en cueillant des fleurs. Sans se soucier de peindre la scène à sa vraie place, aux bords du Pénée, Poussin a représenté la rive du Tibre, avec le pont et le château Saint-Ange dans le fond; il a reproduit une vue romaine prise du quartier de la ville connu sous le nom du « Porto di Ripetta ». Ces deux paysages faisaient partie d'une suite de quatre tableaux peints pour Charles Le Brun et pour M. Pointel; ils ont été gravés par Étienne Baudet. Les deux qui restent à citer sont connus sous les noms du *Paysage de la Peur* et de *Polyphème et Galathée*. Dans le *Paysage de la Peur*, un homme vient d'être attaqué par un reptile, son compagnon fuit tout effrayé, et ses cris répandent la terreur dans la campagne; ici le peintre a encore confiné son décor entre trois plans paysagesques bornés par de hautes collines garnies de constructions. Le *Polyphème* est une œuvre d'un caractère spécial; elle a malheureusement émigré de France pour aller faire le plus bel ornement de la galerie de l'Ermitage à Saint-Pétersbourg. Poussin avait à reproduire la fable des amours du géant Polyphème avec Galathée; il voulut associer à son idée le paysage lui-même, et celui-ci est devenu fabuleux. Une plaine accidentée, parsemée d'eaux et d'ombrages, sert de théâtre aux travaux des laboureurs ainsi qu'aux ébats de nymphes des fontaines que guettent des satyres; un fleuve étendu sur un tertre tourne son regard attentif vers le fond du tableau, où se dressent deux roches escarpées; sur celle de gauche, et faisant corps avec elle, est assise la figure colossale de **Polyphème**. Le cyclope, fils de Neptune, inspecte la mer de Sicile, dont une échappée laisse apercevoir le rivage ; il croit que le son de ses chalumeaux rustiques va charmer et attirer la néréide rebelle à sa flamme. Le paysage est vrai dans ses accidents ; mais les artifices d'une perspective harmonieusement faussée donnent le sentiment de l'invraisemblance qui convient à la légende mythologique.

Le Louvre possède, sous les n°s 448, 449, 450 et 451, les quatre paysages que Poussin termina un an avant sa mort, pour le duc de Richelieu. Les trois premiers, *le Printemps* ou *le Paradis terrestre*, *l'Été* ou *Ruth et Booz*, et *l'Automne* ou *la Grappe de la Terre Promise*, sont peints d'une main alourdie par l'âge ; mais on y retrouve l'audace féconde et tranquille de Poussin. Le repos biblique de nos premiers parents au milieu des animaux qui n'ont encore appris ni à servir, ni à attaquer l'homme, et les vertus de la vie patriarcale des champs sont tour à tour exprimés en même temps que les tiédeurs du printemps et les ardeurs de l'été. La grappe de la Terre Promise est démesurément grosse ; elle pèse lourdement sur les épaules des deux espions qui la rapportent du pays de Chanaan ; mais sa monstruosité est conforme aux grandes expressions du texte sacré. *L'Hiver* ou *le Déluge* est un tableau expressif, qui mérite sa réputation universelle. C'est l'idéal dans la réalité. Je crois que Poussin sentait sa fin approcher quand il l'a peint ; l'arche sainte, l'espérance d'un nouveau monde voguant dans cette nuit d'horreur, c'est l'âme se détachant de la terre sous la protection d'un

Dieu régénérateur! Je ne décrirai pas ce désert liquide et cette nature expirante au milieu des ténèbres; un enthousiasme verbeux préparerait mal au recueillement qu'un tel spectacle impose. Le cadre du n° 451 renferme une pensée plutôt qu'une peinture; on ne décrit pas une pensée : on la perçoit, et si elle est sublime, on souhaite qu'elle devienne assimilable pour ceux auxquels on tient à ménager de nobles jouissances. Allez-donc au Louvre et laissez-vous émouvoir en face du *Déluge*.

Si j'en avais le temps, j'aurais encore à décrire bien des toiles de Poussin; sans sortir de notre musée national, je pourrais montrer, dans le n° 426, *les Aveugles de Jéricho*, — dans le n° 427, *la Femme adultère*, — et dans le n° 431, *la Mort de Saphire*, comment le talent du Poussin, mûri avec son âge, sait tirer d'un épisode restreint l'intérêt, l'impression philosophique et la poésie qu'il n'osait demander autrefois qu'à des faits ou des actions complexes; je ferais sentir combien sa composition est de plus en plus savante et expressive, à quel point son dessin et son coloris continuent à être châtiés, bien que sa touche moins légère s'applique sur des figures souvent trop ramassées et trapues. Mais j'ai hâte d'arriver à la fin de ma leçon, c'est-à-dire à l'analyse rapide des sept tableaux des *Sacrements*.

On est en droit de m'arrêter pour me demander d'abord, en laissant de côté l'innombrable série des compositions mythologiques issues peut-être de sa passion pour l'antiquité, si Poussin était religieux, s'il a peint en philosophe ou en croyant tous les tableaux de l'histoire sacrée et les sujets de sainteté dont son œuvre est riche. Si je répondais que Poussin n'était qu'artiste, je serais peut-être invité à considérer le grand tableau du Louvre, n° 428, *Jésus-Christ instituant le Sacrement de l'Eucharistie*. On me ferait remarquer, à travers le noir qui a envahi cette toile, l'expression de piété profonde et communicative inscrite sur les visages du Christ et des Apôtres rangés autour de la table sainte. On me demanderait ensuite si je reste insensible à l'expression céleste des trois anges qui soutiennent saint Paul en extase, dans le petit chef-d'œuvre du n° 433, *le Ravissement de saint Paul*. Ici je prendrais une première fois la parole pour dire que mon intention n'était nullement de passer sous silence un tableau digne à tous les points de vue de faire pendant à un autre chef-d'œuvre de dimensions égales qui appartient au musée Pitti, à Florence, a été exécuté par Raphaël et est intitulé : *la Vision d'Ézéchiel*. Je continuerais en signalant à mon tour les *deux Saintes Familles* (nos 424, 425), *l'Adoration des Mages* (n° 423), et *l'Assomption de la Vierge* (n° 429), et en reconnaissant que ces tableaux sont dignes d'un croyant, parce que le sentiment religieux y éclate, même pour les plus sceptiques. Mais j'ajoute que la saine critique n'a pas à envisager les attaches religieuses ou la foi de l'artiste. On aura certainement beau faire et beau dire, les grandes pensées qui président aux grandes œuvres continueront toujours à prendre naissance au-dessus de nous, en dehors des sphères purement humaines. Le grand art vit d'enthousiasme ; celui-ci c'est l'aigle vainqueur qui saisit le penseur, l'entraîne vers les cieux, et, après en avoir fait un artiste, le rejette à sa plume, à son ciseau, à ses pinceaux, plein d'une ardeur à laquelle ne suffiront plus les spectacles de la terre. Est-ce à dire que pour être artiste il faut être croyant? Détrompez-vous sur ce point ; il suffit d'associer son esprit et sa méditation soit aux révélations ayant cours, soit aux fictions supérieures, qu'elles aient pour auteur Jupiter ou Jéhovah !

Prenons donc Poussin pour ce qu'il est, pour un artiste et un sage, pour un penseur philosophique; mettons enfin son génie en face de ces mots difficiles à définir ou à exprimer par des images sensibles : *les Sacrements*. Qu'est-ce qu'un sacrement ? sinon un acte de sanctification, une cérémonie pieuse dans laquelle le christianisme de l'époque apostolique, c'est-à-dire la théorie chrétienne encore affranchie de la contrainte dogmatique ou de la discipline liturgique, opposait sa morale accessible et bienfaisante aux terreurs des mystères païens. Qu'a fait Poussin? A-t-il représenté des églises et des prêtres? Il s'en est bien gardé; il est resté antique. Le Christ, les apôtres, les néophytes, les officiants qui s'agitent et vivent dans ses compositions, ce sont les sages de la Grèce, les docteurs et les rhéteurs de Rome dont la philosophie et les leçons ont pressenti la doctrine chrétienne; leurs élèves et leurs clients les entourent; tous ont conservé leurs palliums, leurs toges, leurs tuniques, et quand le pinceau du peintre ne les transporte pas à Césarée ou sur les bords du Jourdain, nous les trouvons groupés sous les colonnades des prétoires qui vont devenir des basiliques. *Les Sacrements* de Poussin sont la gloire et le grand travail de sa vie; sa pensée ne s'est jamais détachée de ces sujets qui lui permettaient d'aborder les plus hautes méditations chrétiennes sans sortir de la sublimité antique. Il a dédié ses premières ébauches à l'amitié de Cassiano del Pozzo; il a dépassé les désirs de son autre ami M. de Chantelou qui lui demandait des copies, quand il s'est décidé à entreprendre pour lui des compositions nouvelles, c'est-à-dire des chefs-d'œuvre supérieurs à d'autres chefs-d'œuvre.

Je voudrais pouvoir vous guider dans la comparaison des deux suites des *Sacrements*. Les belles estampes de Pesne sont à la disposition de chacun dans la bibliothèque de l'École, à la chalcographie du Louvre ou au cabinet des estampes de notre Bibliothèque nationale. Ne négligez pas de revenir constamment à ces modèles, vous surtout qui voulez être peintres d'histoire, et vous, qui désirez connaître à fond le génie ainsi que la manière de Poussin. Étudiez surtout la seconde suite, — celle de M. de Chantelou, — qui fut exécutée de 1644 à 1648 et qui est aujourd'hui en Angleterre chez le duc de Bridgewater. Lorsque je vis ces peintures, il y a dix ans, elles étaient déjà très imbriquées; on me dit qu'elles sont aujourd'hui dans un lamentable état de noircissage et de détérioration. S'il en est malheureusement ainsi, habituons-nous à la ressource de considérer les estampes, en nous reportant, pour les couleurs, au texte de Dubois de Saint-Gelais dans sa description des tableaux du Palais-Royal, et en notant que les figures des premiers plans sont d'une hauteur moyenne de 0^m,45 à 0^m,55.

Il est facile de saisir, dans le *Baptême*, les analogies qui rapprochent ce tableau de celui de *Saint-Jean bap-*

tisant le peuple que j'ai signalé au Louvre. Poussin a supprimé deux anges qui, dans la première suite, se trouvent placés derrière le Christ; il a introduit, par contre, le beau groupe des femmes et celui des jeunes gens qui regardent la colombe; il a, de plus, rapproché les trois philosophes du fond qu'il avait d'abord fait voir de l'autre côté du Jourdain. *Le Baptême* est remarquable par l'ampleur de la composition, le mouvement, et le rendu académique des nus.

Je conseille d'étudier, immédiatement après, *l'Eucharistie*; c'est, à ma connaissance, le tableau où l'unité de la composition a été le plus ingénieusement respectée; les expressions des apôtres sont individuelles mais indiquent néanmoins que Jésus-Christ qui se dresse en tenant la coupe symbolique, concentre l'attention de tous. La lampe qui éclaire la scène est placée immédiatement au-dessus du Seigneur et, par un artifice habile, la lumière qu'elle répand semble rayonner de sa robe blanche vers les apôtres symétriquement groupés et éclairés. Les draperies sont noblement traitées; elles laissent apprécier les formes des convives étendus sur les lits qui règnent autour de la table.

La Pénitence est une scène qui se passe dans le *Triclinium* de Simon le Pharisien, chez lequel Jésus-Christ Christ est venu manger. Poussin pourrait être accusé d'avoir moins tenu compte ici de l'unité de la composition, car l'œil hésite d'abord entre les deux groupes d'importance égale placés de chaque côté du tableau; mais le contraste de ceux-ci répare tout; l'esclave occupé à laver les pieds de Simon accomplit un acte servile en opposition savante avec la soumission morale de la Madeleine repentante et éplorée qui se courbe sur les pieds de Jésus-Christ, pendant qu'il l'absout par un geste empreint de dignité chrétienne. Dans la première suite, la Madeleine, au lieu d'être debout, était représentée affaissée sur le sol; la belle figure d'homme qui s'agenouille au premier plan, pour transvaser du vin, a remplacé celle d'un jeune garçon sans caractère. Les draperies méritent une attention spéciale; leur profusion n'a pas amené la confusion et elles sont toutes admirablement traitées suivant leurs emplois.

Le Mariage et *la Confirmation* sont à comparer dans les deux suites, afin de bien constater le progrès dans les idées de Poussin. La scène du mariage se passait d'abord dans une chapelle ordinaire décorée d'une statue de la Vierge. La cérémonie s'accomplit maintenant dans un temple enguirlandé pour la circonstance; tout y a pris un air de fête; on sent la gravité antique se dérider sous l'onction de la foi nouvelle; Poussin avait reconnu sa défaillance dans son tableau de la première suite et il s'était excusé en disant que rien n'est plus difficile à faire qu'un mariage, même en peinture. Les néophytes de *la Confirmation* n'étaient primitivement que des enfants; aujourd'hui, l'évêque qu'on voit revêtu d'une aube qui lui enveloppe la tête avec une riche étole par dessus, impose le saint chrême au front d'un homme agenouillé. Le groupe des femmes est remarquable par l'expression de piété gracieuse inscrite sur les visages. Poussin s'est peint lui-même dans le fond, à côté du clerc qui agite un rameau d'hysope au-dessus du bénitier.

Le sacrement de *l'Ordre* ou *le Pouvoir des clés donné*

à saint Pierre, ne se rapproche en rien du célèbre carton de Raphaël, exécuté pour les tapisseries du Vatican, avec le même sujet. Poussin a su oublier ce grand modèle et rester lui-même. Cette sixième composition est surprenante par la science du groupement de personnages dont il a fallu varier les attitudes, bien que toutes aient la même raison d'être. La seule critique qu'on puisse faire de ce tableau, c'est la présence de douze apôtres; on sait, en effet, que la remise des clefs est toujours considérée comme ayant eu lieu après la résurrection, le jour où Jésus-Christ prononça les mots : *Pasce oves meas*, et, par conséquent, postérieurement à la mort de Judas.

L'Extrême-Onction est un des plus beaux drames de la peinture française ; la distribution des figures, le choix des expressions très habilement graduées et variées en fait une œuvre saisissante. Le jeune enfant qui tend les bras au moribond, l'autre enfant anxieux qui cherche à voir, le clerc adolescent qui tient un cierge et réfléchit devant ce spectacle de la mort, la froide attention du prêtre en train d'appliquer les saintes huiles, la douleur bruyante ou les sanglots étouffés des femmes, le geste du médecin qui fait signe d'emporter les remèdes désormais inutiles, caractérisent la scène à coups de génie inventif. L'artifice d'éclairage produit par la lumière que tient en l'air le frère du mourant permet de voir la mort imprimée sur le visage de celui-ci ; les yeux sont déjà caves et la bouche s'entr'ouvre pour exhaler le dernier soupir. Ce tableau, qui est à mon avis le plus beau des *Sept Sacrements*, est le développement de la même idée de douleur intime qui avait inspiré Poussin dans une composition tirée du dialogue de Lucien sur l'amitié, et intitulée le *Testament d'Eudamidas*. Cette toile a péri en mer pendant son transport d'Angleterre en Russie.

Les musées d'Europe et du monde sont pleins des œuvres de Poussin. Son pinceau a été d'une fécondité sans pareille; il a souvent répété les mêmes sujets, mais ces répétitions sont autant d'éditions corrigées et utiles à consulter parce qu'elles témoignent combien il rêvait à la perfection sans avoir jamais prétendu l'atteindre.

N'allez pas au Louvre sans regarder le portrait de Poussin peint par lui-même à l'âge de cinquante-six ans, pour M. de Chantelou; ses traits sont d'une mâle régularité, son regard semble se fixer sous l'effort de la réflexion, et sa bouche serrée se refuse au sourire. Son air glacé n'est cependant qu'un masque trompeur, car on sent que la vie anime cette rigidité d'expression ; on voit un sang généreux circuler dans ces chairs de marbre, comme on discerne un grand tempérament d'artiste à travers la froideur apparente des œuvres du maître.

Poussin mourut en 1665, à l'âge de soixante-dix ans, laissant pour tout bien 15 000 écus romains à partager entre ses deux beaux-frères et quelques parents qui habitaient aux Andelys. Son corps fut jeté à la fosse commune du cimetière de San-Lorenzo-in-Lucina, et c'est seulement deux siècles après que les honneurs dus à sa gloire lui furent rendus dans cette Rome où il avait vécu et où il avait voulu mourir. En 1782, Seroux d'Argincourt fit placer, à ses frais, dans le Panthéon, le buste de Poussin à côté de celui de Raphaël, avec cette simple inscription : *Pictori Gallo.* En 1829, M. de Chateaubriand a fait exécuter le cénotaphe de Poussin dans cette même église de San-Lorenzo-in-Lucina, où ses restes ne purent jamais être retrouvés.

Les grands génies appartiennent aux nations qui les ont vus naître et qui honorent leur mémoire. L'Italie du dix-septième siècle n'a rien à revendiquer chez celui qui représentera éternellement le sentiment et le génie de la France dans le grand art.

SEPTIÈME LEÇON

Claude le Lorrain. — Les paysagistes du dix-septième siècle. — Eustache Le Sueur.

Dans mes dernières leçons, j'ai fait comparaître Poussin. J'espère, avoir clairement montré en lui l'incarnation du grand art, la force suprême du génie pour trouver la grandeur jusque dans les petites choses ; en un mot, la confirmation sensible de cette belle pensée de François Bacon : « L'Art est l'homme ajouté ou s'ajoutant à la nature. »

Pour la gloire de notre pays, il n'est pas le seul peintre français qui fasse naître l'admiration véritable, celle qui impose le retour sur soi-même à l'esprit satisfait et surpassé dans son attente. Claude Gelée, dit le Lorrain, et Eustache Le Sueur ont, chacun dans son genre, spécifié par leurs manières, la différence à établir entre la vérité qui convient à l'art et le vrai de la réalité, entre l'artiste et l'homme.

En parlant de Claude le Lorrain, je saisis la plus excellente occasion d'aborder la peinture du paysage.

Si l'on considère le paysage comme un genre, on est tenté d'accorder aux artistes le droit d'y être réalistes, sous prétexte d'imitation absolue; et, cependant, là, comme dans le portrait, celle-ci, quel que soit le mérite de l'exécution, n'a de valeur que si le peintre a saisi et reproduit les conditions d'expression, d'éclairage et de pittoresque dans lesquelles le modèle et la nature ne se présentent pas à tous les instants du jour, de la vie ou des saisons, mais qui les font voir sous un aspect plus harmonieux et plus idéal, sans cesser d'être sincère.

Un vrai paysagiste n'a pas, plus qu'un autre peintre, le droit de réduire son travail aux opérations qui se passent entre l'œil et la main; il a, comme tout artiste jaloux de sa mission, le devoir de soumettre le témoignage de ses yeux à l'épreuve de sa méditation, sinon il ne surpassera pas les auteurs des premiers grands paysages, qui ont été des décorateurs de théâtres.

La décoration scénique ne date, à vrai dire, que du commencement du seizième siècle; elle fut introduite à Rome par le peintre Balthazar Perruzzi, lors de la représentation devant Léon X d'une pièce du cardinal Bibbiena intitulée *La Calandra*. Un autre peintre, Frédéric Zuccheri, perfectionna ensuite cet art en peignant les décorations d'une tragédie d'Antigone, donnée à Venise sur le théâtre construit par l'architecte Palladio, aux frais des membres de la fameuse confrérie artistique et mondaine de la Calza. Il me serait difficile de dire quel a été le régime ou la plantation de ces décors primitifs; il est avéré que leur mérite dérivait de l'application spéciale faite par Perruzzi et Zuccheri, des trois arts de la peinture, de l'architecture et de la perspective. Cette imitation en grand du paysage panoramique fut particulièrement adoptée par les théâtres de Florence : les décorations plus soignées et plus pittoresques de ceux-ci semblent avoir donné à Titien, aux Carraches, à l'Albane, au Dominiquin, l'idée de composer des tableaux où, contrairement à la méthode de leurs prédécesseurs, ils diminuèrent et éparpillèrent l'importance des figures et des groupes en action, pour augmenter celle des accessoires paysagesques. Ces maîtres ont certainement su tenir meilleur compte des épaisseurs et des transparences atmosphériques, de l'amortissement des couleurs dans les lointains, des jeux et des effets de la lumière, des vibrations et des mouvements de l'air; mais les plans successifs de leurs paysages sont mal raccordés; leurs perspectives aériennes sont rompues. On dirait qu'ils n'ont surpassé les peintres de décorations théâtrales qu'en réalisant dans leurs tableaux un progrès analogue à celui qui a été obtenu sur nos scènes modernes par la substitution des praticables aux portants latéraux et parallèles ; ceux-ci formaient autrefois les entrées des coulisses et se prêtaient mal à l'illusion, par la difficulté qu'éprouvait l'œil à souder leurs lignes fuyantes avec celles des toiles de fond.

Le Dominiquin a été incontestablement, plus naturaliste que les peintres que je viens de citer à côté de lui, chaque fois qu'il a fait du paysage et Poussin a cherché d'abord à prendre sa manière, quitte à la perfectionner plus tard.

Le style historique et le style pastoral ou champêtre sont à distinguer en première ligne parmi ceux dans lesquels le paysage peut être traité. Poussin a adopté le premier; je dirai même que sa négligence intentionnelle à ne pas tenir compte de la vérité monumentale ou climatérique du sujet, donne à ses paysages un caractère spécial auquel j'accolerai volontiers l'épithète d'héroïque. Il a dépassé les paysagistes italiens, par la conscience de son dessin, et parce que les efforts de son imagination se sont appliqués non pas à retenir et à rendre une simple impression des objets, mais à arranger les images perçues et à les combiner de mille manières appropriées aux sensations qu'il voulait faire naître. Son beau-frère et son disciple, Gaspard Dughet, connu aussi sous le nom de Gaspard Poussin, a imité sa manière au point que leurs tableaux sont quelquefois confondus. Cela n'a rien d'étonnant, car une collaboration très étroite a souvent existé entre les deux parents : Gaspard Dughet a terminé plus d'un fond paysagesque dans l'œuvre de Poussin, et celui-ci a fréquemment peint des figures au milieu des paysages dont Gaspard Dughet avait fait sa spécialité.

Le paysage, considéré comme genre indépendant, a été traité surtout par Claude Gelée, dit le Lorrain. Je l'ai nommé parmi les amis qui entouraient Poussin et vivaient à Rome dans son intimité.

Claude le Lorrain naquit en l'année 1600; on peut dire qu'il fut le plus grand, sinon le seul paysagiste du dix-septième siècle, à la fin duquel il mourut en 1682. Il avait reçu le jour dans le diocèse de Toul, en Lorraine; ses parents, fort pauvres, et à peine capables de l'envoyer à l'école, le mirent, dit-on, en apprentissage chez un pâtissier. Il devint orphelin à l'âge de 12 ans, et s'en alla trouver à Fribourg en Brisgau, son frère aîné, établi dans cette ville comme graveur sur bois. Il resta chez lui quelques mois, jusqu'au jour où il suivit en Italie et à Rome un de ses parents éloignés qui s'y rendait pour faire le commerce des broderies et des dentelles.

La misère aidant, la pratique de l'art fut d'abord pour lui un moyen de vivre plutôt qu'une vocation. Il vint s'échouer à Naples dans l'atelier d'un peintre allemand nommé Geoffroy Walsh ; c'est là qu'il acquit sans doute les premières notions du dessin. Sans pouvoir préciser les épisodes de cette période critique de sa vie, on sait qu'à l'âge de 20 ans il était revenu à Rome. Il fallut cinq années au peintre Augustin Tassi, qui l'avait recueilli et paraissait s'intéresser à son sort pour lui inculquer les principes de la peinture et faire germer la semence artistique dans sa nature rebelle.

Augustin Tassi était un élève de Paul Bril d'Anvers ; il avait la spécialité des marines et des perspectives monumentales dont le Lorrain, à son tour, devait faire le sujet de beaucoup de ses tableaux. Tassi a terminé sa vie aux galères de Livourne, mais rien n'indique que Claude le Lorrain ait jamais puisé chez son professeur des instincts de perversité morale, dignes d'une aussi triste fin ; sa vie a été pure et laborieuse.

Après avoir parcouru l'Italie, le Tyrol et la Bavière, Claude le Lorrain revint en France, mais le mauvais état de sa bourse le contraignit à se faire le manœuvre du peintre Charles d'Hervant, chargé par le duc Henri de Lorraine de décorer la voûte de l'église des Carmes, à Nancy.

Le Lorrain ne pouvait espérer une grande vogue pour

les premiers paysages qu'il a pu exécuter en France à cette époque, car les idées n'étaient guère disposées en faveur de ce genre. Il est à remarquer, en effet, combien notre dix-septième siècle a été plus enclin aux apothéoses théâtrales et à l'épopée factice que porté vers les poésies de la nature : après Mme de Sévigné et le bon La Fontaine, il me serait difficile de citer soit des écrivains, soit des artistes, soit des personnages qui aient apprécié ou exalté les charmes de la vie rurale, les magies du firmament et les mystères de la verdure. On aimait la campagne arrangée, artificielle, parée et alignée comme les jardins à la française.

Le Lorrain n'avait pas les qualités brillantes qui font jaillir le talent ou le génie. Il sentait mieux qu'il ne savait reproduire. Pour l'apprécier à sa juste valeur, il faut saisir dans son œuvre les impressions d'ensemble, sans analyser les détails.

Sa fécondité est incontestable, si l'on en juge par le nombre de ses tableaux et de ses dessins, mais elle n'a pas lieu d'étonner si l'on considère qu'il fut surtout un peintre d'expressions fugitives qu'il fallait rendre instantanément et que, par conséquent, la préparation ainsi que la composition de ses tableaux n'ont jamais exigé de sa part une dose de travail comparable à celle qui s'impose aux peintres d'histoire. Il a su faire dominer dans ses œuvres le sentiment du mariage ou de la lutte des éléments, il excelle à creuser les profondeurs aériennes, à faire briller un vrai soleil au-dessus des champs, des mers et des édifices qu'il a représentés.

Tous ces effets chatoyants ou brillants ont été obtenus sans efforts. Si l'on examine de près sa peinture, on constate une grande franchise de tons, qui certifie la simplicité réelle des procédés. Les ciels sont exécutés en pleine pâte d'outremer et quelquefois reglacés de cette même couleur ; les horizons, si légers et si fins, sont rendus par la même méthode avec une fermeté et une sureté de brosse incomparables. On rencontre rarement chez lui les empâtements qui annoncent le travail pénible et l'obligation faite au peintre consciencieux, mais moins sûr de lui-même, de revenir souvent sur les mêmes parties avant d'obtenir le rendu et l'aspect qu'il désire ; en un mot, sa peinture est franche et courante comme son dessin dont quelques traits suffisent pour indiquer des horizons sans limites et quelques hachures pour faire naître l'ombre. Il a rejeté les oppositions violentes et obtenu les effets d'ombre et de lumière par le modelé des touches.

Il n'est pas matériellement plus naturaliste que Poussin ; ses marines sont encombrées de constructions monumentales, de navires qui s'enchevêtrent ou interrompent l'horizon, et ses panoramas agrestes sont parfois autant garnis de fabriques et de personnages que ceux de Poussin ; mais la nature immatérielle s'impose à sa préférence ; il cherche moins à la surprendre dans les aspects pittoresques auxquels contribuent les reliefs du terrain, les essences de la végétation et les œuvres ajoutées par la main de l'homme, que dans les conditions d'air ainsi que de lumière qui varient et animent ses expressions. L'âme de la nature, autrement dit la lumière, filtre partout ; elle lèche les contours déchiquetés des arbres dont les silhouettes se détachent sur le ciel ; elle inonde les portiques par les intervalles de leurs colonnades et rase les carènes ou les agrès des navires en balafrant la mer de reflets éblouissants. Les heures du jour sont sonnées par les éclats différents du soleil à son lever, au sommet de sa course et à son déclin. Il n'a pas voulu, je le répète, accentuer les traits de la nature, mais reproduire ses expressions en communiquant le sentiment de sa vie, je dirai même de ses bruits.

Les quinze tableaux de toutes dimensions qui composent l'œuvre du Lorrain exposée au Louvre méritent d'être examinés; les plus intéressants sont : le n° 219, *Vue d'un port au soleil levant;* le n° 222, *un Port de mer au soleil couchant;* le n° 223, *le Débarquement de Cléopâtre à Tarse;* le n° 226, *Ulysse remettant Chryséis à son père;* les flots scintillent au loin, clapotent dans les bassins et murmurent en brisant leurs faibles lames sur la grève ou sur les marches des portiques; les barques et les navires se balancent; on sent l'abîme tranquille des eaux, et l'éclairage du tableau indique harmonieusement l'âge de la journée.

Qu'on regarde ensuite le n° 225, une autre *Vue de port de mer;* le soleil est voilé par la brume, mais sa chaleur envahit les blondes vapeurs de l'atmosphère; la mer n'étincelle plus, mais son opacité ne l'empêche pas de s'agiter; elle a cessé d'être lumineuse sans se figer ou sans s'assombrir.

Si l'on s'attache enfin à l'examen des paysages champêtres, tels que *la Fête villageoise* du n° 221; le n° 224, dont le bel ensemble paysagesque sert de décor à la scène de *David sacré roi par Samuel; le Gué* du n° 231, et même les deux petits paysages de forme ovale, catalogués sous les nos 229 et 230 : les feuillages bruissent, les buissons crépitent ; on voit courir ou tressaillir les eaux, on est saisi par la fraîcheur des ombres et par les ardeurs du soleil.

Je ne conseille pas de prendre pour modèles les figures du Lorrain ; elles ne sont généralement pas de sa main. Il les a fait peindre le plus souvent par Lauri, paysagiste établi comme lui à Rome, par Jacques Courtois son ami et son compatriote, ou par Jean Miel, venu d'Anvers à Rome se perfectionner dans l'art de la peinture sous la direction d'André Sacchi, qui continuait la manière de l'Albane. Ses figures n'existent que pour animer le paysage.

Le Lorrain est, avant tout, le peintre de la lumière et de l'éther. M. Cousin l'a parfaitement défini en disant que « les scènes humaines de ses tableaux n'ont d'autres » objets que de relever et faire paraître les scènes de » la nature par l'harmonie et le contraste ».

J'ai omis de dire que le Lorrain avait de bonne heure quitté Nancy pour regagner Rome, où il était arrivé en même temps que le peintre Charles Errard, qui devait plus tard fonder dans cette ville l'Académie de France. Deux paysages exécutés pour le cardinal Bentivoglio avaient immédiatement établi sa vogue, et son ardeur au travail n'avait plus connu de bornes, après un succès auquel les déboires récoltés dans sa patrie l'avaient peu préparé. La protection du pape Urbain VIII était venue, peu après, lui permettre d'entamer définitivement sa carrière de grand artiste. Si l'histoire de sa vie n'était pas là pour le dire, les paysages du Lorrain n'indiqueraient jamais les lieux où il a vécu. Rien n'y rappelle soit les environs de Rome, soit les sites particuliers aux pays qu'il a parcourus.

Je m'imagine que ses paysages sont issus de sa fantaisie ou de son éclectisme, aussi bien que ses marines où il a le talent de faire accepter l'invraisemblance et les rêves de son imagination, hardis jusqu'à baigner dans les flots les soubassements et les terrasses de somptueux édifices qu'on est peu habitué à voir s'accumuler en de pareilles places. Il reste dans le domaine de la féerie ensoleillée ; aucun scrupule ne l'empêche de faire coudoyer Cléopâtre et Ulysse par des turcs de l'époque de Soliman le Magnifique, ou par des spadassins de la comédie italienne. Je suppose que ses compositions ont envahi son esprit à la manière des visions et que son pinceau n'a consenti à traduire celles-ci qu'à la condition d'y inscrire les poésies de la nature. Les paysages du Lorrain ressemblent à des pages où l'écrivain, soucieux de conserver son idée, n'a pas consenti à s'absorber dans la recherche d'une trop grande correction ; les accessoires y sont des phrases qui n'ont pas de valeur particulière, mais dont l'enchaînement, sans respecter absolument la forme du style, fait éclater néanmoins la pure pensée de l'auteur.

Claude le Lorrain était jaloux de son œuvre, comme on est jaloux des fruits de son amour et de sa peine ; aucun tableau ne sortait de son atelier sans qu'il en consignât soit l'ébauche, soit une copie rapide dans un livre qu'il intitula lui-même « Le Livre de la Vérité ». C'est ainsi qu'il se rendait compte de son progrès qu'il voulait incessant ; ce journal de sa vie d'artiste contient plus de 200 dessins, ou plutôt 200 tableaux ; il a été préservé de la destruction en devenant la propriété des ducs de Devonshire. Le *Livre de la Vérité* fait connaître que dans la seule année 1644, il peignit plus de 17 toiles.

La susceptibilité jalouse du Lorrain, qu'il ne faut pas prendre pour de l'égoïsme, alla si loin qu'il ne consentit jamais à faire école; le seul homme qu'on ait pu considérer comme son élève fut son domestique Giovanni-Domenicho Romano, avec lequel il se brouilla à partir du jour où il put craindre en lui un émule. Il accabla de ses violences le français Sébastien Bourdon, qui, après l'avoir visité dans son atelier de Rome, s'était permis de contrefaire avec succès un de ses paysages. Le Lorrain n'aurait jamais dû céder à de pareils sentiments, car son œuvre portait en elle-même le germe du châtiment réservé à ses plagiaires : le peintre anglais Turner est, en effet, tombé dans une exagération qui l'a conduit à la folie, à force de prétendre à devenir, comme lui, l'apôtre de la lumière.

On me rendra cette justice que je me suis contenté de citer quelques tableaux du Lorrain, mais que je n'ai abordé la description d'aucun : j'aurais risqué de faire comme le physicien qui, pour analyser un rayon de soleil est obligé de le décomposer et par conséquent de l'éteindre.

L'œuvre du Lorrain est aussi considérable que sa vie a été longue; il est mort à Rome, à l'âge de quatre-vingt-deux ans, après avoir travaillé jusqu'à sa dernière heure, malgré la goutte qui l'affligeait depuis quarante ans; on peut dire qu'il possédait à la fois l'art et la magie de la peinture. Ses tableaux sont surtout répandus en France, en Italie et en Angleterre, où la reine possède son dernier dessin.

Son exemple peut être un encouragement pour ceux d'entre vous qui doutent de leurs aptitudes pratiques, mais sentent en eux les élans d'une pensée généreuse, ainsi que le don du sentiment. Rappelez-vous que Le Lorrain, tout en étant un arrangeur si peu inventif qu'on peut l'accuser parfois de gaucherie, n'en a pas moins entrepris une lutte heureuse contre la prude nature qui a fini par lui dévoiler ses charmes les plus intimes.

Afin de n'avoir plus à parler du paysage pendant le dix-septième siècle qui lui fut si peu favorable, je signalerai de suite les principaux artistes qui ont travaillé dans ce genre, depuis le temps de Claude le Lorrain, jusqu'à celui des Allegrain et de Patel le fils qui appartiennent plutôt au dix-huitième siècle. Fouquières d'Anvers, élève de Jean Breughel et de Rubens, n'est pas un inconnu pour nous ; j'ai fait apprécier son insolente vanité, son caractère aussi mesquin que son talent, et les procédés peu délicats dont il usa contre Poussin dans l'affaire de la galerie du Louvre ; deux de ses élèves, Belin et Guillerot, continuèrent à travailler, après lui, aux paysages. qui ont orné les appartements des Tuileries. Lebicheur et Duguernier méritent d'être cités pour leur science dans la perspective paysagesque plutôt que pour leurs mérites de peintres.

Jacques Rousseau, de Paris, et Simon Laminois, de Noyon, avaient la spécialité des motifs d'architecture, des perspectives et des paysages que la mode du temps avait introduits dans les décorations peintes des palais. Henri Mauperché se consacra à l'imitation des tableaux que le Lorrain envoyait de Rome ; il n'est guère connu que par ses gravures à l'eau-forte d'après ses propres toiles.

Patel le père, qu'on confond souvent avec son fils paysagiste comme lui, était encore un imitateur du Lorrain : il introduisait volontiers des ruines dans ses aysages d'un ton clair et lavé qui les fait ressembler à des aquarelles rehaussées de gouache.

Deux étrangers étaient venus d'Anvers à Paris où ils urent très-goûtés ; l'un s'appelait Van Plattenberg ; il changea son nom pour celui de Platemontagne, et ensuite de Montagne ou Montaigne ; il peignait médiocrement des marines. L'autre était un artiste sérieux appelé Francisque Millet ; on peut le ranger au nombre de nos peintres nationaux, car son père était de Dijon et il était lui-même fort jeune quand il vint s'établir à Paris ; de nombreux voyages, une étude consciencieuse des œuvres de Poussin, le don d'une mémoire heureuse et le sentiment de la grandeur dans la composition ont fait de lui un paysagiste de style ; je ne connais aucun de ses tableaux à Paris. Il a eu pour imitateur Allegrain le père, dont le Louvre possède quelques toiles.

Je citerai enfin Jean Forest, qui mourut académicien au commencement du dix-huitième siècle ; sa vogue paraît avoir été très-grande bien qu'il n'ait jamais produit que des paysages décoratifs, d'allures conventionnelles, faux de tons et sans effets naturels.

Poussin, le Lorrain et Simon Vouet auraient pu suffire pour constituer une école vraiment française, car leurs tempéraments correspondent précisément aux traits principaux de notre caractère national qui sont : la force et le travail dans le génie, l'intelligence vive et peu soucieuse de ses moyens, l'appétit du renom par la fécondité fiévreuse. Mais la constitution psychologique de notre race est aussi privilégiée que la terre de France qui participe à tous les climats bienfaisants ; la sensibilité calme et naïve, la crédulité élégiaque et l'extase intime qui naît de la susceptibilité à l'impression des choses morales sont des qualités que nous avons le droit de revendiquer aussi ; il appartenait à Eustache Le Sueur de les déposer sur le berceau de notre école de peinture.

Un pauvre tourneur en bois nommé Cathelin Le Sueur voyant la forte inclination que son fils avait pour le dessin, se hasarda un jour à le conduire chez Simon Vouet. Le peintre favori de Louis XIII reconnut les dispositions de l'enfant et fit acte de charité intéressée en l'admettant parmi ses élèves.

Nous avons parcouru l'atelier de Simon Vouet vers l'année 1655, et nous y avons remarqué le jeune Eustache Le Sueur, alors âgé de dix-sept ans, à côté de Charles Le Brun plus jeune que lui de dix-huit mois. Les faveurs spéciales dont la protection puissante du chancelier Séguier entourait son camarade de chevalet ne pouvaient rendre jalouse une âme comme celle de notre modeste débutant. Si la mélancolie assombrissait son visage, c'est que la reconnaissance ainsi que le sentiment du devoir lui défendaient de se dérober à la manière lâchée et expéditive de son maître ; le fabricant à la mode avait besoin de son aide pour exécuter les commandes sous le poids desquelles il succombait.

Eustache Le Sueur rêvait aux belles copies de Raphaël, aux tableaux du Francia et d'André del Sarte qu'il avait contemplés dans la collection rapportée de Rome par le maréchal de Créquy; il songeait à la patrie de ces chefs-d'œuvre et déplorait la misère ou le manque de protection qui l'empêchait de suivre en Italie ses compagnons d'apprentissage. Il entrevoyait la voie de son génie mais ne savait où trouver la clef de ses barrières.

Une occasion de se montrer lui-même se présenta enfin, alors que sonnait à peine sa vingtième année. Vouet fut chargé de faire huit grands cartons de tapisseries d'après le poème du dominicain François Colonna intitulé : *le Songe de Polyphile;* son humeur était peu disposée à déchiffrer cette œuvre bizarre du quinzième siècle, dont le vrai titre est : *Hypnerotomachia di Polifilo,* ou *Combat d'amour en songe.* Il abandonna complètement à son élève la peine d'extraire huit compositions compréhensibles de cet imbroglio prétentieux, de cette parodie mystique et parfois érotique du voyage dantesque, où l'amour de la jeune Polia soutient Polyphile dans l'excursion qu'il a entreprise à travers un monde chimérique peuplé d'objets d'art et de monuments fantastiques. Eustache Le Sueur s'en tira à son honneur et ses cartons furent très-applaudis quand ils parurent deux ans après la commande. Le comte de Caylus a enregistré l'opinion formulée à leur sujet par un de ses amis très compétent qui les avait vus dans sa jeunesse : « Ces cartons, dit-il, étaient peints fort clairs, d'une manière peut-être un peu trop vague ; ils paraissaient faits de pratique, mais leur principal mérite consistait dans l'agrément des sujets et la façon dont ils étaient traités ».

Les tapisseries que la manufacture des Gobelins exécuta d'après eux sont malheureusement dispersées ou perdues.

Ce succès déplut à Vouet, et un certain refroidissement s'ensuivit aussitôt entre le maître et l'élève. C'est à cette date d'affranchissement qu'il convient de reporter l'exécution de certains tableaux où le passage de la manière de Vouet à celle de Le Sueur est accentué à différents degrés. Je citerai entre autres : les cinq toiles de la *Vie de la Vierge* à l'église de la Madeleine, dans la salle du Prédicateur, et *la Résurrection du fils de Naïm* dans l'église Saint-Roch; ce dernier tableau a été très modernisé par les nettoyages et les restaurations.

La vogue de Le Sueur s'établit dès lors et il fut chargé d'entreprendre les décorations intérieures d'une maison située à la pointe de l'isle *Saint-Louis*, qui appartenait à M. Lambert Thorigny, président de la chambre des Comptes. Cette belle demeure, encore connue sous le nom de l'hôtel Lambert, devint, après M. Thorigny, la propriété de Mme du Chatelet, puis celle de M. de la Haye, qui, en 1776, céda à M. d'Angevilliers pour le compte du roi Louis XVI les peintures de Le Sueur, aujourd'hui conservées au Louvre et dont nous aurons à nous occuper. Après avoir appartenu au comte de Montalivet, qui fit transporter dans son château de La Grange, en Berry, trente des plus petites compositions mythologiques peintes par Le Sueur dans le cabinet dit de l'*Amour*, l'hôtel Lambert est habité aujourd'hui par la famille Czartoriski, qui tient à honneur de conserver intactes les peintures subsistantes. Eustache Le Sueur travailla durant toute sa vie à ces décorations qui relatent ses progrès vers l'originalité et l'épuration de son style.

Il avait commencé depuis un an les travaux de l'hôtel Lambert, qu'il interrompait suivant les besoins de son inspiration ou les exigences de ses autres entreprises, quand Poussin arriva à Paris. La critique moderne s'est beaucoup inquiétée de savoir si les deux grands aïeux de la peinture française ont été en commerce d'amitié, se sont fréquentés et ont échangé des témoignages d'estime confraternelle. Je n'ai pas la mission de vous mêler à des querelles que n'ont pas épuisées des champions de la taille de M. Vitet dont je vous engage à lire la monographie esthétique d'Eustache Le Sueur, contenue dans le troisième volume de ses *Études sur l'histoire de l'Art*. Si j'avais à donner mon opinion, je dirais simplement que Poussin et Le Sueur ont dû se rencontrer, mais que si leurs vies n'ont pas été mêlées, ce fut par des motifs tout à leur gloire. Le fond du caractère de Le Sueur était une timidité incurable, un continuel effroi, même lorsque ses plus belles entreprises le mettaient en présence des rivaux les plus faibles. Jamais il n'aurait osé ni voulu se déclarer le défenseur de Poussin contre l'architecte Lemercier, le paysagiste Fouquières et son ancien maître Simon Vouet vis-à-vis duquel il ne se croyait pas encore dégagé; il aurait fallu, pour cela, vaincre les scrupules de sa conscience, s'introduire dans une cour dont la protection continuait encore à lui être refusée et braver les propos de l'envie. Il n'aurait jamais songé davantage à se faire l'ennemi de Poussin avec lequel il ne se croyait pas digne d'entrer en rivalité; une de ses lettres publiées dans les *Annales de l'Art français* (V. II, p. 143) montre ses sentiments à l'égard de ce dernier : « Je ne puis dire, » écrivait-il en 1650, « ce que j'admire le plus, ou la chaleur du sentiment de ce grand maître, ou sa noble simplicité. » Poussin, de son côté, était trop accaparé par la faveur royale et les inimitiés qu'elle lui avait suscitées pour avoir le loisir de céder au même élan généreux qui l'avait poussé autrefois vers le Dominiquin persécuté; s'il eût été libre de son action comme de ses sentiments, sa grande âme l'eût certainement entraîné à la rencontre de Le Sueur, en lui faisant sentir que pour un artiste du rang de celui-ci l'absence des honneurs publics était une persécution du sort.

Ce fut seulement après la mort du roi qu'Anne d'Autriche, devenue régente de France et prévenue enfin du mérite de Le Sueur, lui fit peindre des plafonds, des dessus de portes, des frises et des médaillons dans les appartements du Louvre. Il exécuta spécialement dans le « Cabinet des Bains » des compositions tirées de l'histoire de l'Amour et de Psyché et traitées en camaïeux bleus sur fond d'or. Ces peintures du Louvre ont disparu; Guillet de Saint-Georges, dit qu'elles étaient parmi les meilleures œuvres du peintre.

L'influence ou l'exemple de Poussin a-t-elle décidé un progrès que l'histoire puisse constater? Je suis tenté de le croire, car à partir de cette époque, cette même influence est manifeste; Le Sueur la subit volontairement; c'est par elle et par l'étude des copies de Raphaël qu'il se rattache fermement à la fois à la pureté sévère de l'antique et à la suavité de l'école romaine, au point que le désir d'aller en Italie n'obsède plus son esprit.

On rapporte que l'incurie n'a pas présidé seule à la destruction des peintures de Le Sueur au Louvre. Romanelli appelé d'Italie et protégé par le cardinal Mazarin aurait obéi à un vil sentiment de jalousie en effaçant quelques-unes d'entre elles. Ce même Romanelli a décoré la grande galerie de la Bibliothèque nationale et les plafonds des salles des Saisons, de la Paix, des Romains et du Centaure dans le musée des Antiques au Louvre.

Après ces travaux du Louvre, M. de Fieubet trésorier de l'Épargne, employa Le Sueur aux peintures de sa maison de la rue des Lions près de l'Arsenal ; celui-ci y représenta l'*Histoire de Tobie* dans une série de caissons placés au plafond de la salle principale. L'une de ces compositions appartient au musée du Louvre (n° 514); son sujet est : *le Père de Tobie donnant des instructions à son fils;* elle ne devait certainement pas être la meilleure de toutes ; le corps du vieillard n'est pas définissable sous la lourde draperie qui l'entoure; la peinture rappelle la manière de Vouet, ou, peut-être, son mauvais état lui a ôté tout caractère. Le tableau que Le Sueur avait peint au-dessus de la cheminée de cette même salle appartient aujourd'hui au musée de Montpellier (n° 306); il a pour titre : *la Première nuit des noces de Tobie.* Tobie, vu de profil, est représenté agenouillé devant une cheminée monumentale placée à gauche du spectateur. Sa femme Sara, fille de Raguel, est assise au fond et de face sur un trône qui occupe le milieu de la composition; son air est impassible.

Tobie est occupé à brûler sur les charbons ardents le foie du poisson qu'il a tué sur le rivage du fleuve Tygris; c'est ainsi que, suivant les conseils de l'ange, il mettra en fuite le démon qui a fait périr les sept premiers maris de sa femme. Le Sueur a peint ce tableau très-sobrement mais très-correctement ; il y a mis l'énergie que comporte le sujet, mais il faut remarquer avec quelle simplicité à la fois naïve et éloquente il a traité un épisode qui se prêtait à une mise en scène fantastique. L'expression démoniaque de Sara et son air de froide résignation à la destinée dont elle est l'instrument, suffisent pour raconter le drame; la pieuse confiance de Tobie n'est nullement ébranlée, car sa pantomime ne rend que le côté banal de l'action qu'il accomplit.

Vers la même époque Le Sueur fut chargé de décorer deux plafonds dans l'hôtel occupé, place Royale, par M. de Nouveau, général des postes ; il y peignit : *Diane assise dans un char et accompagnée du Sommeil et de la Mort*, et *Zéphire avec Flore*.

L'année 1645 fut heureuse pour Eustache Le Sueur ; ses habitudes de piété l'avaient mis en rapport avec le prieur des Chartreux de Paris, et celui-ci le chargea de décorer le petit cloître de son couvent où d'anciennes fresques du quatorzième siècle venaient d'être effacées à la suite d'une restauration de la maçonnerie. C'est là que Le Sueur a peint les vingt-deux tableaux de la vie de saint Bruno qui sont au Louvre; il les termina en trois ans, avec l'aide de ses frères Pierre, Philippe et Antoine et de son beau-frère Thomas Goussé dont il avait épousé la sœur; d'Argenville assure même que certains tableaux entièrement de la main de Goussé ont seulement été retouchés par Le Sueur. Les vingt-deux panneaux étaient plaqués contre le mur des galeries du cloître et séparés entre eux par des intervalles portant des tables sur lesquelles la vie de saint Bruno était racontée en vers latins; ces tables étaient supportées par des « figures persiques. » Une main coupable et jalouse, qu'on a dit à tort être celle de Charles Le Brun, endommagea plusieurs de ces belles peintures qui continuaient à alimenter la critique; les religieux furent obligés de les couvrir de volets à serrures, qui appartiennent au musée du Louvre depuis 1848; ils sont en mauvais état et sont décorés de paysages largement peints à l'huile avec des figures de chartreux ou des sujets se rapportant à la vie de saint Bruno. Les religieux ont offert leurs tableaux au roi en 1776, peu de temps après l'acquisition des peintures de l'hôtel Lambert; ils furent mis sur toiles et assez mal restaurés pour qu'il soit difficile aujourd'hui de se rendre compte de la valeur artistique qu'avaient pas mal d'entre eux à l'époque de leur exécution.

La vie de saint Bruno est l'une des œuvres capitales de Le Sueur parce que le sujet a été conforme au principe de vérité et de simplicité qui inspirait son talent. Ces tableaux n'excitèrent pas tout d'abord une admiration digne de leurs mérites. Le public n'était pas habitué à la naïveté dans l'art; il savait apprécier la force et la science de Poussin, mais restait froid ainsi qu'étonné devant Le Sueur qui reproduisait simplement ce que son âme lui dictait, avec le sentiment dont la nature l'avait doué. Mais ce silence de la foule valait mieux que les éloges trompeurs qui égarèrent tant de peintres après lui et Le Brun le premier. La postérité l'a vengé, car sa gloire a grandi tous les jours, et aujourd'hui encore il faudrait être dépourvu de toute sensibilité esthétique pour ne pas reconnaître les traits du génie ainsi que les signes de l'inspiration la plus châtiée dans les tableaux du Louvre, malgré le piteux état dans lequel cent vingt-huit années de durée les ont mis. Le choix du sujet n'avait rien d'attrayant pour les parisiens auxquels il fallait plus d'épices dans la peinture, sans qu'ils fussent pour cela inaccessibles au sentiment et à la poésie intime; leurs oreilles accoutumées à trouver la mélodie au milieu de morceaux héroïques et brillants restaient instinctivement fermées aux strophes d'un chant de dévotion.

La variété existe cependant parmi ces vingt-deux motifs de la vie de saint Bruno et le pittoresque n'y fait pas défaut. Je recommande la *Mort de Raymond Diacre* (n° 526). Le moribond exhale son dernier soupir sur le crucifix que lui présente un prêtre accompagné de deux desservants; Saint-Bruno est agenouillé en prière au premier plan. L'idée de la mort est surtout donnée par le contraste vivant des personnages répartis dans la chambre du docteur et par les apprêts du convoi que la porte ouverte laisse apercevoir dans le fond. Il est intéressant d'apprécier dans le tableau suivant (n° 527) la simplicité des moyens employés pour rendre dans son caractère impressionnant la scène où Raymond Diacre se soulève hors de son cercueil pour s'accuser publiquement, à l'instant où le prêtre qui récite l'office des morts prononce ces paroles du quatrième verset : *Responde mihi....* etc.

Le n° 531 : *le Songe de saint Bruno* fait voir comment Le Sueur savait au besoin manier la couleur ; le saint, recouvert des pieds à la tête d'une robe bleue, est étendu sur un lit dont la courtine, le baldaquin et les rideaux sont du même bleu que son vêtement ; aucune confusion dans les plis et dans la mise en valeur des parties ne naît de cette uniformité de couleur. La même science éclate dans le n° 538 : *le Pape Victor III confirme l'institution des Chartreux.* Les cardinaux sont assemblés en consistoire autour du trône du souverain pontife ; tous portent la robe de pourpre avec le camail blanc, mais leurs expressions ainsi que leurs attitudes sont si bien variées que l'œil n'est choqué en rien par l'absence obligée de diversité dans les costumes et le coloris.

Le tableau de la *Mort de Saint Bruno* (n° 546) est, à mon avis, le plus beau de la collection ; il est peint avec deux couleurs seulement, le blanc et les bruns nuancés. Le cierge placé par terre au pied de la couchette sur laquelle le saint vient de rendre son souffle à Dieu donne un éclairage de bas en haut qui transforme l'humble cellule en une chambre sépulcrale ; il semble que cette clarté mystique qui monte vers le ciel y accompagne la prière des Chartreux réunis autour du corps inanimé. La mort n'a pas imprimé sur la face de saint Bruno une pâleur plus mortelle que sur les visages des religieux qui le pleurent. Leurs âmes à tous n'ont pas cessé d'être en communion malgré la distance de la terre au séjour divin ; on croirait que le peintre a voulu rendre cette idée en donnant aux enveloppes corporelles l'empreinte de la pâleur que les souffrances du cœur et celles du corps ou la mort communiquent à un égal degré. Peut-être cette composition est-elle la plus parfaite en même temps que la plus saisissante parce que Le Sueur n'y a représenté que des figures de Chartreux; on sait en effet qu'il prenait pour modèles ceux qui venaient le regarder travailler; il les voyait constamment autour de lui et son œil observateur s'évertuait à les surprendre dans toutes les attitudes et les expressions de la vie monastique. Les personnages ordinaires sont moins bien traités parce qu'il les dessinait et les peignait de pratique; il en a fait les portions sacrifiées de ces peintures qu'il a considérées seulement comme des ébauches, tant il sentait que la hâte à laquelle il s'était trouvé contraint pour les exécuter ne pouvait lui permettre que d'esquisser sa pensée. Il faut se mettre à la place de Le Sueur en examinant cette suite de tableaux et ne pas y chercher la perfection pratique, tout en reconnaissant la légèreté de la main et certaines qualités du dessin; il faut y lire la candeur d'une poésie naturelle ainsi qu'une scrupuleuse probité artistique.

Son tempérament exigeait qu'il peignît d'inspiration, quitte à sacrifier parfois la correction du trait. Il n'était pas homme à recourir directement au modèle bien que les études de sa première jeunesse ne pussent lui permettre de reproduire les contours humains de mémoire; mais il poursuivait moins la structure anatomique que les attitudes correspondantes au sentiment des figures. Poussin animait des marbres antiques en faisant concourir toutes leurs parties au rendu de l'expression, c'est-à-dire qu'il enveloppait l'âme de ses personnages dans une chair expressive. Le Sueur modelait, pour ainsi dire, l'âme elle-même et résumait l'expression dans les traits ou plutôt dans les galbes des visages. Son imagination ne lui représentait pas la vie du corps, mais celle de l'esprit.

On pourrait induire qu'en plaçant ainsi Le Sueur au rang des purs idéalistes, je veux préparer son absolution en face de lourdes fautes dans la partie matérielle de son œuvre. Qu'on se détrompe ; je n'ai rigoureusement rien de ce genre à lui reprocher. Est-ce à dire que j'en suis réduit à me contredire après avoir répété si souvent combien l'étude réitérée de la nature est indispensable au peintre ? Ou bien, faut-il conclure que certaines facultés instinctives peuvent suppléer à tout ? une pareille thèse serait insoutenable : l'exemple de Le Sueur après celui de Poussin démontre seulement que le génie artistique a différentes voies, comme il a différentes manières d'interroger ou de considérer la nature. Tel maître l'envisage d'abord plastiquement, la dessine dans ses formes exactes, et l'anime ensuite de son souffle vivifiant, ainsi que Pygmalion anima sa Galathée ; tel autre, comme Le Sueur, immobilise sur sa toile l'éclair d'une expression et ne songe qu'en second lieu à parfaire la silhouette corporelle qui en est illuminée. Chacun de ces peintres a un égal besoin de posséder le secret de toutes les harmonies proportionnelles de la nature, de se remettre constamment en face de ses modèles ; le premier pour les copier effectivement et assouplir leurs reproductions fidèles, suivant les modulations de sa pensée ; le second pour armer sa mémoire de toutes les ressources nécessaires quand il s'agira de fixer, par des images réelles quoique inventées, les fugitives expressions que son cerveau perçoit ou enfante.

Poussin avait le génie exact du Dominiquin ; il usait beaucoup du modèle sculpté ou vivant ; il était même parmi les meilleurs clients du « Caporale Leone » qui était à Rome, le modèle le plus recherché pour les poses d'expression. Le Sueur obéissait à des passions essentiellement douces ; les figures de ses tableaux s'estompaient d'abord au sein de son extase intime, et leurs expressions ne se rapportaient jamais aux actions violentes soit de la mythologie, soit de l'histoire profane ou sacrée. La vie du pieux fondateur de la Grande Chartreuse forme la plus grande épopée à laquelle son âme candide et crédule ait pu s'associer ; il est le Rubens des Chartreux, c'est-à-dire qu'il est au peintre de la galerie du Luxembourg ce que saint Bruno pourrait être à Henri IV.

Le Sueur aimait les proportions sveltes, il les a peut-être exagérées dans ses figures de Chartreux où les têtes sont certainement trop petites par rapport à la longueur du corps. Il est partisan de la mode antique dans l'agencement des draperies et dans la disposition des plis ; cette remarque, facile à vérifier dans toute son œuvre, indique bien que l'étude soutenait son génie.

L'usage du modèle est une obligation à laquelle aucun peintre ne peut se soustraire. Pendant l'apprentissage, il n'a le droit ni de s'en passer, ni même de l'interpréter. L'expérience et la pratique seulement l'amèneront progressivement à s'en servir au point de vue expressif, après n'avoir considéré que l'individualité et ensuite la corrélation des formes ; il pourra, plus tard, le consulter seulement, c'est-à-dire vérifier minutieusement d'après lui les contours, les mouvements, l'anatomie et les proportions de toute figure qu'il aura ébauchée. S'il a la témérité de renoncer à cette manière de faire, il participera à un délire de décadence comparable à celle qui a précédé les Carrache; les facultés brillantes de son intelligence et l'habileté de sa main ne l'élèveront jamais au-dessus de ces brosseurs de toiles qui étaient des colosses de réputation, parce qu'ils arrivaient à couvrir de peinture deux toises carrées par jour, ou à peindre des deux mains à la fois comme le génois Cambiasi.

Peut-on admettre que Le Sueur ait négligé le modèle anatomique quand tout démontre qu'il usait du modèle drapé? Il paraît toutefois probable qu'il ne faisait pas poser pour des cas particuliers, mais pour se préparer, dans des études générales et indépendantes, à formuler correctement les élans tempérés de sa pensée qui l'ont conduit, sans effort, jusqu'au sublime. S'il lui arrivait de faillir à cette habitude, les figures exécutées, comme celles de ses Chartreux, d'après des types présents, ne perdaient rien de leur expression mais écrasaient les autres par leur positivisme relatif. Cette méthode ne peut convenir qu'à peu de peintres; elle a réussi à Le Sueur, mais qu'on s'en souvienne, l'école française n'a eu qu'un Le Sueur et celui-ci n'a pas fait d'élèves. Il est prudent de suivre, dans chaque voie humaine, les lois de la nature qui, chez les artistes surtout, permet que la pensée soit libre jusqu'à s'en rapporter à l'œil pour trouver les formes en rapport avec l'expression qu'elle veut donner aux images.

Un autre tableau parmi les plus intéressants de la petite œuvre de Le Sueur, est devenu la propriété de l'État, après avoir appartenu, pendant longtemps à l'église des Chartreux de Paris ; c'est le n° 519, *Jésus apparaissant à Marie Madeleine sous la figure d'un jardinier.* L'inspection de cette peinture ne justifie pas précisément l'énoncé de son sujet. Le Christ sort du sépulcre dont on aperçoit l'entrée à gauche ; une vue du Calvaire et de la ville de Jérusalem dans le fond, précise le lieu de la scène. Mais le divin ressuscité ne ressemble en rien au jardinier dont l'histoire sacrée veut qu'il ait pris le costume. Il est magistralement drapé dans un ample manteau dont la pourpre éclatante ne le désigne pas à Marie Madeleine comme une apparition, mais comme le fils de Dieu retrouvé dans sa forme humaine. La sainte femme s'est agenouillée ; ses longs cheveux blonds se déroulent sur son cou et encadrent son profil angélique où se lisent à la fois la douleur, la surprise et l'adoration. Elle ne peut en croire ses yeux et veut toucher le Christ pour bien s'assurer qu'il revit ; mais celui-ci l'arrête en lui montrant le ciel par un geste d'autorité bienveillante, pendant que ses lèvres s'entr'ouvrent pour lui dire : « *Noli me tangere....* » Ce tableau est remarquable par l'éloquente simplicité de sa composition ; les deux figures du Christ et de la sainte femme sont correctement belles ; je dois signaler, accessoirement, comme sujet d'étude, la draperie jaune qui est tombée des épaules de Marie Madeleine et entasse sur le sol ses plis épais et souples ; il faut observer toutefois que Le Sueur ne savait pas, comme Poussin, laisser aux couleurs franches leur valeur individuelle jusque dans les ombres et dans les clairs; il indique trop souvent les jeux de la lumière sur les étoffes par des touches violacées qui ne sont pas vraies.

On remarquera aussi que les profils conviennent mieux à Le Sueur, quand il veut obtenir une plus grande délicatesse dans l'expression, c'est-à-dire l'accent de douceur et de modestie virginales qu'il ne sait refuser aux femmes de l'Évangile. Ainsi, dans cet autre ravissant petit tableau du Louvre *Jésus portant sa croix* (n° 517) je ne connais rien de plus touchant, de plus idéal que le profil de sainte Véronique agenouillée pour présenter au Christ le linge qui reçoit l'impression de sa face divine. Devant elle, Jésus s'est affaissé sous le poids de la croix et Simon le Cyrénéen cherche à soulever, par l'effort de ses bras vigoureux, le fardeau brutal qui accable son maître; Le Sueur n'a introduit aucune mise en scène dramatique ou violente dans son sujet; ce Christ couronné d'épines n'invoquant aucune force céleste contre sa défaillance humaine, c'est l'expression à la fois la plus naïve et la plus saisissante de son sacrifice.

La pinacothèque de Munich possède une des toiles les plus fines de Le Sueur; elle ornait autrefois une des chapelles de la nef, dans l'église de Saint-Germain l'Auxerrois, et représente *Jésus chez Marthe et Marie à Béthanie*. J'en parle surtout pour signaler encore le profil délicat et timide de la blonde Marie, prosternée aux pieds du Seigneur que son regard ne peut cesser de contempler ; par opposition, Marthe se tient résolûment debout, et son visage exprime un dépit mal dissimulé ; elle prend pour de l'oisiveté l'extase de sa sœur et se plaint d'être réduite à servir seule. Le fond du tableau est d'un mouvement très pittoresque, on y voit les femmes de la maison, vaquant aux soins du ménage et de la famille.

Le musée du Louvre renferme incontestablement le meilleur choix des tableaux de Le Sueur. Quand on a lu les pages que M. Vitet a consacrées à certains d'entre eux on n'oserait les décrire en d'autres termes que les siens. Ainsi, je dirai avec lui que « *la Messe miraculeuse de saint Martin*, évêque de Tours, tout en n'étant qu'une ébauche, est elle-même un miracle qui semble éclairé par on ne sait quel rayon divin tombant de l'hostie lumineuse. *La Descente de croix* (n° 518) se distingue de tous les tableaux que cette sainte page de l'Écriture a inspirés. Où trouver une émotion plus vraie? un désespoir plus déchirant? c'est la suavité de contours d'un bas-relief antique, vivifiée par le feu intérieur de la foi. L'*Apparition de sainte Scolastique à saint Benoit* (n° 523) est un tableau angélique qui laisse entrevoir la vie du ciel, sous les traits de cette chaste sainte au geste modeste et doux ».

HUITIÈME LEÇON

Eustache Le Sueur (Suite).

Notre étude sera très courte aujourd'hui. Les ateliers réclament les élèves de l'École pour la préparation du concours auquel ils ont l'obligation de prendre part. Si je n'ai pas cru devoir remettre le jour de ma leçon, même en face de ces circonstances exceptionnelles et importantes, c'est que je n'ai pas voulu qu'un intervalle trop long s'écoulât entre les deux parties forcément séparées de mon entretien sur Eustache Le Sueur.

J'ai dit que Le Brun avait été injustement soupçonné, le jour où des dégradations dues à la malveillance, furent constatées sur les tableaux de la vie de saint Bruno. C'est que celui-ci venait d'arriver d'Italie. Il avait immédiatement reconnu dans Le Sueur un rival au moins à sa taille et n'avait pas dissimulé son envie de conquérir des droits à une renommée capable d'éclipser la sienne.

Le Brun était ambitieux, mais rien n'autorise à croire qu'il eût été capable d'une bassesse ; l'amour-propre et la jalousie ont pu seulement le pousser parfois à user de moyens peu courtois. Ses intrigues et ses protections lui firent accorder la faveur de faire pour l'année 1648, le tableau religieux que la confrérie des orfèvres de Paris offrait, le 1ᵉʳ mai de chaque année, à l'église de Notre-Dame. L'honneur d'être chargé du *May* était aussi sollicité que difficile à obtenir ; Le Brun aurait dû s'en souvenir et se rappeler qu'il tirait le premier dans le duel engagé tacitement entre Le Sueur et lui ; il ne se fit pas scrupule cependant de présenter un tableau du *Martyre de saint André* qu'il avait exécuté à loisir pendant son séjour en Italie. Le Sueur ne prit pas l'alarme et ne fit entendre aucune plainte bruyante ; il se contenta de se faire désigner pour peindre le *May* de l'année suivante. Il représenta la *Prédication de saint Paul à Éphèse*; ce tableau est au Louvre sous le nᵒ 521. Son succès fut complet et par conséquent très sensible à Le Brun. Cette belle composition sort de la manière ordinaire de Le Sueur ; il y revêt une ampleur, une énergie et un éclat contraires à ses habitudes de simplicité délicate. On retrouve la merveilleuse facilité de son pinceau, mais les grâces majestueuses de ses autres tableaux sont remplacées, dans celui-ci, par la majesté elle-même. Les expressions sont plus vivantes et plus terrestres ; les attitudes sont plus violemment contrastées. Il semble qu'il ait voulu se représenter lui-même, sous les traits de saint Paul debout sur les degrés d'un portique pour haranguer les habitants d'Éphèse. L'inspiration surexcitée et le feu d'une éloquence convaincue illuminent les traits de l'apôtre ; c'est Le Sueur lui-même plaidant pour son art. Comme l'apôtre, il sort de son sacerdoce, voué jusqu'alors à la prière ou à la prédication intime pour défendre « coram populo » la cause du Vrai et du Beau. Il est écouté, car voici les Éphésiens qui entassent sur la place publique les livres condamnés, pendant qu'un esclave accroupi attise de son souffle la flamme qui les consumera. L'action violente de l'homme qui déchire un volume en écoutant saint Paul, est l'image de l'opinion publique faisant justice des œuvres évincées par le génie triomphant. Ce tableau rappelle la mâle vigueur de Poussin. Les draperies sont étudiées avec un art sans pareil ; leur jet est noble et aisé. Le Sueur a voulu montrer que, quand il s'agit de lutter pour la bonne cause, son bras ne regarde pas à accepter les armes de son adversaire, sachant bien que la victoire sera d'autant plus grande qu'il les aura maniées plus habilement que lui.

Le Brun laissa voir, par son âpreté à la revanche, qu'il avait conscience de sa défaite ; deux ans après il tenta un nouveau combat en faisant porter à Notre-Dame son tableau du *Martyre de saint Étienne*. Le Sueur ne riposta que par son œuvre courante et se maintint dans sa dignité satisfaite.

De pareilles luttes sont honorables et bienfaisantes, quand elles ne sacrifient pas les intérêts publics et généraux de l'art à des rancunes particulières. Le Brun et Le Sueur n'hésitèrent pas à tomber d'accord pour présider à la formation de l'académie royale de peinture et de sculpture instituée par un arrêt de l'année 1648. Ils siégèrent côte à côte parmi les douze artistes que le suffrage de leurs pairs investit du titre d'Anciens ou Fondateurs de la nouvelle compagnie ; mais leur rivalité n'était pas éteinte, et Le Brun allait venir attaquer Le Sueur, au sein d'une forteresse où celui-ci avait conquis le droit de se croire inviolable.

Le président Lambert de Thorigny, curieux de sacrifier à l'astre naissant, voulut que Le Brun eût aussi sa part dans la décoration de sa demeure et il lui confia le soin de peindre la grande galerie dont les sculptures furent données à Van Obtal. Le Sueur sut conserver une attitude conforme à l'inaltérable sérénité de son âme; il s'absorba dans les travaux commencés qui lui avaient été maintenus. Il fit des prodiges de grâce, de sentiment exquis et de délicatesse, en peignant les figures des Muses dans la chambre dite « de la Présidente », tandis que Le Brun reproduisait à grand fracas, l'histoire d'Hercule sur les plafonds de la galerie qui a conservé le nom de « galerie de Le Brun ».

La chronique du temps rapporte qu'une fois ces travaux achevés, le nonce du pape qui visitait l'hôtel, dit en traversant le Salon des Muses : « A la bonne heure, voilà qui est d'un maître ! le reste, » et il voulait désigner la galerie d'Hercule dont il sortait « est une *Coglioneria* ». Le Brun assistait à cette visite ; il eut d'autant plus raison d'être froissé d'une critique aussi crue, qu'elle était injuste ; ses tableaux de l'hôtel Lambert, principalement celui qui représente le *Mariage d'Hercule et d'Hébé*, sont de très honorables conceptions du bel art décoratif. Quoi qu'il en soit, il ne peignit plus pour M. de Thorigny et abandonna la place à Le Sueur, qui continua son travail jusqu'à la fin de sa vie. Le Brun n'eut pas le temps de faire expier par Le Sueur la disgrâce dont il avait été la cause indirecte, car celui-ci mourut peu après, en 1655, en entrant dans sa trente-huitième année.

L'excès du travail a tué Le Sueur ; l'immensité de son œuvre pendant une durée si courte, ne peut le faire comparer qu'à Raphaël, mais on a tort de chercher d'autres ressemblances entre ces deux météores brillants de l'art. Au point de vue du dessin et de la couleur, la prudence veut qu'on n'établisse aucune comparaison de l'un avec l'autre. Étant admis, en effet, que la perfection n'existe pas dans l'art, et qu'on ait le droit de reprocher à Raphaël d'être parfois un peu sec dans son dessin et terne dans son coloris, on arrivera fatalement à trouver Le Sueur mollement indécis et tout à fait décoloré. On s'est trompé en disant que Le Sueur est un Raphaël venu au monde dans une chétive école. Chacun d'eux forme une individualité à part, une quintessence spécialisée, l'un du génie universel, l'autre du génie français. Heureuses les nations qui voient naître dans leurs sein ces rares génies qui honorent l'humanité toute entière ! On a le droit de les envier ; mais opposer à ces exceptions écrasantes des compatriotes qui leur sont manifestement inférieurs, tout en étant illustres entre tous, c'est, en faisant acte du plus faux amour-propre national, vouloir sottement rabaisser la gloire de ceux-ci. Ayons tous l'honorante modestie de voir dans Raphaël un modèle inimitable à cause de la profondeur de ses pensées ; mais considérons Le Sueur, malgré le haut degré de son art, comme un sommet auquel notre école peut encore atteindre par l'élévation du style et de l'expression.

Avant de terminer cette leçon par une étude spéciale des peintures mythologiques de l'hôtel Lambert, j'ai à désigner encore deux tableaux isolés de Le Sueur, qui se trouvent au Louvre. La *Salutation Angélique* (n° 516) est recommandable par la chasteté des expressions et la fraîcheur singulière des tons ; mais, la Vierge à genoux est, d'une part, démesurément petite comparativement à l'archange Gabriel debout devant elle avec une branche de lys à la main ; de l'autre elle est trop grande par rapport aux deux anges qui planent au dessus de sa tête. On se demande si Le Sueur a eu une intention en admettant de pareilles disproportions ; il m'est impossible de trouver rien qui les explique véritablement. Il a pu s'isoler dans la vision imaginative qui lui faisait voir chaque figure et oublier l'ensemble. S'il en est ainsi : après avoir démontré la stérilité du talent que la pensée ne dirige pas, je signale l'écueil du travail de la pensée quand il est secondé par la seule habitude manuelle sans le contrôle comparatif de l'œil. — La grande composition du *Martyre de saint Gervais et de saint Protais* (n° 520, qui était autrefois placée dans l'église de Saint-Gervais, après avoir servi de carton pour une tapisserie, est un morceau sans chaleur et sans enthousiasme communicatif. Le Sueur a cherché à établir un contraste entre l'innocence résignée des deux saints qui s'avancent vêtus de blanc et la brutale inhumanité des soldats qui les escortent en armes ; les nuances expressives sont rendues avec une finesse trop grande pour qu'elles soient appréciables dans un ensemble aussi vaste et aussi compliqué d'architecture ainsi que de costumes, conformément à son emploi décoratif. Le pathétique ne s'en dégage nullement, non plus que dans le grand tableau du musée de Lyon qui faisait pendant à celui-ci et représente un autre épisode du martyre des deux mêmes saints. Ces toiles sont honorables par le dessin et la composition, mais elles manquent de caractère et d'effet.

Il ne me reste plus qu'à parler des peintures de l'hôtel Lambert recueillies dans une salle spéciale du Louvre. Les unes, celles dont je veux m'occuper d'abord proviennent du « Cabinet de l'Amour » où elles formaient les principales décorations du plafond à côté d'une infinité de panneaux secondaires, de pilastres, d'arabesques et de figurines. Les petits sujets accessoires ont, comme je l'ai dit, été transportés au château de La Grange, en Berry.

Les grandes peintures du « Cabinet de l'Amour » ont été faites par Le Sueur à différentes époques de sa carrière ; on y constate son détachement progressif de la manière de Vouet. Elles sont remarquables par la simplicité des procédés, la délicatesse des formes, l'agrément de la lumière blonde et transparente qui dore moelleusement les sujets, enfin par la grâce, la finesse et un sentiment exquis dans le dessin, dans les attitudes et dans les physionomies.

Je pourrais décrire les unes après les autres les figures demi-grandeur des cinq panneaux du Louvre où Le Sueur a peint « l'Histoire de l'Amour. » Mais, je crois que notre étude ne perdra rien en suivant une autre méthode, et je vous demande de vous substituer, par la pensée et pour un instant, au peintre qui vient d'être chargé de décorer les compartiments multiples d'une salle, avec ces seuls mots pour programme : « Histoire de l'Amour. »

N'a-t-on pas dit qu'il n'est rien de si commun que de parler d'amour mais qu'il n'est rien de si rare que d'en bien parler; je crois que les deux termes de cette proposition peuvent être vrais aussi quand il s'agit non plus de parler mais de peindre d'après le sujet de Cupidon ou tout autre sujet dont l'histoire n'a pas fait une donnée très positive. Comment vous y prendrez-vous? vous consulterez nécessairement un manuel de mythologie qui vous dira qu'*Eros*, *Amor* ou *Cupidon* est considéré tantôt comme le fils de Mars, tantôt comme celui de Jupiter, tantôt enfin comme celu de Mercure. Vous excuserez certainement l'incon stance de Vénus qui est placée seule en face de cette triple paternité, car vous reconnaitrez que la fable a répondu aux besoins d'une philosophie gracieusement imagée en faisant naître l'Amour, c'est-à-dire la force aveugle du monde, de l'alliance de la beauté soit avec la bravoure, soit avec la puissance, soit avec l'intelligence.

En aurez-vous fini pour cela avec les renseignements à trouver sur la naissance de l'Amour? ne le croyez pas; car voici Platon et Hésiode, les philosophes et les poètes qui envisagent le côté passionnel de sa personnification et le font naître du chaos parce qu'il est un mélange de sentiments sublimes et de désirs grossiers; de Vénus et de Vulcain parce qu'il est un composé de force et de faiblesse; de Flore et de Zéphyre comme symbole de l'inconstance et de la lubricité naïve.

L'embarras peut devenir grand; mais on passera outre en se disant qu'après tout, l'histoire d'un individu ne commence vraiment qu'une fois qu'il est né.

Suffira-t-il alors de jeter sur les surfaces à peindre, des figures enfantines et ailées de l'Amour, ici avec un bandeau sur les yeux, là un doigt sur la bouche pour montrer qu'il veut la discrétion, plus loin avec un arc, emblème de la puissance ou un flambeau allumé, emblème de l'activité. Il serait impossible d'admettre de tels expédients car nous ne sommes pas au dix-huitième siècle, à l'époque des banalités gracieuses. Je vous ai demandé d'être peintres alors que l'école française veut encore des pensées profondes derrière de belles images.

L'inspiration artistique doit rendre féconds les emprunts faits à l'antiquité et à la renaissance, aussi chacun s'abstiendra-t-il de prendre à la lettre les indications fournies par les dialogues de Lucien car le fils de Vénus y paraît trop en entremetteur de vices. A défaut de chasteté, il faut au moins une poésie décente. Est-ce Anacréon qui fournira celle-ci ? Il ne le peut complètement, en tout cas, car l'érotisme éclate dans ses vers et le portrait de Bathylle n'est pas de ceux qu'un pinceau châtié puisse tracer avec conviction. Il convient cependant de retenir dans l'œuvre du poète de Samos quelques strophes que sa bouche a chantées aux heures où les fumées du vin ne troublaient pas sa muse. L'ode qui représente l'Amour livré tout enchaîné à la Beauté et chérissant les fers qu'on lui apprend à porter a certainement inspiré Raphaël autant que la fable d'Apulée, et le génie du Sanzio a fait du séduisant serviteur de la Beauté le guide ainsi que le purificateur de l'âme humaine représentée par cette ravissante figure de jeune fille aux ailes de papillon qui a nom Psyché.

C'est aux voûtes de la Farnésine de Rome que Raphaël le premier a écrit l'histoire de l'Amour telle que l'esthétique moderne doit la connaître. Il en a extrait la plus pure donnée philosophique : pour lui, l'Amour, c'est l'amour du Beau, l'incarnation du Beau tel que je l'ai défini dans ma première leçon sur Poussin, le fils et l'émanation de la Beauté.

Le Sueur connaissait par les estampes, les peintures que son immortel devancier avait exécutées d'après l'histoire de l'Amour et de Psyché. Il a discerné comme lui que le grand art devait en tirer autre chose qu'un ravissement des yeux et de la passion sensuelle ; M. Vitet à son tour, a compris les peintures du « Cabinet de l'Amour » comme tout le monde les comprendra en relisant, devant les cinq reliques du Louvre, ces lignes du célèbre écrivain :

« L'imagination presque dévote de Le Sueur accepte sans restriction, quoique avec une chaste réserve, toutes les données de la mythologie ; il semble qu'il voulût frayer la route à Fénelon pour passer du cloître dans l'Olympe en lui montrant comment on peut mêler au plus sévère parfum d'antiquité cette tendresse d'expression et cette sensibilité pénétrante qui n'appartiennent qu'aux âmes chrétiennes. »

J'aurais peut-être dû me borner à citer cet extrait d'un texte éloquent et vrai, mais j'estime qu'il ne suffit pas d'apprendre à déchiffrer une peinture ; il faut aussi savoir se rendre compte de la manière dont elle a pu être conçue dans l'esprit de son auteur. En matière de critique artistique, la méthode synthétique est rarement applicable, car le tableau et la statue sont des démonstrations matérielles ou des effets qui saisissent les yeux et ne laissent à la pensée que la ressource de remonter à la cause, c'est-à-dire de procéder par analyse. Mais Le Sueur est au nombre des rares artistes dont le caractère est défini par l'inspection de la moindre de leurs œuvres ; on sent que l'égalité et la douceur des passions forment le fond de son tempérament et qu'il doit être logique comme la Sagesse elle-même. L'envie vous prend alors, en lisant le titre de son tableau et avant d'examiner à fond celui-ci, de rechercher le côté calme, sentimental et vertueux sous lequel le sujet a dû s'esquisser dans sa pensée, de déduire ensuite l'effet de la cause, c'est-à-dire de deviner pour ainsi dire, en quoi consistera le propre de l'exécution. Si vous avez suivi mon raisonnement à propos du sujet de « l'Histoire de l'Amour » et si vous méditez les expressions de M. Vitet avant de formuler votre impression, vous ne serez pas surpris de trouver la modestie s'allier à la noblesse dans les traits des dieux de l'Olympe représentés par Le Sueur ; lorsque vous considérerez les tableaux de *l'Amour naissant entre les bras des Grâces* (n° 551), de *l'Amour présenté à Jupiter* (n° 552), de *l'Amour s'échappant de son berceau pour se précipiter dans le sein de Cérès*, c'est-à-dire, pour envahir la nature (n° 553), de *l'Amour recevant l'hommage des dieux* (n° 554), et de *l'Amour ordonnant à Mercure d'annoncer son pouvoir à l'univers* (n° 555), vous retrouverez dans les figures du fils de Vénus les seules images élégantes et simples que la mythologie ait pu, suivant votre sentiment acquis, suggérer à Le Sueur ; vous aurez été préparés à ne pas le voir chercher dans le mythe de l'amour une autre personnification que celle du principe qui préside aux harmonies, aux admirations et aux puissances vertueuses nées de la Beauté.

J'aurais voulu faire du beau plafond exposé sous le n° 557 l'objet d'une étude comparative, c'est-à-dire remettre sa description au moment prochain où je parlerai de Le Brun, de Mignard et de La Fosse les grands maîtres de la peinture plafonnante. Ce plafond a pour sujet : *Le Soleil donnant à Phaéton la conduite de son char.* Le Sueur l'avait peint dans la chambre de Mme la Présidente de Thorigny, au dessus du « Cabinet de l'Amour ». Ce tableau est conçu dans un style calme et un peu vaporeux, sans tapage et sans fouillis pompeux. Au lieu de montrer un Olympe humain, positif et voisin de la terre, ainsi que l'on fait les peintres que j'ai cités, Le Sueur a rendu l'illusion d'un lointain nuageux. L'aurore qui précède le char, un flambeau à la main, voltige comme une Willis oubliée par la nuit ; les figures allégoriques du Temps, des quatre Saisons et des Vents semblent apparaître à travers les brumes de l'atmosphère entr'ouverte jusqu'à ses extrêmes profondeurs. Malgré cela, le tableau procure une impression de vive clarté, et, comme l'a dit le comte de Caylus : « il y règne un certain doré qui représente merveilleusement la chaleur inséparable de la maison du Soleil. »

Cette même chambre de la Présidente renfermait aussi les cinq tableaux des Muses que le Louvre a recueillis. Après les figures si connues de *la Justice*, de *la Force*, de *la Modération*, peintes par Raphaël dans la salle de la Signature au Vatican, je n'en connais pas de plus belles que celles des six Muses représentées trois par trois dans les deux tableaux qui portent les n⁰ˢ 558 et 559. Au point de vue de la grandeur, de l'élévation et de la simplicité du style elles valent les fameuses sibylles de l'église de Santa-Maria della Pace qui sont également du pinceau de Raphael. Le Sueur s'est surpassé lui-même en créant ces poétiques images. Le groupe de *Melpomène*, d'*Erato* et de *Polymnie* (n° 559) est surtout admirable ; l'inspiration est peinte sur les traits idéalement suaves d'Erato ; ses yeux mouillés par l'émotion artistique se lèvent vers le ciel pendant que son archet nerveux caresse les cordes d'une basse ; à sa droite, Melpomène agenouillée tient un livre de musique, il semble qu'on va entendre ses lèvres scander une ode mélodieuse. Polymnie écoute le concert dans l'attitude pensive du recueillement et de l'attention.

Voyez encore la *Terpsichore* du n° 561 ; sa main armée d'un plectre attend pour frapper son triangle que le métal ait fini de vibrer ; le mouvement contenu du bras correspond parfaitement à l'expression du visage qui indique la concentration de l'ouïe pour saisir un temps ou une cadence. Arrêtez-vous enfin devant la *Calliope* (n° 562), pour étudier le galbe délicieux des bras et le dessin des mains qui rebondissent sur les cordes de la harpe après les avoir pincées de leurs doigts agiles.

La plupart, pour ne pas dire toutes les figures de femmes peintes par Le Sueur sont blondes ; il préférait cette nuance de cheveux parce qu'elle est l'indice des grâces délicates qu'il n'a jamais séparées de la caractéristique féminine. Mais le blond ne devient jamais sous son pinceau l'accompagnement de la morbidesse que les peintres impuissants à rendre l'expression de la douceur fraîche et robuste répandent sur les visages auxquels ils prétendent donner un intérêt sentimental. Ses muses sont replètes, puissantes dans leurs contours arrondis ; leur vue fait penser à l'adage latin « mens sana in corpore sano ». En les peignant Le Sueur a rendu hommage à la poésie saine et franche qui a toujours inspiré sa vie d'artiste.

J'espère avoir fait entrevoir la personnalité de Le Sueur, bien que les expressions manquent pour faire son portrait ; Le Sueur peut être aisément compris, mais il est très-difficile de le décrire, tant ses traits sont délicats. Il est le complément de Poussin dans la peinture française comme Racine est celui de Corneille dans notre littérature. Si Le Sueur et Racine n'ont pas la vigueur de Poussin et de Corneille, ils les surpassent en élégance et surtout en sensibilité. Ils sont des rayons différents de notre gloire artistique, mais leur éclat a traversé les siècles avec une intensité égale. Ils sont les deux phares vers la lumière desquels les peintres français doivent se diriger suivant que leurs tempéraments leur disent de rechercher les climats tonifiants ou les zones tempérées du grand art.

NEUVIÈME LEÇON

Pierre Puget. — Jacques Stella. — Sébastien Bourdon. — Charles Le Brun et Pierre Mignard.

Pendant mes dernières leçons, j'ai cherché à vous mettre en garde contre certains surnoms imprudemment inventés par notre amour-propre national et propres seulement à diminuer les personnalités artistiques qu'on en affuble. Ainsi, j'ai repoussé pour Le Sueur le titre de *Raphaël français*. Nous aurions aussi un *Michel-Ange français* s'il fallait en croire les redites maladroites de panégyristes ignorants, à la prétention desquels il convient de colporter des absurdités sentencieuses entendues on ne sait où.

C'est Pierre Puget qu'on gratifie de cette dénomination.

Ce grand artiste, cet illustre français a été peintre, sculpteur et architecte comme le Buonarroti. Émeric David ne s'est pas trompé quand il a dit : « Puget fut, ainsi que Michel-Ange, avide du grand, par une disposition naturelle et rechercha la vigueur des formes pour rendre plus facilement l'énergie des expressions ; la nature lui a paru belle, aussitôt qu'elle était ample et robuste ». Mais l'identité des dispositions naturelles n'a jamais établi ni même préparé l'égalité de la valeur artistique ; cette coïncidence peut simplement fournir les premiers termes d'une comparaison, et celle-ci sera seulement utile si son auteur a le bon sens de mettre en parallèle non pas les résultats matériels ou les œuvres produites mais les développements artistiques de ces dispositions naturelles suivant le sentiment ou le génie de chacun des hommes en question et suivant les circonstances de leur existence. C'est dans cet ordre d'idées que le savant Émeric David a composé sur la vie et les ouvrages de Pierre Puget le beau discours qui a remporté le prix décerné par l'académie de Marseille en 1807 ; c'est aussi en suivant cette seule voie ouverte à la critique sérieuse que M. Léon Lagrange a écrit en 1868 son livre sur « Pierre Puget, peintre, sculpteur, architecte et décorateur de vaisseaux. »

J'ajouterai une remarque aux aperçus élevés qui se rencontrent à chaque page de ce discours ou de cette biographie ; je n'ai jamais pu me résoudre à admettre les rapprochements intimes qu'on établit sans cesse entre Raphaël et Michel-Ange ; je ne puis reconnaître qu'ils diffèrent seulement par leur goût et leur caractère, bien que leurs talents soient placés sur des sommets aussi peu accessibles l'un que l'autre aux générations de peintres qui ont suivi ces deux grands émules. A mon sens, Raphaël doit tout à sa nature particulière qui a fait de lui une exception incomparable ; ce qu'il a pris à l'antiquité et à la théorie de l'Art disparaît presque totalement sous la brillante individualité de son génie né tout armé comme une Minerve. Raphaël, c'est le rameau-phénomène qui jaillit paré des fleurs les plus brillantes et couvert des fruits les plus savoureux. Chez Michel-Ange, on sent l'effort scientifique, c'est-à-dire qu'on discerne les résultats d'une culture sublime au sein d'un terrain merveilleusement préparé ; il emporte de haute lutte les palmes que les gloires du ciel et de la terre avaient accordées d'avance à Raphaël. Les conceptions de l'un émanent d'une prodigieuse intuition de la Beauté ainsi que du Beau ; le sentiment y éclate à côté d'une simplicité grandiose. L'autre doit à sa puissance la pénétration de tous les secrets de la nature ; il la copie et l'interprète en donnant aux images les apparences d'une force égale à celle qu'il a déployée pour la vaincre : ses ouvrages donnent l'impression de la grandeur dans l'énergie.

J'ai dit, à propos de Le Sueur, que toute comparaison avec Raphaël ne peut être qu'au détriment de celui qu'on voudrait rehausser ainsi. Il n'en est pas tout à fait de même à l'égard de Michel-Ange, car son génie a dû s'aider de la tradition retrouvée et des enseignements extérieurs pour arriver au complet perfectionnement de ses facultés. Dès qu'on est autorisé à tenir compte des circonstances étrangères aux individus et à apprécier l'influence des milieux où ils se sont développés, la comparaison de l'un avec l'autre devient intéressante et permise dans les limites que j'ai indiquées ; elle peut plaider en faveur de celui que l'examen intrinsèque des œuvres reléguerait à un mauvais rang.

Pierre Puget naquit en 1622 à Marseille, d'un père

moitié maçon, moitié architecte. A 17 ans, il partit pour l'Italie et y arriva au moment où les arts se précipitaient dans la plus abominable décadence, deux ans avant la mort du Dominiquin et celle du Guide. Le sceptre de la peinture restait aux mains de Pierre de Cortone, et celui de la sculpture était échu au Bernin ; c'est-à-dire que le dédain de la nature et de l'antiquité avait ouvert la porte à toutes les audaces du maniérisme ainsi qu'au prestige du faux. Pierre Puget eut le bon sens de puiser surtout dans sa propre organisation et de ne pas prendre pour la théorie d'un art acceptable la pratique spécieuse de Pierre de Cortone, qu'il voyait travailler à Rome aux peintures du palais Barberini, et à Florence à la décoration du palais Pitti. S'il n'eut pas le privilège d'acquérir la science à une bonne école, du moins il ne fut pas détourné de la voie de ses émotions naturelles qui l'amenaient sans cesse à se retremper dans la nature ; il savait la voir et la comprendre.

Pierre Puget fut longtemps peintre avant d'être sculpteur ; il ne mania spécialement l'ébauchoir et le ciseau qu'à partir de l'année 1655, à la suite d'une grave maladie. On ne peut dire qu'il a été un grand peintre ; il n'a produit que des tableaux d'église ; ceux-ci sont honorables et consciencieux ; la vigueur des formes donne un caractère sculptural à l'exécution mais n'exclut pas un sentiment chrétien très accusé.

Après avoir refusé de devenir le gendre de Pierre de Cortone, Puget était revenu se fixer à Marseille, où il peignit pour la chapelle baptismale de l'ancienne cathédrale, les deux tableaux du *Baptême de Constantin* et du *Baptême de Clovis* qui appartiennent aujourd'hui au musée de la ville; ces toiles sentent le débutant; on y remarque Clovis et Clotilde vêtus de satin, à la mode des italiens du dix-septième siècle. En 1654, il exécuta le *Salvador mundi*, du musée de Marseille; ce tableau, le meilleur qu'il ait produit, formait autrefois le retable de l'autel du *Corpus Domini* dans la cathédrale; Jésus-Christ y est représenté assis sur les nuages au milieu de gracieuses figures de chérubins; la science du modelé et la distinction du style font la valeur de cette composition.

La couleur de Pierre Puget n'est pas limpide; elle est à la fois terne et effervescente; elle manque totalement de fondu. Il n'a jamais pu être un coloriste harmonieux, car il ne savait pas atténuer la crudité réciproque des tons; ainsi, dans le tableau du *Sommeil de Jésus*, exposé au palais Borely, de Marseille, il n'a pas hésité à jeter sur la tête de la Vierge un voile d'un bleu criard, en même temps qu'il étendait l'enfant divin sur un lit d'une blancheur éclatante. Il est inégal à force de ne vouloir pas être systématique; je le compare aux peintres génois de la fin du seizième siècle plutôt qu'aux bolonais dont on cherche volontiers à le rapprocher.

Il ne vint que fort tard à Versailles, et ce n'est qu'en 1688 qu'il parut à la cour, pendant la surintendance de Louvois. Sa réputation l'y avait précédé avec les deux groupes du *Milon de Crotone* et de l'*Andromède* acquis par le Roi sur la recommandation de Colbert; il avait exécuté ces marbres à Toulon, où il était surtout occupé à sculpter des ornements de vaisseaux pour la marine royale. La sculpture sur bois avait été sa première occupation à Florence, chez un fabricant de meubles qui l'aidait à vivre par de très modestes salaires. Pierre Puget est mort dans sa ville natale en 1694, à l'âge de 72 ans; il n'avait pour ainsi dire pas habité Paris; il y était venu une première fois pour prendre les ordres d'Anne d'Autriche qui l'envoyait à Rome faire des copies d'après l'antique; la seconde fois, il fut mandé par Fouquet, tout occupé des embellissements de son château de Vaux; celui-ci chargea Puget d'aller à Gênes pour choisir les marbres destinés à des commandes dont l'exécution fut empêchée par la disgrâce du surintendant. Lors de sa présentation à Versailles, en 1688, il passa six mois seulement hors de Marseille où il rentra se consoler de l'indifférence que les parisiens avaient témoignée pour sa personne.

J'ai tenu à faire connaître, parmi les peintres français, la noble figure de Pierre Puget dont aucune œuvre n'est venue enrichir nos collections du Louvre. Il est permis de poser, à son sujet, une double question : Que serait-il advenu de Michel-Ange, s'il était né à la même époque que Puget, et s'il eût vécu dans des circonstances analogues? De combien de coudées Puget aurait-il grandi si, comme Michel-Ange, il avait appartenu à l'ère florentine des Médicis? Je crois que Michel-Ange aurait été amoindri et que Pierre Puget serait devenu un artiste mieux réglé; c'est là tout ce qu'une comparaison impartiale doit accorder en faveur de notre compatriote. Pierre Puget ne peut hériter du nom de Michel-Ange car la nature avait décidé, en les douant, que l'un ne descendrait jamais suffisamment et que l'autre ne pourrait jamais monter assez haut pour que tous deux se rencontrassent à un même niveau de l'échelle artistique.

Le personnage de Pierre Puget nous a introduit en plein siècle de Louis XIV. Nous allons considérer Le Brun et Mignard, et étudier leurs œuvres rivales ; mais avant de chercher à découvrir si la grande peinture française était indigne de toute initiative et si elle a profité de la licence donnée au premier peintre du roi d'exercer sur les beaux-arts le même despotisme que le souverain exerçait sur le royaume politique, nous devons liquider un passé qui appartient encore à la suite immédiate de Simon Vouet, à la belle époque de Poussin et de Le Sueur.

Je parlerai très brièvement de Jacques Stella, né à Lyon en 1594 et, par conséquent, l'aîné de douze mois à peine de Poussin, dont il fut l'ami pendant dix ans de séjour à Rome et l'admirateur dévoué pendant toute sa vie. Il était venu de bonne heure en Italie et s'était mis à graver avec Callot, qu'il avait trouvé établi à Florence. La peinture en miniature fut aussi parmi ses premières prédilections, et il orna un bréviaire pour le pape Urbain VIII. C'est à partir de cette époque qu'il se fixa à Rome et se mit à peindre des madones dont il fit pendant longtemps sa spécialité. Son exécution un peu froide et la crudité de son coloris ne parviennent pas à détruire les charmes réels produits par la noblesse des dispositions, la modération expressive et la naïveté des attitudes qu'il a su réunir dans ses représentations variées de « Vierges à l'enfant ».

Peu à peu, il s'appliqua à imiter Poussin, et je le soupçonne fort d'être l'auteur du tableau de la *Mort de sainte Cécile* exposé au musée de Montpellier sous le nom de son illustre ami. Cette composition de quinze figures représente l'agonie de la sainte, étendue à terre, la tête appuyée contre un riche escabeau et couverte du sang qui s'échappe des blessures de sa gorge. Le pape la bénit, pendant qu'un ange lui apporte du ciel les palmes du martyre et une couronne de roses. Plusieurs femmes recueillent avec des linges et dans des vases le noble sang répandu. Aucune des qualités ordinaires de Poussin ne manque pour ainsi dire à ce tableau, mais la finesse des attaches anatomiques, le rendu exceptionnellement soigné des étoffes, de l'architecture du fond et de la marqueterie du plancher indiquent plutôt la main d'un graveur. Poussin ne savait pas revêtir son énergie d'une grâce aussi minutieuse.

Jacques Stella quitta Rome à la suite d'un emprisonnement encouru pour avoir manqué à ses fonctions de chef de quartier. Il alla s'établir à Paris où Richelieu lui fit obtenir un logement au Louvre. Il devint ensuite premier peintre du roi, et mourut en 1657 âgé de 63 ans. Poussin n'avait jamais cessé de correspondre avec lui et de faire des tableaux à sa demande. Jacques Stella cherchait de plus en plus, de son côté, à rapprocher sa manière de celle du maître aimé qu'il s'était donné pour modèle et dont il faisait son idole. Le musée de Montpellier possède un tableau authentique de lui qui prouve qu'au moins une fois le succès couronna ses efforts : *La Samaritaine* est une toile qui mériterait la signature de Poussin. Jésus, habillé de bleu et de rouge, est assis auprès du puits sur la margelle duquel il s'accoude ; sa main droite s'abaisse vers le sol, on sent qu'il tient un langage pur à la jeune fille placée debout en face de lui. Celle-ci est vêtue d'une robe blanche qui laisse deviner les harmonies du torse et de la poitrine malgré la draperie jaune académiquement jetée de l'épaule droite sur la hanche gauche. L'expression de grâce virginale répandue dans toute sa personne et sur sa figure qu'ombrage un turban de cheveux blonds la fait ressembler à l'une des compagnes de Rébecca, peintes par Poussin. Le dessin est pur, la peinture excellente, et, par un heureux contraste, le paysage du fond a tout le mystère de l'obscurité bocagère.

Jacques Stella n'est pas représenté au Louvre ; le grand tableau de *Minerve venant visiter les Muses* qui lui est timidement attribué ne se rapporte à aucune de ses manières connues. Il avait fait venir de Lyon à Paris son neveu Antoine Bouzonnet Stella, et était parvenu à obtenir pour lui un brevet de survivance dans son logement du Louvre ; quand il l'eut bien préparé à la pratique et à l'intelligence de l'art, il l'envoya pendant cinq années en Italie, avec le conseil de partager son temps entre Rome et Venise où il lui avait recommandé de copier les plafonds de Paul Véronèse. Antoine Bouzonnet Stella continua absolument le style tempéré et sérieux de son oncle et répandit, surtout en province, ses innombrables tableaux de piété ; il fut reçu à l'académie de peinture et de sculpture en 1666 et mourut en 1680, à peine âgé de 45 ans ; ses trois sœurs se sont rendues célèbres dans l'art du dessin et de la gravure.

L'influence de Jacques Stella et de son neveu fut

considérable et bienfaisante pendant le règne de Louis XIII, la minorité et le commencement du règne de Louis XIV. Le Sueur et Jacques Stella, à Paris, avec Poussin à Rome, furent les plus éloquents avocats de la liberté de l'art et préparèrent la faveur qui accueillit le projet de fondation de l'académie de peinture et de sculpture. Ainsi que nous le verrons plus tard, le principal but de l'institution était d'affranchir les artistes des conditions de métier auxquelles l'ancienne maîtrise les assujettissait. Mais notre école de peinture commençait à renfermer à côté d'eux les ferments d'une indiscipline qui pouvait nuire à la cause du grand art; Charles Le Brun les reconnut, et c'est au nom d'une répression utile qu'il satisfit ses instincts personnels en se faisant dominateur.

Sébastien Bourdon, entre autres peintres, semblait affecter déjà l'indépendance primesautière et hardie, ainsi que le mépris spirituellement exprimé de toutes les règles traditionnelles du grand art; ses allures permettaient de pressentir et de craindre le laisser-aller qui a précipité notre école dans la boursoufflure de la fin du dix-septième siècle, dans les afféteries réactionnaires du dix-huitième, et auquel David lui-même ne put opposer plus tard qu'une digue insuffisante.

Sébastien Bourdon appartenait à une famille calviniste de Montpellier. Dès l'âge de sept ans, il crayonnait à Paris dans l'atelier d'un peintre nommé Barthélemy auquel un de ses oncles l'avait confié. A 14 ans, il errait aux environs de Bordeaux, vivant des badigeonnages figuratifs qu'il exécutait dans les châteaux voisins de la ville. Sa dix-huitième année sonnait quand il arriva à pied dans Rome, en 1624. Réduit au métier de copiste pour un marchand de tableaux, il s'assimila tellement l'esprit des modèles qu'il devint inconsciemment un contrefacteur salarié dont son patron ne se faisait pas scrupule d'user. J'ai raconté les mauvais traitements qu'il eut à subir de la part de Claude le Lorrain dont il avait reproduit de mémoire un paysage. Dénoncé comme hérétique, il put quitter Rome, grâce à l'intercession de son compatriote M. Hesselin, maître de la Chambre aux deniers et très amateur du bel art. Son protecteur fit plus que de le sauver ; il le recommanda à Simon Vouet, qui l'accueillit.

Sébastien Bourdon fréquenta peu l'atelier ; la contrainte était insupportable à son caractère, et il soutint sa vie indépendante en peignant des petits tableaux de genre tels que ses *Haltes de bohémiens* et ses *Mendiants* placés au Louvre sous les nos 44, 45 et 46 ; il imitait en cela le hollandais Pierre Van Laer qu'on avait surnommé « Bamboche », en raison de la singularité de sa taille, et dont les tableautins faciles, spirituels et expressifs, consacrés généralement à des paysanneries ou à des scènes de bohémiens et de soldats ont gardé le nom de « bambochades ».

Mais son intelligence vive et féconde unie à un don prodigieux d'assimilation ménageait à Sébastien Bourdon des succès plus avouables ; il était, parmi les peintres français, celui qui avait le plus profité des maîtres italiens ; on retrouve distinctement en lui les influences du Parmesan et des Carrache à côté de celle de Poussin.

Il fut chargé, en 1643, du tableau votif que les orfèvres de Paris offraient le 1ᵉʳ mai à Notre-Dame, et il exécuta, à cette occasion le *Martyre de saint Pierre* qui se voit au Louvre sous le n° 42. Le coloris en est aérien et transparent, mais je trouve la composition désagréable et le dessin incorrect. Il existe une disproportion choquante entre l'immense bourreau qui soulève la croix, et les hommes qui tirent à droite sur la corde ou sur les vêtements du saint ; quant aux personnages à demi-corps placés au premier plan, on dirait qu'ils émergent du cadre pour encombrer la scène déjà trop remplie.

J'aime mieux la *Décollation de saint Protais* du n° 41, Ce tableau est peut-être trop blafard ; les personnages perdent leur importance en se cachant les uns les autres, et laissent une place exagérée à l'exposition du cadavre décapité. On y retrouve des types absolument identiques à ceux de la composition précédente. Ainsi, le bourreau de saint Protais est le bourreau de saint Pierre qui a changé de cadre et de victime ; la blonde figure aérienne qui porte la palme et la couronne du martyre est celle qui remplissait le même office au dessus de la croix de saint Pierre. Malgré cela et malgré l'abus des figures de profil que je dois aussi signaler, le dessin est exact, les attitudes ont un naturel qui séduit et la distribution est d'un bon caractère antique.

L'église parisienne de Saint-Nicolas des Champs renferme une descente de croix que Bourdon avait peinte pour la confrérie de Notre-Dame de la Miséricorde. Ce tableau est à examiner.

Sébastien Bourdon était d'un caractère gai et insouciant ; ses élèves l'adoraient à cause de sa grande familiarité. Il est compté au nombre des douze fondateurs de l'Académie. Quoi qu'il fut très heureusement marié avec la sœur du miniaturiste Duguernier, son humeur vagabonde ne l'avait pas quitté ; il saisit le prétexte des troubles de la Fronde pour quitter Paris en 1649 et pour aller offrir ses services à la reine Christine de Suède, qui après l'avoir nommé son premier peintre, le garda près d'elle jusqu'au jour de son abdication ; il rentra alors en France avec le portrait de la souveraine déchue que Nanteuil a reproduit par la gravure. Ch. Le Brun avait donné l'essor à la grande peinture décorative ; Sébastien Bourdon marcha sur ses traces, et à la suite d'un séjour à Montpellier marqué par l'exécution de huit grands tableaux à sujets tirés de la vie de Moïse, il accepta de décorer la grande galerie de l'hôtel de M. de Bretonvilliers, président à la chambre des Comptes. C'est là qu'il mit le comble à sa gloire en interprétant l'histoire de Phaéton, d'après le texte des métamorphoses d'Ovide ; il enleva prestement ce travail colossal réparti dans neuf compartiments immenses. Au dire des contemporains, les compositions de Sébastien Bourdon étaient d'un effet prodigieux, et tout Paris vint les admirer. Il s'était fait aider par Charmeton, élève de Jacques Stella et par Baptiste Monnoyer.

Ce dernier, a été, parmi tous les peintres de fleurs, celui qui les a peintes avec le plus de goût. Il n'y mettait pas le fini des Flamands, celui de Van Huysum, par exemple, mais il les a rendues avec une légèreté qui n'appartient qu'à lui. Monnoyer, quelquefois désigné sous son seul prénom de Baptiste, a produit une quantité infinie de peintures décoratives florales en collaboration avec son élève favori, J. B. Blain de Fontenay.

La position de Sébastien Bourdon à l'Académie où il avait professé, l'éclat de ses succès, la variété de son talent et les agréments de son abord autant que la grande moralité de sa vie et de son esprit ont fait de lui une gloire française ; il est bon de rappeler souvent son nom et ses œuvres pour les tirer de l'oubli immérité dans lequel on les laisse aujourd'hui. Ses remarquables dissertations sur Poussin, sur les Carrache, sur l'étude des antiques et sur la théorie de la lumière dans la peinture, le classent en outre au nombre des esthéticiens les plus purs. Si l'on est en droit de reprocher à sa pratique une inégalité fâcheuse, l'oubli trop fréquent de principes qu'il savait cependant formuler avec conviction et une tendance vers l'art agréable ou facile, il est juste de reconnaître qu'il n'avait pas une dose d'insouciance française assez forte pour compromettre, à l'époque où ils naissaient, les beaux éléments d'une tradition pour notre peinture nationale.

Je ne devrais pas avoir besoin de rappeler les origines et les débuts de Charles Le Brun, dont il a été question déjà dans le cours de mon enseignement, à propos de Simon Vouet, de Poussin et d'Eustache Le Sueur. Je reviendrai cependant sur la première partie de sa vie, car je crois utile d'étudier Charles Le Brun en même temps que Pierre Mignard et d'établir un parallèle entre ces deux grands directeurs des beaux-arts et du goût pendant la belle période du dix-septième siècle. Ils furent émules d'ambition, mais les différents épisodes de leur rivalité sont de nature à caractériser leur époque et à préparer l'intelligence de l'histoire de notre peinture nationale en dehors d'eux et après eux.

On a dit de Le Brun qu'il est un Louis XIV qui s'est fait peintre; j'ose dire, par opposition, que Mignard est un Philippe d'Orléans qui s'est fait artiste; il est bien entendu que j'entends parler de Philippe d'Orléans avant la Régence, alors que Louis XIV absolvait en lui l'élégant conspirateur contre le pouvoir royal et sa succession. Charles Le Brun a confisqué l'art comme Louis XIV a confisqué la France; Mignard, dans la peinture, ainsi que le Régent dans le gouvernement, a introduit la licence sur les ruines de la liberté.

Charles Le Brun naquit à Paris en 1619. Son père descendait d'une bonne famille écossaise qui avait émigré en France à la suite des revers de Marie Stuart; il exerçait honorablement, mais avec un talent médiocre, la profession de sculpteur, à laquelle il eut d'abord l'intention de préparer son fils. Dès l'âge de neuf ans, Charles Le Brun s'était mis à modeler ou à tailler dans le bois des figurines qui témoignaient en faveur de ses dispositions artistiques et de sa dextérité; mais son penchant vers le dessin et la peinture se manifesta plus vivement après quelques semaines de séjour dans l'atelier de François Perrier. Un portrait du roi Louis XIII, exécuté à la plume sur vélin, attira sur lui l'intérêt protecteur du chancelier Séguier, qui lui donna un logement dans son hôtel et le fit admettre au nombre des élèves de Simon Vouet.

Pierre Mignard était né en 1610, à Troyes. Sa famille, originaire d'Angleterre, était autrefois connue sous le nom patronymique de *More* ; son père, officier dans l'armée, fut présenté à Henri IV en compagnie de ses six frères également au service ; le roi les trouva si beaux qu'il les complimenta par une gasconnade de sa façon, en disant qu'ils étaient des « Mignards » et non pas des « Mores ». Telle est l'origine du nom, d'après la monographie ampoulée de Pierre Mignard que sa fille, la comtesse de Feuquières, a fait écrire par l'abbé de Monville. Pierre Mignard fut d'abord destiné à la médecine, mais son goût prononcé pour le dessin montra bientôt que la science d'Esculape n'était pas dans sa vocation. Un court apprentissage chez un peintre de Bourges nommé Boucher et chez François Gentil, habile sculpteur établi à Troyes, le mit à même d'aller se perfectionner à Fontainebleau en copiant d'après le Primatice et Fréminet. Le maréchal de Vitry, ayant remarqué sa facilité, le chargea d'exécuter quelques peintures dans la chapelle de son château de Coubert-en-Brie. Ce travail décida son admission dans l'atelier de Vouet, où Le Brun devait venir s'asseoir à côté de lui peu de temps après.

J'ai pris la précaution de faire entrevoir déjà les différences du caractère et du tempérament qui séparaient Le Brun et Mignard, dès cette époque. Le premier dédaignait la méthode : il se révélait inventeur en composant des peintures allégoriques qui lui valurent les bonnes grâces du cardinal de Richelieu, et plus tard les compliments de Poussin, lors de son arrivée dans Paris. Mignard, au contraire, cherchait à racheter son impuissance créatrice en imitant fidèlement son maître ; il sentait l'intrigue indispensable pour obtenir les protections que réclamait son ambition et que sa valeur personnelle aurait tardé à lui procurer. Il s'était fait nommer professeur de dessin de Mademoiselle, fille de Gaston d'Orléans et nièce de Louis XIII ; il avait ainsi un pied à la cour de France. Il permettait à Vouet de signer et de vendre des tableaux qu'il avait exécutés dans sa manière exacte ; c'est ainsi qu'il s'assurait l'appui du peintre le plus écouté ; mais il n'alla pas jusqu'à devenir le gendre de celui qu'il servait par calcul ; il se savait à l'âge où la protection n'est utile qu'à la condition qu'elle ne supprime pas l'indépendance. Il partit pour l'Italie à la fin de l'année 1639 et alla rejoindre à Rome son ami Dufresnoy.

Le Brun aspirait aussi au moment de franchir les Alpes, mais il n'avait que vingt ans ; une longue carrière s'ouvrait encore devant lui ; le temps voulu lui restait, avant son départ, pour forcer l'attention publique à considérer ses débuts et pour semer dans sa patrie les rudiments de sa gloire future. Il accrut sa réputation naissante en offrant au corps de la maîtrise des peintres, sculpteurs et doreurs de la ville de Paris un tableau qui représentait le *Supplice de saint Jean l'Évangéliste*. Il ne reculait devant aucun travail qui pût honorablement répandre son nom, et composait des frontispices de livres ou de thèses. Quelquefois il saisissait l'ébauchoir et modelait la terre ou la cire. Il aimait les lectures instructives ; les livres de l'histoire sacrée ou profane, les recueils de poésie et les traités de philosophie étaient surtout de son goût. Son nom s'était fait connaître à la ville ainsi qu'à la cour, et son esprit était prêt à jouir de toutes les grandeurs de l'art italien, quand l'année 1642 lui apporta la bonne fortune de partir pour Rome dans la compagnie de Poussin, que les mécomptes du Louvre chassaient vers son tranquille asile du Monte-Pincio.

Pierre Mignard devait, pendant plus de vingt ans, habiter la capitale des arts, ou parcourir l'Italie. Charles Le Brun ne sortit pas de Rome et y resta quatre ans seulement; mais il est utile de connaître comment il employa le temps de son séjour. Grâce aux recommandations du chancelier Séguier, ainsi qu'à la protection du pape Urbain VIII, il put faire dresser des échafaudages dans le Vatican pour copier les fresques de Raphaël, à l'étude duquel il avait voulu se consacrer avant tout. Il ne cessait de consulter Poussin et dessinait d'après ses avis des statues ou des bas-reliefs antiques; il cherchait à bien observer d'après les monuments, les usages et les habillements des anciens, sans oublier les règles de leur architecture. La reconnaissance lui commanda d'envoyer plusieurs de ses tableaux au chancelier Séguier, afin que ses progrès fussent constatés; il s'en trouva qui semblaient être de la main de Poussin, tant ils étaient conformes au génie de ce grand peintre. Il m'a été donné de voir en Angleterre, dans la « Dulvich Gallery », une toile de Charles Le Brun représentant *Horatius Coclès défendant le pont Sublicius* qui n'aurait certainement pas déparé l'œuvre du maître des Andelys. Il peignit aussi un *Mucius Scævola* dans cette manière. Charles Le Brun quitta Rome en 1646, mais n'arriva à Paris qu'à la fin de l'année 1647, après un arrêt à Lyon, où il laissa différents tableaux de sainteté et un *Caton d'Utique,* qui appartient aujourd'hui au Louvre (n° 69). Son exécution vive et rapide faisait prévoir qu'il serait l'un des peintres les plus féconds de notre école ; l'invention facile était plus que jamais sa qualité dominante. L'habileté lui était permise maintenant qu'il avait appris à penser, et son abondance réfléchie pouvait lui faire pardonner quelques défaillances dans le style.

Pierre Mignard avait la même exubérance de sève artistique, mais il était moins bien secondé par ses facultés naturelles. Il savait distinguer une grande et belle œuvre ; mais, sans l'avouer, il se sentait incapable d'en créer une analogue. Il répétait souvent, avec une conviction désolée et comme la maxime la plus vraie au sujet de la peinture, que *le faire n'est rien sans le savoir-faire.* Poussin ne devait jamais être pour lui ni un conseiller, ni un ami ; car, à l'époque même où celui-ci dirigeait les études de Le Brun, il employait Mignard à des copies demandées par M. de Chantelou ; il se plaignait de sa négligence à reproduire exactement le coloris des originaux, de ses lenteurs et de l'exagération des prix qu'il demandait pour son travail : il l'accusait de se coaliser avec Nocret, Le Maire et d'autres pour se faire payer trop largement avant l'achèvement des copies commandées. Autre part, dans ses lettres, Poussin blâme la paresse de Le Maire, qui s'arrange pour peindre d'après des copies prêtées par Mignard plutôt que de travailler en face des vierges originales de Farnèse, ou bien, à propos de son portrait que M. de Chantelou lui réclame, il formule une très verte critique : « J'aurais déjà fait faire mon portrait pour vous l'envoyer, écrit-il; mais il me fâche de dépenser une dizaine de pistoles pour une tête de la façon de M. Mignard, qui est celui qui les fait le mieux, quoiqu'elles soient froides, fardées, sans force ni vigueur. » Que Mignard pouvait-il attendre d'un tel moniteur? Il faut se rendre compte, en outre, qu'à son arrivée à Rome il avait trouvé pire qu'une absence de direction. Il s'était lié d'amitié étroite avec son ancien compagnon d'atelier Dufresnoy, et lui, si porté à faire de la pratique le principal objet de son étude, il n'avait pour être détourné de ce penchant que la fausse ressource d'un associé qui, sous prétexte de mettre en vers la théorie de l'art, sacrifiait l'énoncé d'un principe aux exigences de la versification!

Mignard ne devait que beaucoup plus tard se livrer à des travaux de composition. En attendant, il continuait à exécuter des copies. Il s'était mis aussi et surtout à faire des portraits. Dans ce dernier genre, le modèle qui s'asseyait devant son chevalet devenait pour lui un objet inanimé, qu'il reproduisait avec l'exactitude facile et la froide correction du copiste. Il faisait matériellement ressemblant; de plus, il savait flatter son client par le choix de la pose et par l'agrément des ajustements ou des accessoires. Ses portraits sont pompeusement vrais, mais élégamment vides de sentiment; les chairs y paraissent de cire, et les expressions sont sans profondeur; il voyait son modèle, mais ne cherchait pas à le comprendre. La spécialité du portrait lui procurait un double avantage: il se ménageait des amis puissants et de zélés défenseurs parmi les personnages qui se faisaient peindre par lui, car il savait es enjôler par une aimable conversation ; de gros profits venaient, en second lieu, satisfaire son désir insatiable de la richesse. Je ne citerai pas tous les titulaires des portraits qu'il a exécutés en Italie ; il faudrait énumérer, après ceux des papes Urbain VIII, Innocent X et Alexandre VII, tous les grands noms de la péninsule dans le clergé, la politique et la diplomatie. Je dois dire à sa louange que le métier lucratif de portraitiste très achalandé n'arrêtait pas ses efforts vers la peinture d'histoire, où il avait l'ambition de briller un jour ; il étudiait la perspective et tâchait de se former à la science du clair-obscur d'après les ouvrages du capucin Matheo Zaccolini. Il osa même bientôt se mettre en concurrence avec le célèbre Pierre de Cortone pour peindre le tableau du maître-autel de l'église Saint-Charles de Catinari, à Rome. Sa composition du *Saint Charles administrant les Sacrements* eut le dessous ; mais il ne perdit pas courage, alla s'établir à Venise pour tâcher de corriger sa froideur auprès des grands coloristes et se consacra pendant dix-huit mois à l'étude de l'école vénitienne que Le Brun avait négligée. Il passa ensuite à Mantoue pour voir les peintures de Jules Romain dans le palais du T, et à Bologne, où l'Albane, qui vivait encore, le mit en présence des œuvres du Dominiquin et des Carrache. A son retour dans Rome, son talent avait grandi, il entrevoyait des moyens nouveaux ; la poésie et la magie des couleurs s'étaient révélées à lui ; il avait conquis les qualités qui l'ont rendu plus italien que Le Brun.

Mignard épousa, en 1656, la fille d'un architecte romain ; la beauté de sa femme était célèbre, et c'est avec amour qu'il donna très souvent son type charmant aux séduisantes madones issues de son pinceau, qu'on a surnommées les « Mignardes » : un de ses meilleurs tableaux dans ce genre est celui de *la Vierge à la Grappe*, exposé au Louvre sous le n° 349. La jolie figure de la Vierge paraît être faite pour s'abriter sous une cornette plutôt que sous le voile d'une sainte. L'enfant n'a rien de divin ; c'est un grand marmot à la mine mutine. Cette toile, avec les deux petites figures de *la Foi* et de *l'Espérance*, des n°s 355 et 356, qui semblent peintes sur porcelaine, montre à quel degré de fraîcheur et de clarté Mignard atteignait parfois dans son coloris. Sa réputation de portraitiste était parvenue en France ; le roi désira l'avoir à son service et le fit inviter par M. de Lione, secrétaire d'État, à se rendre à Versailles. Il arriva à la cour en 1658, après s'être arrêté à Avignon chez son frère aîné, qui cultivait aussi la peinture et qui devint académicien pour avoir fait le portrait du roi, lorsque Sa Majesté traversa la ville en allant avec Mazarin à la rencontre de l'infante d'Espagne. Louvois, qui avait commencé sa lutte d'influence contre Colbert, protecteur de Charles Le Brun, avait insisté pour que l'ordre de rentrer en France fût expédié à Mignard.

Charles Le Brun était revenu depuis plus de dix ans et s'était fixé à Paris en épousant Suzanne de Butay qui, par le bonheur d'une union parfaite, lui assura la tranquillité d'esprit nécessaire aux grands artistes. Je n'insisterai pas de nouveau sur la rivalité qui s'établit entre lui et Le Sueur, et dont les deux épisodes principaux survenus, le premier à propos des tableaux de *May* exécutés pour l'église Notre-Dame, le second à l'occasion des décorations de l'hôtel Lambert, furent séparés par la fondation de l'académie royale de peinture et de sculpture. J'ai l'intention de consacrer une partie de ma prochaine leçon à ce grand événement survenu dans l'organisation des beaux-arts en France. Il me suffira, pour aujourd'hui, de rappeler que Ch. Le Brun fut le principal organisateur de l'illustre compagnie, dont les membres s'étaient ligués afin de soustraire les artistes à l'oppression de la maîtrise. Il fut au nombre des douze anciens ou fondateurs, rédigea les statuts du corps académique, forma ses collections et enrichit celles-ci par des dons personnels; le premier, il y exerça le professorat et remplit à plusieurs reprises les charges de recteur et de chancelier avant d'être élu directeur à vie.

Le musée du Louvre possède plusieurs des tableaux que Le Brun peignit avant le retour de Mignard à Paris; je citerai, entre autres, le n° 58, *le Christ servi dans le désert par les Anges*; le n° 56, *le Sommeil de l'Enfant Jésus*, connu aussi sous le nom de *Tableau du Silence*, à cause du personnage de la Vierge qui fait signe au jeune saint Jean-Baptiste de ne pas troubler le repos de l'enfant Jésus endormi. J'y ajouterai le n° 57, *la Sainte Famille*, dite *le Benedicite*.

Le Christ servi par les Anges, rappelle la bonne manière de Simon Vouet. Le *Tableau du Silence* offre un intérêt particulier; c'est l'une des compositions les plus châtiées de Le Brun, l'une de celles où il a le mieux fait sentir le bénéfice des enseignements recueillis à Rome; la figure de saint Joseph est digne de Poussin, celle de la Vierge a la suavité de l'école romaine mitigée d'une pointe de beauté coquette empruntée au Guide ou à l'Albane ; mais le sentiment individuel du peintre, son étude réfléchie et identifiée au sujet éclate dans le charmant laisser-aller de l'enfant Jésus, paisiblement endormi sur les genoux de sa mère. Une atmosphère de lumière blonde adoucit la gamme des tons soutenus dans une harmonieuse limpidité. Le modelé anatomique des deux figures enfantines du Christ et du jeune saint Jean montre une alliance parfaite de la correction du dessin avec la connaissance des valeurs dans le clair-obscur.

La *Sainte Famille*, dite *le Benedicite*, a presque la naïveté enchanteresse de Le Sueur ; il est difficile de trouver une expression à la fois plus édifiante et plus naturelle que celle inscrite dans les traits et l'attitude de Jésus adolescent, qui croise les mains pendant que son regard implore le ciel pour le rendre favorable à sa prière.

A cet heureux moment de sa carrière, où les ordres royaux ne restreignaient ni ne troublaient son inspiration, Charles Le Brun n'avait certainement pas la prétention d'être un Poussin ou un Le Sueur. On se rappele que dans le tournoi entrepris à l'occasion des tableaux du *May*, Le Sueur avait vaincu Le Brun en empruntant les armes de Poussin pour composer le magnifique morceau de *saint Paul prêchant à Éphèse*. Le Brun riposta par son tableau du *Martyre de saint Étienne*. Si l'on considère cette grande toile, exposée au Louvre (n° 65), on découvre facilement que le peintre, sans cesser de tenir compte des leçons de Poussin, n'a pas hésité à rechercher les qualités de son rival heureux. Cet exemple n'est pas le seul qui montre combien l'éclectisme de Le Brun l'a souvent rapproché de Le Sueur, sans qu'on puisse l'accuser de plagiat. Le musée municipal de la ville de Paris a recueilli, dans un hôtel du Marais, un grand plafond dont les allures faisaient croire à une œuvre de Le Sueur ; il a fallu l'autorité de textes authentiques pour corriger cette attribution, et certifier que Le Brun a été l'auteur de cette belle peinture décorative.

Les sujets de dévotion et de sainteté peints par Le Brun, pendant cette période, auraient pu faire croire, par leur nombre et leur mérite, que c'était là son genre favori, bien qu'il eût exécuté des peintures décoratives à l'hôtel de Jan, chez le duc d'Aumont, et à l'hôtel de Bouillon. Sa fécondité était prodigieuse ; mais il révéla véritablement l'ampleur et la hardiesse de son talent en peignant les *Travaux d'Hercule* dans la grande galerie de l'hôtel Lambert, et le *Triomphe de la Vierge* sur la voûte de la chapelle du séminaire de Saint-Sulpice. Cette même chapelle contenait, comme tableau du maître-autel, la *Descente du Saint-Esprit*, que le Louvre possède sous le n° 64. Ici la réminiscence de Poussin est absolument flagrante et voulue ; les apôtres, accroupis au pied de l'estrade sur laquelle la figure lumineuse de la Vierge est représentée en prière, semblent empruntés à l'un des sacrements, à celui de l'Eucharistie spécialement.

Le Brun avait une notion supérieure des exigences et des voies du grand art ; il n'a pas cédé à la fausse honte qui pousse tant de peintres à chercher la théorie artistique autre part que dans la comparaison des chefs-d'œuvre des autres et dans l'étude de la nature; en fondant l'enseignement académique, il a eu pour but principal d'indiquer à ses contemporains et à ses descendants les méthodes par lesquelles il était arrivé aussi haut que ses facultés fécondées par le travail lui permettaient d'atteindre.

Pierre Mignard, dès son arrivée à Paris, s'était fait présenter à Mazarin qui l'emmena à Fontainebleau. Le premier portrait qu'il fit à la cour fut celui du roi, exécuté en trois heures; il peignit ensuite la reine mère, le cardinal, et le duc d'Épernon, qui lui donna mille écus pour son travail. Mais Mignard voyait en Le Brun le seul rival qui fût à même de lui disputer les grandes commandes et la faveur royale; il se mit contre lui, et s'entendit avec les *Maîtres peintres*, pour détruire et renverser l'Académie. Dufresnoy et le sculpteur Anguier étaient devenus ses alliés dans cette querelle criminelle et partiale; les services rendus par l'Académie et les progrès obtenus, grâce à celle-ci, étaient évidents pour tout le monde et pour lui-même; il ne s'acharna pas moins, pendant les cinq premières années de son séjour à Paris, à fomenter des disputes, à faire naître des prétentions de la part de la maîtrise, dans le but de fatiguer et de vaincre ceux qu'il attaquait ainsi. Sa colère et sa haine augmentèrent encore le jour où Colbert nomma son ennemi directeur de l'établissement des Gobelins; sa rancune devint alors plus personnelle, et il ne cessait de colporter ses griefs dans les salons qu'il s'était fait ouvrir comme portraitiste aimable et à la mode. Le premier ministre lui proposa une place à l'Académie dans l'espoir de le calmer ; il refusa en disant qu'il ne ferait jamais partie d'une compagnie où M. Le Brun serait le premier et lui le second. Il chercha même à constituer, chez Mlle de l'Enclos, un second hôtel de Rambouillet à opposer à l'académie royale de peinture et de sculpture, comme la demeure de la belle Julie d'Angennes était devenue un camp rival de l'Académie française fondée par le cardinal de Richelieu.

Mignard était digne, s'il avait réussi, de créer une société artistique de « Précieux, » qui serait devenue le pendant du cercle littéraire des « Précieuses. » Il était le Pradon de la peinture, tout prêt à faire dénigrer Le Brun, comme l'hôtel de Rambouillet devait méconnaître les vers de Racine.

Si l'ambition de Mignard avait eu de plus nobles vues, s'il eût été un lutteur moins passionné, il aurait fait taire ses colères devant les faveurs du sort, qui lui apporta enfin des bonnes fortunes presque égales à celles de Le Brun. Pendant que le surintendant Fouquet chargeait ce dernier d'embellir son château de Vaux-le-Vicomte, Mignard était appelé pour décorer l'hôtel d'Erval, qui devint plus tard l'hôtel d'Armenonville.

Ch. Lebrun décora, pour Fouquet, les magnifiques plafonds qui subsistent encore, mais ont besoin de réparations urgentes auxquelles ne se refusera certainement pas le nouveau propriétaire du château de Vaux. Il peignit la déification d'Hercule dans une tout autre donnée que celle qu'il avait choisie pour l'hôtel Lambert ; mais le plus beau morceau fut une assemblée des Muses représentées avec leurs attributs.

Mignard avait peint sur la calotte ovale du plafond, dans le grand salon de l'hôtel d'Erval, *Apollon au milieu des Muses*, et dans une pièce voisine, la suite des *Aventures de Pysché*. On a reproché à ces décorations un coloris grisâtre analogue à celui de Ch. Le Brun ; peut-être Mignard a-t-il voulu se rapprocher de la manière de son concurrent, puisqu'elle était à la mode et suivant le goût du jour.

Le dessin de Mignard était, si l'on veut, plus délicat que celui de Le Brun ; mais il ne put certainement pas atteindre à l'ampleur, à la majestueuse plénitude et à l'opulente invention des peintures du château de Vaux. Quoi qu'il en soit, chacun eut un succès particulier, et la reine-mère n'épargna les louanges ni à l'un, ni à l'autre ; elle se déclara leur protectrice à tous deux. Dans un de ses entretiens avec Le Brun, cette pieuse princesse lui raconta qu'elle avait vu en songe le Christ expirant sur la croix au milieu des anges : l'habile artiste saisit cette idée, et de cette main puissante qui avait inscrit les gloires de la mythologie sur les murs du château de Vaux, il modula la peinture séraphique qui se voit au Louvre sous le n° 62, *le Crucifix aux Anges*.

On est habitué à voir dans Le Brun, qu'on connaît surtout par ses grandes compositions olympiennes et héroïques, une espèce de commentateur d'Homère au profit d'un monarque qui avait le faible d'aimer à se faire peindre et chanter sous les traits d'un dieu ou d'un guerrier antique. J'espère démontrer que les circonstances seules lui ont imposé ce rôle ; il ne l'a d'ailleurs rempli absolument que pendant les dernières années de sa vie. Son imagination brillante a eu ses heures de recueillement idéal, et je n'en voudrais pour preuve que le tableau du *Crucifix aux Anges*. Autour de la croix, sur laquelle palpite le corps exsangue du Christ, au moment où le Sauveur, ainsi que le peintre le fait admirablement voir, exhale son dernier souffle avec une imploration suprême en faveur de ses bourreaux, un vol d'esprits célestes descend du firmament. A mesure que ceux-ci se rapprochent de la terre, leurs formes humaines se définissent davantage ; ceux qui sont encore au fond des nuées apparaissent comme des visions, ceux qui voltigent autour du divin Crucifié modèrent les battements de leurs ailes et leurs bouches vont s'ouvrir pour entonner un *Hosannah*. Les premiers arrivés sont agenouillés en adoration au pied du bois fatal ; ils portent le riche costume des archanges ou la lévite blanche des séraphins ; la pureté la plus idéale et l'expression de la contemplation douloureuse donnent aux visages de ces anges un caractère de beauté indicible. Je ne saurais trop conseiller une station prolongée devant ce tableau, qui montre qu'un peintre inspiré peut inscrire dans le cadre le plus restreint toutes les variations de la grande pensée qu'il a prise pour son thème.

Ce fut immédiatement après l'exécution de ce remarquable tableau que Ch. Le Brun entra tout à fait dans la faveur royale. Louis XIV l'appréciait depuis longtemps ; il voulut faire de lui le principal divulgateur des gloires artistiques de son règne. Il l'appela à Fontainebleau et, comme pour le mettre à l'essai, lui demanda de peindre en sa présence, et dans le château même, un sujet dont il lui laissait le choix. Telle est l'origine de la fameuse toile de la *Tente de Darius*, qui est au Louvre (n° 72). L'épisode qu'elle représente est connu : après la bataille d'Issus, Alexandre, accompagné d'Éphestion, visite la famille de Darius qui a été faite prisonnière. Statira et Sysigambis, la femme et la mère du grand roi, se précipitent aux pieds du vainqueur. Alexandre répond avec douceur à Sysigambis, qui s'excuse de s'être inclinée devant Éphestion que la richesse de son armure lui a fait prendre pour son maître. Cette grande composition n'est pas à classer parmi les meilleures de Ch. Le Brun. Elle est inégale, et l'opposition des couleurs est trop violente. Le groupe d'Alexandre et d'Ephestion laisse à désirer ; on dirait deux héros de théâtre en costume de tragi-comédie ; on aimerait à voir plus de majesté dans le personnage d'Alexandre. Il convient de reconnaître par contre les grandes qualités que renferme, au point de vue expressif, le groupe des femmes prosternées ; la tête de Statira, qui présente son fils, est admirablement rendue dans le sentiment de la beauté éplorée. Une jeune suivante, au teint bistré, est prise d'un effroi invincible dont le peintre a parfaitement su reproduire les symptômes. Les prêtres, les eunuques et les serviteurs représentés dans le fond de la tente, sont vêtus de costumes asiatiques, d'une fantaisie choquante. Le succès qu'obtint cette peinture fut le commencement de la toute-puissance pour Charles Le Brun. Louis XIV le nomma son premier peintre, et augmenta ses attributions de directeur de la manufacture des Gobelins. « Charles Le Brun, dit M. Vitet, devint pendant plus d'un quart de siècle, l'arbitre et le juge suprême de toute les idées d'artiste, le dispensateur de tous les types, le régulateur de toutes les formes. C'est d'après ses modèles que les enfants dessinaient dans les écoles; c'est lui qui donnait aux sculpteurs le dessin de leurs statues; les meubles ne pouvaient être ronds, carrés, ovales que sous son bon plaisir, et les étoffes ne se brochaient que d'après les cartons qu'il faisait tracer sous ses yeux. Il résulta de cette prodigieuse unité d'organisation une espèce de grandeur extraordinaire, un spectacle imposant dont tous les yeux furent éblouis. »

Le Brun établit aux Gobelins une école académique spéciale qu'il plaça sous la direction de son élève Louis Licherie, qui a été un peintre distingué dans la manière de son maître, et que l'académie royale fut heureuse d'accueillir dans son sein, à cause du respect qu'il avait pour son art. Je vous engage à voir dans l'église de Saint-Étienne du Mont le tableau peint par lui, qui représente *les Trois Hiérarchies des Esprits célestes adorant Jéhovah*. Le musée de Rouen possède l'une des meilleures compositions de Licherie, *Saint Joseph s'élevant dans les airs*. Cette peinture curieuse provient de l'église Saint-Lazare à Paris. On remarque dans la partie inférieure une vue de Paris avec la butte Montmartre à gauche, et les silhouettes de la maison et de l'église Saint-Lazare. Licherie et Audran, pour le dessin et la peinture, Lepautre et Coysevox, pour la statuaire et les ornements, se préparaient à être de plus en plus les exécuteurs des conceptions de Charles Le Brun, dont le pouvoir devenait absolu.

Nous sommes arrivés au moment où il convient de se demander si l'omnipotence du premier peintre du roi était une entrave pour les beaux-arts. J'aborderai ce sujet au commencement de ma prochaine leçon, avant de retrouver Mignard et Ch. Le Brun, l'un au Val-de-Grâce, l'autre aux Gobelins et à Versailles. Je terminerai rapidement ainsi l'histoire de ces deux peintres, et j'aborderai le sujet de l'académie royale de sculpture et de peinture.

DIXIÈME LEÇON

Charles Le Brun et Mignard. (Suite.)

J'ai entrepris, dans ma dernière leçon, les études parallèles de Charles Le Brun et de Pierre Mignard. Je me suis interrompu au moment où la faveur de Louis XIV et la protection de Colbert avaient converti en dictature les pouvoirs de Charles Le Brun, premier peintre du roi, conservateur des dessins et tableaux du cabinet de Sa Majesté, directeur suprême des manufactures royales; Le Brun remplissait, en outre, la charge effective de surintendant des bâtiments, dont le premier ministre n'était en réalité que titulaire. Faire l'histoire complète de Le Brun à partir de cette époque, serait faire l'histoire générale des immenses travaux d'architecture, des innombrables ouvrages de peinture et de sculpture exécutés pendant la période la plus brillante du grand règne. Aucune entreprise touchant en quoi que ce soit aux arts du dessin ne s'entamait pour ainsi dire hors de l'avis et de la surveillance du premier peintre du roi ; son génie abondant ne cessait d'être mis à l'épreuve, car il continuait à être chargé de l'exécution des plus beaux morceaux.

Il fut même entraîné à la suite du roi pendant la campagne de Flandre en 1667 ; il voyagea dans le carrosse de Colbert et fut occupé à préparer les entrées triomphales de la jeune reine dans les villes dont la conquête avait été résolue pour la revendication de ses droits. A son retour, Charles Le Brun se consacra plus que jamais aux intérêts de l'Académie et aux travaux de la manufacture des Gobelins ; les métiers de ce grand établissement avaient déjà tissé, d'après ses compositions, les tapisseries si belles et si connues de l'*Entrevue du roi de France et du roi d'Espagne dans l'île des Faisans* ; — de la *Cérémonie du mariage du roi, à Saint-Jean-de-Luz* ; — de la *Satisfaction donnée au roi par le cardinal Chigi, légat du pape, au sujet de l'attentat des Corses contre l'ambassadeur de France* ; — du *Renouvellement d'alliance avec les Suisses*, — et tant d'autres qu'il serait long de citer.

C'est alors que Le Brun peignit les batailles d'Alexandre exposées au Louvre. Le plus grand outrage qu'on puisse faire à ces belles toiles, c'est de persister à les considérer comme de simples cartons de tapisseries ; il est équitable de voir en elles des pages très importantes de notre peinture nationale et de les étudier avec toute l'attention qu'elles méritent, pour discerner les qualités de composition et d'exécution qui en font des œuvres d'un art très élevé.

Le succès de son tableau de la *Tente de Darius* avait suggéré à Le Brun l'idée de peindre les autres grands faits du règne d'Alexandre. Il a mesuré ces compositions à la taille de son héros. Son imagination et sa science ont fait effort ; elles ont donné tout ce qu'elles pouvaient fournir, en laissant à la réflexion le temps nécessaire pour construire de toutes pièces et harmoniser des ensembles colossaux. Il en est résulté que les tableaux d'*Alexandre et Porus* (n° 73), du *Passage du Granique* (n° 70) et de la *Bataille d'Arbelles* (n° 71) sont des œuvres puissantes, capables de supporter une comparaison avec la fresque célèbre de la *Bataille de Constantin*, peinte par Jules Romain d'après les cartons de Raphaël.

La composition d'*Alexandre et Porus* peut être rangée au nombre des chefs-d'œuvre de la grande peinture française. La lutte vient de se terminer entre les Macédoniens et les Indiens, mais le calme n'a pu succéder encore à la tempête; le champ de bataille, qu'on aperçoit dans les arrière-plans de gauche, est actuellement vide; le soleil n'y éclaire plus que des cadavres gigantesques d'éléphants ou de chevaux, des débris de chars et quelques actions isolées entre des groupes épars de combattants. Les soldats, ivres de leur victoire, s'acharnent maintenant après les prisonniers, qu'ils poussent tumultueusement vers leur chef. Alexandre est représenté à cheval, à la tête de ses principaux officiers, au moment où il regagne le camp dont les tentes sont dressées sur un monticule boisé; il s'arrête à la vue de Porus qu'on apporte criblé de coups; il s'adresse au vaincu et son geste indique l'hommage rendu par un héros à l'héroïsme malheureux. On remarquera la savante anatomie du groupe des prisonniers, nus pour la plupart, et le beau dessin du cavalier vu de dos, qui entraîne un captif lié à la croupe de sa monture. Le peintre a surtout très heureusement traité le groupe de

Porus; il a noyé la figure mâle et expressive du chef dans une pénombre lugubre, tandis qu'un rayon de lumière joue sur le manteau blanc du mourant et sur les armes des soldats qui soutiennent son corps.

Le *Passage du Granique* ne présente pas un développement d'action aussi considérable ou du moins aussi intéressant dans toute l'étendue du tableau; l'attention se concentre sur l'épisode d'Alexandre attaqué par un gros d'ennemis, au moment où il atteint, le premier, la rive occupée par les Perses. Le Brun a su parfaitement donner à Alexandre l'expression inconsciente et l'attitude décidée du chef qui s'élance sans tenir compte du danger; il donne l'exemple, montre le chemin de l'attaque et semble étranger au combat qui se livre autour de lui pour défendre sa personne.

La *Bataille d'Arbelles*, au contraire, donne l'impression du mouvement et de la mêlée; l'œil n'est arrêté nulle part; Darius, dans son char de commandement, et Alexandre, sur son cheval, font seuls reconnaître les deux armées en présence, tant les rangs des combattants sont confondus. Ce tableau n'a pour ainsi dire pas de premier plan : car celui-ci, laissé intentionnellement dans l'ombre, n'est guère intéressant que par la belle figure du Perse qui fuit et semble s'élancer hors du cadre. Le Brun n'a pas voulu cependant négliger l'intérêt épisodique; il l'a seulement subordonné au caractère général de la composition; il a choisi l'instant caractéristique de la bataille où, suivant le récit de Quinte-Curce, un aigle vint planer, en signe de victoire, au-dessus de la tête d'Alexandre; à la façon de Poussin, il a créé l'illusion du mouvement par l'éparpillement des lumières.

Ces trois immenses toiles, qui se mesurent chacune par 5 mètres de hauteur sur une longueur variant de 10 à 12 mètres, sont placées en mauvaise lumière dans le vestibule de la salle des États généraux au Louvre; elles sont aussi accrochées trop haut. Quoi qu'il en soit, et en se donnant un peu de peine, on reconnaît la chaleur du coloris et l'énergie du dessin à travers les noirs qui ont tout envahi. Le souvenir des fresques italiennes s'est souvent imposé à Le Brun dans la composition et dans la tenue de ces tableaux, remplis de détails qui font honneur à son érudition. Il serait long d'y compter les figures où la manière de Poussin se retrouve en traits singulièrement agrandis, mais fidèles, soit dans le caractère des figures, soit dans le dessin et la coloration des nus.

La justesse de cette dernière observation est encore vérifiée par l'examen du tableau de l'*Entrée d'Alexandre à Babylone* (n° 74); les trois esclaves du premier plan qui portent sur une civière un vase précieux, aussi bien que les femmes et les enfants groupés dans l'angle de gauche, paraissent être des figures originales de Poussin. Le mérite spécial de cette composition consiste dans ses allures pompeusement décoratives; le cadre est presque rempli par l'immense char d'or et d'ivoire sur lequel Alexandre se fait traîner par deux éléphants richement caparaçonnés; mais ce cérémonial du triomphe est si grandiosement présenté et si bien à sa place au milieu d'un décor d'architecture opulente, que l'aspect magistral du tout fait oublier l'énormité des masses;

les accessoires sont d'ailleurs traités avec une richesse d'invention prodigieuse, et des détails charmants sont semés çà et là pour atténuer la solennité un peu sèche du sujet; ainsi, je recommande le ravissant thuriféraire aux cheveux blonds et à la tunique bleue de ciel que le peintre a gracieusement posé sur un des éléphants du char, et la figure non moins agréable du joueur de luth qui précède le cortège.

Le reproche le plus général qu'on puisse faire à Le Brun, c'est le défaut de lumière. Son coloris est mat. Soit qu'il atténue ses teintes par impuissance primitive à se défaire tout à fait des pâleurs de Vouet ou par volonté d'atteindre au charme de Le Sueur, soit qu'il force ses tons en vigueur et en fermeté comme dans les batailles d'Alexandre, il reste trop uniforme et manque de fraîcheur; l'usage des reflets l'intimide ou lui est inconnu, et il devient flou; ses tableaux ne sont pas assez à l'effet, c'est-à-dire qu'il ne sait pas se servir des lumières pour mettre les différents plans en valeur; ses draperies sont souvent très bien traitées, au point de vue du dessin et de l'intelligence des dessous, mais les plis ne se renflent pas assez ou ne se creusent pas suffisamment par la façon dont ils sont peints.

Le Brun est un compositeur savant et fécond, un dessinateur correct et consciencieux, un arrangeur hardi et mesuré; mais il ne possède pas les qualités d'un coloriste; il est regrettable qu'il n'ait pas été les acquérir à Venise pendant son séjour en Italie. On l'a souvent accusé d'être théâtral et emphathique; j'accorde qu'il ait justifié ce grief dans les décorations du palais de Versailles, où les exigences du milieu et l'atmosphère de la cour entravaient sa liberté ainsi que ses aspirations d'artiste et d'académicien ; mais je crois qu'on lui adresse en cela un reproche qui convient surtout à ceux de ses concitoyens ou de ses élèves qui ont été associés aux grands travaux de peinture du dix-septième siècle. Ces peintres devaient obéir à ses ordres, faire preuve d'une productivité et d'une prestesse presque égales aux siennes, sans qu'ils fussent aussi bien doués que lui ; ils étaient réduits, par conséquent, à annihiler leurs individualités.

La décadence de notre peinture nationale, après Le Brun, provient moins de l'impulsion donnée par l'exemple de son œuvre que des allures imposées à l'art en général par la cour de Versailles. Ch. Le Brun, ainsi qu'on peut en juger par la comparaison entre ses premières et ses dernières peintures, a été la principale victime d'un état de choses contraire au progrès. Pendant la seconde moitié de son cours, le dix-septième siècle a fécondé un sol préparé par l'affermissement du principe monarchique et les progrès de la langue. La nation tout entière paraissait se concentrer dans la personnalité d'un grand roi, dans une cour aux mœurs élégantes qui respectait et entretenait le prestige du trône. Versailles avait donné l'élan vers les découvertes scientifiques et vers les beaux-arts ; ceux-ci avaient puisé un élément de grandeur dans l'esprit religieux du temps et le culte de l'antiquité. La mythologie, les temps héroïques, l'histoire ancienne profane et sacrée inspiraient les sculpteurs et les peintres imbus des leçons italiennes. Mais l'esprit public, c'est-à-dire celui de la cour ou mieux encore celui du roi, perdait peu à peu la notion du possible, au milieu de tant d'impossibilités vaincues par les grands génies éclos de toutes parts. Les ministres et les conseillers du grand roi avaient trop de peine à ramener celui-ci dans les voies de la sagesse et de la modération, lorsque l'administration politique du royaume l'exigeait, pour rien tenter de semblable dans la direction de l'art, qui devenait de plus en plus le luxe suprême de la couronne. Notre école de peinture fut mise à une épreuve qui restera son éternel honneur; elle ne voulut pas se laisser épuiser; ses conceptions demeurèrent nobles et belles. En dehors de maîtres tels que Poussin, Le Sueur, Le Brun et Mignard, elle se maintint à un niveau où les défaillances ne pouvaient dépendre que d'une exécution inférieure au choix du sujet et à l'inspiration. La peinture familière ou fantaisiste, qui est souvent la révélation de l'impuissance des artistes, ne s'annonçait pas encore. Les cérémonies de la cour, les faits de guerre rendus avec leurs détails, les vues des résidences royales, donnèrent bien naissance à la peinture officielle; mais Colbert comprit que ces sujets spéciaux exigeaient des qualités de reproduction rigoureuse surtout à la portée des peintres de l'école flamande. Van der Meulen fut alors appelé de Bruxelles, et on lui adjoignit plus tard Martin l'aîné, ancien dessinateur attaché à la personne de Vauban. Van der Meulen a aidé Le Brun dans l'exécution de ses tableaux des *Batailles d'Alexandre;* les chevaux spécialement y ont été peints par lui.

Pendant que Le Brun exécutait ces grandes compositions sur lesquelles je n'aurai plus à revenir, Louis XIV avait fait commencer les constructions de Versailles et s'occupait des embellissements du Louvre, dont la colonnade était sur le point d'être achevée. Le Brun fut naturellement appelé pour diriger l'ornementation de ces palais ; il composa les dessins d'après lesquels Noël Coypel, dont je parlerai plus tard avec quelque détail, entreprit dans les Tuileries la décoration de la salle des machines ; cet artiste s'y est rendu personnellement célèbre par les peintures du plafond.

Le Brun fut chargé à la même époque de décorer la galerie d'Apollon, rebâtie après l'incendie de 1661 ; il fit tous les dessins du projet, mais ne put les exécuter en totalité : car Louis XIV ne rêvait plus que Versailles, et c'est à la magnificence de cette nouvelle résidence qu'il voulut consacrer les talents et le génie de son premier peintre. La seule peinture importante de Le Brun qui ait été placée dans la galerie d'Apollon et qui s'y voit encore, c'est le *Réveil des Eaux*, dans la voussure au-dessus de la fenêtre qui s'ouvre sur le balcon ; Neptune et Amphitrite sont représentés sur un char traîné par des chevaux marins au milieu d'un cortège de Tritons et de Néréides ; la composition est noble et pleine de féerie. Si je n'avais pas à faire dans peu d'instants l'éloge de Mignard à propos de ses peintures du Val-de-Grâce, j'hésiterais à parler d'un de ses tableaux que le Louvre renferme (n° 357), et qui, sous le titre de *Neptune offrant ses richesses à la France*, reproduit à peu près le sujet de la peinture de Charles Le Brun ; je ne peux y voir qu'une décoration banale et insipide à côté de la belle ordonnance du *Réveil des Eaux*. C'est un défilé de carnaval à comparer avec un véritable triomphe mythologique ; la seule excuse à la faiblesse de cette œuvre peut être trouvée dans l'âge avancé de Mignard, qui l'exécuta en 1687.

Les autres compositions terminées par Le Brun dans la galerie d'Apollon n'ont pas grande importance; elles sont de forme octogone et représentent l'une le *Soir* ou *Morphée* sous les traits d'un vieillard ailé tenant des pavots, l'autre la *Lune* ou *Diane*. Les dessins que Le Brun avait préparés ont été conservés par le burin de Saint-André ou frère André, dominicain du noviciat des Jacobins et peintre médiocre de la fin du dix-septième siècle, dont l'église Sainte-Marguerite à Paris possède une *Apothéose de saint Vincent de Paul*. Les gravures du frère André et les croquis de Le Brun ont servi pour l'achèvement des peintures décoratives de la galerie d'Apollon, de 1848 à 1851, sous la direction de M. Duban; c'est d'après eux que M. Müller a peint l'*Aurore* et que M. Joseph Guichard a composé, dans la voussure au-dessus de la grille, le *Triomphe de la Terre ou de Cybèle*. Le tableau central du plafond a été exécuté par Eugène Delacroix; cette peinture célèbre représente *Apollon vainqueur du serpent Python*, et occupe la place où Le Brun devait faire voir *Apollon, dieu du jour, au milieu de sa carrière*.

J'abandonnerai Ch. Le Brun au moment où il va commencer à diriger sérieusement les travaux de Versailles, dont le gros œuvre vient d'être achevé; il s'est réservé la décoration du grand escalier dit des Ambassadeurs, de la grande galerie, et des salons de la Guerre et de la Paix; pour les autres appartements, il s'est assuré l'aide du sculpteur Coysevox, des peintres Noël Coypel, Audran, Bouasse, Jouvenet, de la Fosse, et de bien d'autres, parmi lesquels je citerai encore Verdier, l'un de ses meilleurs élèves, et son neveu par alliance. Le Louvre possède une *Assomption de la Vierge* (n° 590) attribuée à ce maître, qui s'est toujours efforcé d'imiter la manière de Le Brun.

Tout en préparant ces immenses travaux, en peignant l'escalier et en surveillant les artistes placés sous sa direction, Le Brun trouva encore le temps de décorer le château de Sceaux pour M. de Colbert, et de composer pour l'ornementation extérieure de la résidence royale de Marly des perspectives architecturales peintes pour quatre grands panneaux, dans le style de celles de l'escalier des Ambassadeurs. L'académie romaine de Saint-Luc l'avait élevé au rang de l'un de ses princes, c'est-à-dire de l'un de ses directeurs ; son nom était universellement célèbre et il était au point culminant de sa gloire d'artiste. Il n'avait jamais abandonné la peinture de chevalet, et c'est à cette époque de sa vie, vers l'année 1678, qu'il convient d'attribuer la belle *Résurrection* du Musée de Lyon. Ce tableau, où Louis XIV est représenté à côté de Colbert, tenant un coin du linceul du Christ, provient de l'ancienne église du Saint-Sépulcre à Paris, et son histoire est assez curieuse pour être racontée. Le corps des merciers avait prêté de l'argent au roi pour la campagne de la Franche-Comté en 1674. La somme fut rendue peu d'années après avec une autre en présent, et Colbert fit savoir que l'intention du roi était que le montant de ce don fût employé à la décoration de la chapelle du corps des merciers et à des prières pour Sa Majesté. On résolut, en conséquence, de consacrer une partie de l'argent à un tableau qu'on placerait au maître-autel de l'église, et Colbert choisit Le Brun pour l'exécution du travail.

Les derniers mots que j'ai consacrés à Pierre Mignard étaient pour montrer que le sort avait enfin commencé à lui prodiguer ses faveurs, et qu'il allait ressentir les effets de la protection de la reine mère; celle-ci le chargea, en 1663, de peindre la coupole de l'église du Val-de-Grâce, qui venait d'être achevée. Cette grande fresque plafonnante, qui comprend plus de deux cents figures, fut terminée, dit-on, en moins d'un an et sans l'aide d'aucun collaborateur; quoi qu'il en soit, elle a conquis une juste célébrité pour son auteur. Elle est, depuis l'incendie du château de Saint-Cloud, le seul travail important de Mignard qui subsiste. Il y a représenté le Paradis avec tous les saints personnages du catholicisme. Je m'imagine que Mignard, enflammé par le succès de ses peintures mythologiques de l'hôtel d''Erval, auxquelles l'opinion publique avait décerné les mêmes éloges qu'à celles de Le Brun dans l'hôtel Lambert, voulut être aussi l'égal de celui-ci dans le grand art religieux. Il se piqua de remporter une victoire comparable à celle de Le Brun après ses peintures de la voûte du séminaire de Saint-Sulpice. Il saisissait d'ailleurs l'occasion d'une double flatterie à l'adresse d'Anne d'Autriche : il se préparait à représenter la reine mère offrant à Dieu le nouveau temple pour le remercier de la naissance de Louis XIV; de plus, il allait dédier une grande page de sainteté à sa royale protectrice, dont la piété rigide avait fait effacer par milliers les nudités lubriques peintes dans les demeures royales par les artistes de la cour des Valois et de l'école de Fontainebleau. La fresque de Le Brun a malheureusement péri avec l'ancien séminaire de Saint-Sulpice, rasé en 1803 pour former la place actuelle ; mais les descriptions du temps donnent une idée de ce qu'elle devait être. La voûte était d'une grande étendue ; on y voyait le Père Eternel au milieu des anges et des esprits célestes, accueillant dans sa gloire la sainte Vierge portée sur les nuages. Le Brun avait groupé tout autour, dans des attitudes d'humilité et d'adoration, les Pères de l'église grecque qui ont assisté au concile d'Éphèse pour proclamer Marie mère de Dieu, avec ceux de l'Église latine qui ont soutenu ce dogme dans leurs écrits.

Pierre Mignard a disposé sa composition d'une manière analogue : au sommet de la coupole, et sur un trône de nuées sont les trois personnes de la Sainte Trinité ; le Père tient dans sa main gauche le globe symbolique du monde, et bénit, de la droite, la longue file des élus que le Fils lui présente. Le Saint-Esprit plane au-dessus du Père et du Fils. Dans le cercle lumineux qui les environne, on aperçoit le chœur des anges et un nombre infini de chérubins, chantant les louanges de Dieu. Au-dessous de ce motif central et à la base de la coupole, l'Agneau sacré est placé sur le socle du chandelier à sept branches, entre quatre anges adorateurs et thuriféraires ; un autre ange vole en élevant dans ses mains le livre scellé des sept sceaux, où sont inscrits les noms des élus. Plus haut, au pied de la Sainte Trinité, cinq esprits célestes soutiennent la croix entre la Vierge agenouillée et saint Jean-Baptiste assis ; derrière la Vierge, on remarque, dans un groupe de saintes femmes, Marie Madeleine et sainte Véronique avec la sainte face ; la deuxième zone figurative de l'ensemble entre le sommet et la base de la voûte à droite et à gauche de la croix, au delà de saint Jean-Baptiste et de la Vierge, renferme l'archange saint Michel planant l'épée flamboyante à la main, avec un génie qui porte la balance de la justice divine, et des anges sonnant de la trompette. Au premier plan, c'est-à-dire au pourtour de la retombée, Mignard a réparti sur des nuages plus opaques et plus serrés des groupes, dont les personnages ont environ 2^m 50 de taille ; ce sont, à droite du chandelier à sept branches : saint Jérôme et saint Ambroise ; à gauche : saint Augustin et saint Grégoire ; puis saint Louis couvert du manteau fleurdelysé et s'agenouillant en regardant le ciel, pendant qu'Anne d'Autriche, soutenue par sainte Anne, dépose sa couronne et présente à Dieu le modèle de l'église qu'elle vient de fonder. Derrière saint Ambroise et saint Jérôme, on voit les apôtres, les saints confesseurs, les martyrs, les fondateurs d'ordres ; puis Moïse, Aaron, David, Abraham, Josué, Jonas. Viennent ensuite, en une réunion de véritables *mignardes*, les vierges parmi lesquelles la figure principale de sainte Cécile est désignée par son luth, celle de sainte Agnès par son agneau, et celle de sainte Claire par son habit de religieuse, ainsi que par le Saint-Sacrement qu'elle présente ; on distingue aussi sainte Catherine, sainte Thérèse et sainte Scolastique. Tel est ce prodigieux ensemble exécuté avec un brio à nul autre pareil.

Mignard a visé à l'effet, il a voulu se tenir dans les tons clairs et mats à la fois, introduits par les fresquistes italiens tels que Romanelli ; mais il n'a pas atteint son but ; il est arrivé à l'ampleur dans la composition, à la correction relative dans le dessin ; mais ses couleurs sont aussi fausses que ses expressions sont uniformément fades ; il n'a pas su combiner ses masses, et ses groupes manquent de liaison zonale et symétrique. L'aspect général est confus par suite de la mauvaise disposition de la lumière, répandue presque également sur toutes les parties. Cette vaste peinture a peu souffert ; l'humidité l'a seulement couverte d'une sorte de mouchetage que nos meilleurs restaurateurs se refusent à faire disparaître ; un nettoyage n'est pas possible sans danger sérieux : car Mignard a employé une espèce de pastel pour terminer son travail ; des portions importantes de la composition paraissent même devoir tout leur effet à cette poussière colorée à laquelle il est, par conséquent, prudent de ne pas toucher.

Si Mignard n'a pas laissé au Val-de-Grâce une œuvre irréprochable, il y a fait preuve, à défaut de génie, d'une surprenante habileté ; il est l'aïeul et le coryphée de cette nombreuse famille de peintres français qui ont su, depuis lui, jeter de la poudre aux yeux du public, mais dont les artifices ne peuvent être acceptés comme une ressource de l'art véritable. Ch. Le Brun ne pouvant être ni Raphaël ni Poussin, a tenté d'être un Carrache ; Mignard ne s'est même pas demandé ce qu'il pourrait être, et il reste en face de son émule ce que le Josepin a pu être par rapport au Guide et aux Carrache. La critique ne doit pas exalter outre mesure cette œuvre de pratique et d'imagination ; autrement elle risquerait de faire confondre l'ingéniosité avec le génie.

Les chroniques sont muettes sur l'accueil que Charles Le Brun fit à la peinture de Mignard dans le Val-de-Grâce ; le succès de son ennemi jaloux semble l'avoir laissé personnellement aussi froid que ses continuelles attaques l'avaient toujours trouvé. L'amour-propre est une qualité essentielle à l'artiste ; chez Le Brun, ce sentiment a été très désintéressé : car peu après l'achèvement des travaux de Mignard au Val-de-Grâce, il fit désigner celui-ci pour peindre un plafond dans l'appartement du grand maître de l'artillerie à l'Arsenal, et pour décorer la chapelle des fonts baptismaux de l'église Saint-Eustache. Ces dernières peintures, qui comprenaient une coupole avec la représentation du *Père Éternel*, porté par des anges, et deux tableaux, l'un de la *Circoncision*, l'autre du *Baptême de Jésus-Christ par saint Jean*, étaient, dit-on, exécutées d'une manière fort agréable ; mais elles étaient déjà détériorées jusqu'à un effacement presque complet, au commencement du dix-huitième siècle.

Pierre Mignard n'avait pas plus abandonné sa spécialité de portraitiste, que la vogue ne s'était fatiguée de ses ouvrages dans ce genre ; il était toujours apprécié à la cour, et le roi ne se lassait pas de se faire peindre par lui. Pendant une des séances qu'il lui accorda à son retour de la campagne de 1677, pendant laquelle Le Brun et Van der Meulen l'avaient suivi, Louis XIV demanda à Mignard s'il le trouvait vieilli : *Je trouve quelques victoires de plus gravées sur vos traits*, lui répondit le peintre ; c'est ainsi que sa parole et son pinceau flattaient à l'envi ceux dont il tenait à conserver ou à préparer les faveurs.

Il venait de faire le portrait de Turenne et de décorer les petits appartements de l'hôtel d'Épernon, quand Monsieur, frère du roi, le chargea de peindre la galerie de son château de Saint-Cloud, ainsi que les pièces attenantes. Il se mit immédiatement à l'ouvrage, et entreprit les plus belles peintures qui soient sorties de sa brosse, à l'époque même où Charles Le Brun commençait, en 1679, dans la grande galerie de Versailles, la série des compositions qui forment, par contre, la partie la plus faible de son œuvre au point de vue de l'art pur.

Mignard avait représenté au plafond de la galerie de Saint-Cloud, le *Char du soleil accompagné par les saisons;* dans les salons voisins, il avait choisi pour sujets les *Amours de Mars et de Vénus* et le *Triomphe de Diane.* Ces belles décorations, qui firent l'admiration de Louis XIV et de sa cour, ont péri lors de l'incendie de Saint-Cloud par les soldats allemands en 1871 ; la gravure suffit à retracer les charmes de la composition, et le témoignage de ceux qui les ont vues est unanime pour vanter la magie du coloris éblouissant que Mignard y avait introduit ; il s'était surpassé lui-même dans cette occasion offerte d'imposer enfin sa personnalité et de se faire désigner, lui aussi, pour peindre à Versailles. Il dut cependant attendre la mort de Colbert, qui survint en 1683, avant d'être proposé au roi par M. de Louvois, qui avait hérité de la charge de surintendant des bâtiments et qui n'aimait pas Le Brun. Louis XIV accepta ses offres de service et le chargea des peintures de ses petits appartements.

La petite galerie et les deux salons à la suite, décorés à Versailles par Mignard, ont été dénaturés en 1736 par l'installation des logements de Madame Adélaïde, fille de Louis XV. Dans le plafond du premier salon, Mignard avait représenté *Apollon sur son char* et *Prométhée se dérobant au courroux de Jupiter;* dans celui de la petite galerie, il avait peint *Apollon et Minerve récompensant les sciences et les arts;* — *la Prévoyance et le Secret;* — *la Vigilance et Mercure;* enfin le plafond du deuxième salon montrait *Jupiter, au milieu de l'Olympe, admirant Pandore présentée par Vulcain.* Mignard avait encore trouvé là le moyen d'agir en courtisan spirituel; il avait pris pour les modèles de ses figures féminines les plus belles dames de la cour; ainsi, la princesse de Conti paraissait avec les attributs de Minerve, et le personnage de Pandore avait les traits de Mme de Feuquières, fille de Mignard; les mauvaises langues du temps ont prétendu qu'il n'aurait pas été fâché de voir le roi remarquer Mme de Feuquières d'une façon aussi engageante qu'il avait fait regarder Pandore par Jupiter, dans sa peinture des petits appartements.

Pendant ces années qui virent le succès des intrigues de Mignard, Charles Le Brun s'absorbait dans les grandes allégories de Versailles, où son pinceau devait animer tout un monde de figures symboliques, pour écrire l'histoire parlante de Louis XIV, depuis la paix des Pyrénées jusqu'au traité de Nimègue, c'est-à-dire pendant une période de près de trente ans. La série gigantesque des peintures de la grande galerie, réparties dans neuf grands tableaux et dix-huit petits, était achevée aux deux tiers, quand Colbert mourut, en 1683. Je n'ai ni l'intention ni surtout le temps de décrire un à un tous les morceaux de la plus grande épopée peinte qui existe ; je signalerai seulement les principaux.

Le tableau du milieu, qui domine tout l'ensemble, est divisé en deux parties : la première porte pour titre : *le Roi gouverne par lui-même.* Louis XIV est représenté à la fleur de son âge, assis sur son trône et la main droite posée sur un gouvernail ; il a autour de lui Minerve, Mars, les Grâces et la Tranquillité qui tient une grenade, emblème de l'union des peuples sous l'autorité royale. On voit, à gauche, une belle figure assise de la France écrasant la Discorde sous son bouclier. Plus bas sont les Jeux et les Plaisirs représentés par des génies. Dans les airs, la Gloire fait briller aux yeux du jeune monarque une couronne enrichie d'étoiles d'or, et les dieux de l'Olympe assemblés envoient Mercure annoncer à tout l'univers l'émancipation de Louis XIV, ainsi que son mariage, symbolisé par la figure de l'Hyménée dont le flambeau éclaire les trois Grâces. Cette allégorie compliquée, qui déborde jusque sur les motifs sculptés et dorés de son cadre, signifie que c'est au milieu des plaisirs, et dans le sein de la paix, que le roi prit la résolution de gouverner par lui-même. L'autre partie du tableau a pour titre : *Fastes des puissances voisines de la France.* L'Allemagne y est représentée avec son aigle et la couronne impériale, entre la Hollande qui tient Thétis enchaînée, et l'Espagne assise sur un lion qui dévore un Indien, tandis que le génie de l'Ambition agite au-dessus d'elle une torche incendiaire. Cette double composition, avec les deux qui sont placées dans les cintres des extrémités de la galerie et qui représentent, l'une l'*Alliance de l'Allemagne et de l'Espagne avec la Hollande en* 1672, l'autre *la Hollande acceptant la paix et se séparant de ses deux alliées*, forme la partie la plus recommandable de cette décoration ; Le Brun y a prodigué les tours de force d'une composition robuste et d'une fécondité prodigieuse d'invention ; l'ampleur de cet étalage ornemental et attributif ne détruit en rien l'harmonie des groupes ; chaque figure y conserve son intérêt spécial et laisse deviner aisément le sens emblématique de sa présence.

Les quatre sujets accouplés deux par deux de la *Prise de Maëstricht* et du *Passage du Rhin,* des *Mesures des Espagnoles rompues par la prise de Gand* et de la *Prise de la ville et de la citadelle de Gand en six jours,* font voir Louis XIV lançant la foudre du haut de son char de victoire et franchissant le fleuve avec Minerve et Hercule ; arrachant la couronne du front de l'Europe et répandant la terreur de son glaive vainqueur depuis Maëstricht jusqu'aux rivages de la Martinique ; entraîné sur un aigle rapide au-dessus des villes d'Ypres, de Gand, de Valenciennes et de Cambrai, représentées par des figures de femmes terrassées, et atteignant jusqu'aux colonnes d'Hercule, au pied desquelles l'Espagne drapée de pourpre se renverse sur les ruines de sa puissance ; le tout au milieu de Victoires ailées qui parcourent le ciel, de symboles figuratifs, de divinités de la terre, du ciel et des eaux dont le nombre et l'enchevêtrement finissent par produire une confusion fantastique.

Les quatre derniers grands tableaux : la *Résolution de*

châtier les Hollandais; — *le Roi attaque sur terre et sur mer;* — la *Conquête de la Franche-Comté* et le *Roi donnant l'ordre d'attaquer en même temps quatre des plus fortes places de la Hollande,* ressemblent, par leur ordonnance, à ces beaux frontispices qu'on trouve en tête des livres de luxe du dix-septième siècle. Le Brun a invariablement représenté Louis XIV habillé à l'antique, debout ou assis au milieu de la composition; il délibère avec Minerve, Mars et la Justice; ou bien il donne ses ordres de tous côtés pendant que la Prévoyance, assise à côté de lui sur un nuage, lui prodigue ses conseils et que Neptune montre les vaisseaux prêts à mettre à la voile. Le quatrième de ces tableaux est moins allégorique, et par conséquent plus important; c'est un *Conseil de guerre entre le Roi, le duc d'Orléans, le prince de Condé et le maréchal de Turenne.* Ces personnages sont tous d'une ressemblance remarquable.

Les dix-huit petits tableaux qui complètent l'ensemble sont répartis dans douze médaillons ovales de différentes grandeurs, placés sur les retombées de la voûte, et dans six camaïeux octogones, peints en bleu sur fond d'or, alignés le long du bandeau ou de l'axe longitudinal. Parmi les médaillons, je citerai, comme sujet curieux, celui qui a pour titre *la Fureur des Duels arrêtée;* on y voit une belle figure de la Justice séparant des duellistes, dont l'un est arrêté par la police du royaume sous les traits d'un licteur.

Je ne ferai que mentionner les peintures des deux salons de la Guerre et de la Paix placées aux extrémités de la grande galerie; dans le premier, le tableau du plafond présente la *France* au milieu des nuages et tenant d'une main la foudre, de l'autre un bouclier sur lequel est l'image du roi ; elle est environnée d'un cercle de victoires qui indiquent les succès des armées françaises, principalement en Allemagne ; sur le cintre, opposé aux appartements du roi, est *Bellone* en fureur qui foule aux pieds des armures et des hommes ; dans les trois autres cintres sont les trois puissances qui se sont liguées contre la France : l'*Allemagne*, la *Hollande* et l'*Espagne*.

Sur le plafond ovale du salon de la Paix, la *France*, couronnée par l'immortalité, est dans un char porté sur les nuages ; elle ordonne à la Paix, qui tient un caducée, et à l'Abondance de répandre partout leurs bienfaits. Dans l'un des cintres est représentée l'*Europe chrétienne en paix* ; dans les trois autres, l'*Allemagne* et l'*Espagne* reçoivent avec reconnaissance les rameaux d'olivier que leur apportent un Génie et un Amour ; la *Hollande* à genoux offre avec respect, sur un bouclier, les dernières flèches qui lui restent.

Malgré mon envie contraire, j'ai insisté un peu longuement sur ces peintures ; j'ai cherché à montrer l'immense variété de leurs sujets et la multiplicité des figures ou des groupes que l'œil est appelé à définir ; c'est que leur mérite est tout entier dans l'invention collective ; le goût y fait souvent défaut, si on les envisage isolément. Ch. Le Brun a été amené malgré lui à créer dans la grande galerie de Versailles le véritable genre qui convenait au règne fastueux de Louis XIV : la peinture décorative jointe à la sculpture ornementale. Ses compositions ont certainement des allures qui rappellent le style d'Annibal Carrache ; mais il lui a fallu être plus maniéré et souvent plus froid que son modèle ; son coloris blafard manque de relief ; c'est décoratif, flatteur comme effet d'ensemble, mais voilà tout.

Il faut discerner trois hommes dans Le Brun ; le décorateur habile et fécond, ainsi que Versailles le présente à nous ; le peintre de sentiment qui s'est ému devant Raphaël et s'est instruit auprès de Poussin ; l'académicien français qui, dans ses grands tableaux des batailles d'Alexandre, a voulu poser en principe l'alliance du grand et du beau, du naturel et du grandiose. Il fallait être multiple à cette époque, où le caprice royal mêlait des pasquinades de ballets aux plus grands appareils du prestige national. Le Brun a exécuté les peintures de Versailles très peu d'années après avoir fondé et inauguré les conférences académiques par un discours sur le *saint Michel* de Raphaël, par un autre sur l'*œuvre de Poussin*, par des dissertations sur *la physionomie humaine* et sur *les passions de l'âme*. Le Brun a été courtisan du grand art avant d'être contraint à le devenir du grand roi. Il faut se garder de le juger seulement par ses peintures décoratives ; autant vaudrait oublier *Britannicus* ou *Athalie* et ne juger Racine que par ses odes de *la Nymphe de la Seine* ou de *la Renommée aux Muses* écrites en l'honneur de la majesté royale ; autant vaudrait aussi ne connaître Molière que par ses pièces *la Princesse d'Élide* ou *Psyché*, dans lesquelles il fut obligé, pour plaire à celui qui avait protégé ses œuvres les plus sérieuses, de s'attacher aux beautés ainsi qu'à la pompe du spectacle plutôt qu'à la versification et à la peinture des sentiments ou des caractères. Après avoir déploré l'emploi auquel les nobles aptitudes de Le Brun ont été employées parfois, on aime à constater la rédondance pompeuse avec laquelle il a mis en scène l'allégorie que ses prédécesseurs avaient timidement abordée ; s'il a bourré son style de mots creux et d'images forcées, il a fait sonner sa diction et scandé ses rhythmes artificiels de cette voix tonnante que les foules écoutent, en croyant qu'il suffit de faire rimer *guerrier* avec *laurier* pour composer le plus beau des poèmes sur la gloire militaire.

L'art du peintre décorateur, au sein des apparats du dix-septième siècle, devait être celui d'un enchanteur épique, comme plus tard il a consisté, dans les boudoirs du dix-huitième siècle, à être un charmeur galant. Ch. Le Brun s'est soumis à son rôle de circonstance ; il a fait une concession à son époque. L'indépendance personnelle devrait être la première vertu de l'artiste qui veut imposer son exemple ; mais la condescendance de Le Brun aux entraînements de son temps, qui étaient ceux de l'esprit public, a été excusée depuis lui par la blâmable soumission des peintres aux caprices de la mode, qui n'est qu'une déviation fantaisiste et transitoire du génie national.

Je pourrais arrêter ici l'histoire des existences artistiques de Ch. Le Brun et de Pierre Mignard : car la description de leurs œuvres est pour ainsi dire terminée ; mais leurs personnalités sont trop éminentes, pour que j'hésite à retracer en quelques mots les derniers épisodes de la vie de chacun.

Après l'achèvement des peintures de la grande galerie de Versailles, Ch. Le Brun fit son propre portrait pour le grand-duc de Toscane qui le lui avait demandé ; il commença ensuite le projet du monument funéraire de Colbert dans l'église Saint-Eustache. Les intrigues de Mignard, dont la jalousie invincible faisait résonner les échos de Versailles, vinrent l'interrompre dans ce travail. Messieurs de Lorraine, amis de Mignard, s'étaient entendus avec Louvois, pour offrir au roi un tableau de leur protégé turbulent. Louis XIV fit bon accueil à cette toile, qui est aujourd'hui au Louvre sous le n° 350 et qui représente *Jésus sur le chemin du Calvaire ;* mais les cabalistes exagérèrent tellement la valeur de cette peinture et le récit des éloges que le roi lui avait accordés, que ce dernier, désireux de montrer que son amitié n'était pas retirée à Le Brun, lui conseilla d'entreprendre immédiatement un tableau à opposer à celui de son rival. Ch. Le Brun choisit pour sujet l'*Élévation en croix,* et en moins de trois mois il avait terminé la composition que notre musée national possède également (n° 64).

Les conservateurs du Louvre ont placé ces deux tableaux l'un près de l'autre, afin qu'on puisse en faire aisément la comparaison. Celui de Le Brun est incontestablement le meilleur ; les figures d'hommes sont traitées dans le style de Poussin ; celles des femmes ont cette grâce correcte qui appartient tout entière à Le Brun, mais par laquelle il se rapproche quelquefois de Le Sueur. Il est intéressant de considérer simultanément les groupes de femmes et d'enfants qui se trouvent au premier plan de chacune des compositions ; les expressions données par Mignard sont moins naturellement séduisantes et d'une naïveté plus empruntée. Le Brun a mis du luisant et du fini dans sa couleur pour se tenir dans la gamme des tons de Mignard. Les draperies du premier sont larges et moelleuses; celles du second sont chiffonnées et raides.

Louis XIV se dérangea du conseil pour aller examiner l'œuvre de Le Brun, dont on était venu lui annoncer l'arrivée, et il se fit un plaisir de la vanter hautement; la cour se partagea en deux camps d'opinions opposées. M. de Chantelou, l'ancien ami de Poussin, fut consulté, et il dit que les ouvrages de Ch. Le Brun renfermaient assez de beautés différentes pour qu'on ne pût lui opposer d'autre rival que lui-même.

Ceci se passait en 1685. A partir de cette époque, on vit Ch. Le Brun paraître de moins en moins à la cour; la lassitude était venue avec la vieillesse; il peignait toujours, mais sortait peu de sa retraite de Montmorency où la maladie vint le surprendre. Il fallut bientôt le ramener à Paris dans son logement des Gobelins, et c'est là qu'il expira le 12 février 1690, à l'âge de 71 ans, malgré les soins des médecins du roi et malgré la sollicitude du prince de Condé, qui venait souvent le visiter.

Le peintre ami de Louis XIV, de Bossuet et de Racine fut regretté comme il le méritait par l'académie royale de peinture et de sculpture, qui s'assembla extraordinairement, par convocation générale, le jour de sa mort, et qui n'admit ensuite Mignard dans son sein qu'en faisant répondre aux ordres transmis par M. de Louvois « qu'elle obéissait avec respect aux volontés de Sa Majesté. »

Mignard avait été nommé premier peintre du roi, et quand il fut question, en 1694, de la décoration intérieure de l'église des Invalides, il composa un projet général que son grand âge ne lui permit pas d'exécuter. Il mourut à 85 ans, le 13 mai 1695. Le roi l'honora de ses regrets et supprima la charge de « premier peintre ». Parmi ses derniers ouvrages, le Louvre a recueilli un portrait de madame de Maintenon en sainte Françoise (n° 359), et un tableau de *Saint Luc peignant la Vierge*, où Mignard s'est représenté debout derrière le saint (n° 353).

Mignard n'a pas formé précisément d'élèves; ses imitateurs ont été cependant assez nombreux pour que son genre ait fait école. Les galeries de Versailles renferment un grand nombre de portraits isolés ou groupés peints dans sa manière claire et chatoyante, qui fut encore de mode longtemps après lui. Ainsi, l'église Bonne-Nouvelle possède deux grands tableaux représentant Anne d'Autriche et la reine d'Angleterre, femme de Charles Ier, qu'on peut attribuer à l'école de Mignard, mais dont la provenance est incertaine; on dit cependant qu'Anne d'Autriche les avait commandés pour le couvent des Visitandines de Chaillot, où s'était retirée la reine d'Angleterre.

Enfin à Saint-Jacques de Compiègne figure une immense composition historique provenant de l'église Saint-Leu de Paris, et représentant un vœu fait par la duchesse de Ventadour pour la convalescence de Louis XV, dont elle était la gouvernante. Les descriptions de Paris donnent ce tableau à un certain Justinar, peintre, dont le nom ne se retrouve nulle part ailleurs. On a cru à tort que c'était celui de Mignard mal écrit, car celui-ci était mort avant la naissance de Louis XV.

Je ne m'arrêterai plus longuement sur les autres peintres français du dix-septième siècle qui forment réellement la descendance de Ch. Le Brun, tout en ayant été, pour la plupart, ses contemporains ; je me contenterai d'esquisser les principaux caractères de leurs talents, de signaler leurs œuvres principales et de faire connaître les faits intéressants de leurs biographies.

Poussin, Eustache Le Sueur, Ch. Le Brun et Mignard eussent suffi, au besoin, pour montrer la grandeur ainsi que les ressources multiples et la prodigieuse élasticité du génie de l'école française de peinture. L'exemple collectif de ces maîtres illustres doit avant tout fournir une leçon : aucun d'eux n'a renié un seul instant la mission suprême de l'artiste, qui est l'appropriation de ses études et de ses facultés à tous les genres nobles de son art. Les débuts de notre école nationale ont été à la fois trop universels et trop adonnés aux plus belles manifestations de la pensée ou de l'imagination par le pinceau, pour que nous n'ayons pas le devoir d'inscrire en tête de notre enseignement les recommandations les plus capables de ramener nos jeunes artistes dans l'ancienne voie. Pour ma part, je ne saurais trop les prémunir contre les spécialités de parti pris, et surtout contre la tendance contemporaine à concentrer un semblant d'effort dans les recherches spécieuses du style imitatif. Je nie absolument la possibilité d'une fusion de la peinture mimique et réaliste avec la beauté et l'harmonie. Que les œuvres fantaisistes ne soient pour le peintre qu'un délassement de son esprit et un exercice de sa main; qu'il recherche, avant tout, des occasions de peintures historiques et qu'il se prépare à leur exécution en pratiquant l'étude de la nature et de l'antique, conformément aux préceptes traditionnels de l'enseignement académique qui fera l'objet de ma prochaine leçon.

ONZIÈME LEÇON

L'académie royale de peinture et de sculpture. — L'enseignement académique. — L'usage du modèle.

Je veux parler aujourd'hui de l'académie royale de sculpture et de peinture dont la fondation est venue, vers le milieu du dix-septième siècle, établir une distinction nécessaire entre les hommes d'art ou artistes et les gens de métier ou artisans. Je considérerai cette illustre compagnie surtout au point de vue pédagogique de son institution. J'essayerai de faire apprécier l'étendue des services qu'elle a rendus, en substituant le régime et la discipline d'études organisées pour le complet développement des facultés du novice, à un apprentissage qui ne communiquait à celui-ci que des procédés d'exécution.

L'enseignement académique, tel que l'ont compris et établi ses créateurs, a été essentiellement libéral. Ceux qui l'accusent d'avoir porté atteinte aux prétendues franchises de l'art, ignorent l'histoire artistique de leur pays et les grandes leçons qu'ils prétendent dédaigner. L'enseignement académique a tiré de la médiocrité et du métier des hommes auxquels il ne manquait qu'un milieu propice et l'occasion de comparaisons faciles à faire, pour l'épanouissement de leur talent ou de leur sentiment instinctif du beau.

L'Académie n'a pas restreint la portée de ses préceptes : car l'industrie lui doit ses premiers jours de supériorité : les Gobelins et ensuite Sèvres sont là pour l'attester.

Je laisse de côté les grandes personnalités de Nicolas Poussin et d'Eustache Le Sueur ; ils étaient nés hommes de génie et n'avaient pu reconnaître d'autres voies que l'étude attentive de la nature et l'intelligence de l'antiquité ; ils avaient compris d'eux-mêmes que l'observance de la tradition commune à toutes les écoles consiste, non pas à répéter le passé, mais à le continuer en se mettant d'accord avec le progrès ; je prétends que l'Académie, instituée par Colbert et Charles Le Brun, en face de l'exemple lointain mais vivant de Poussin, avec le secours des lumières de Le Sueur que ses pairs avaient élu au nombre des douze anciens ou fondateurs, a non seulement créé chez nous la condition et la dignité d'artiste, mais qu'elle a doté l'art français d'une tradition particulière, c'est-à-dire d'une pratique conforme aux habitudes judicieuses qui venaient de constituer notre véritable école nationale.

Des influences sociales ou des revirements de l'esprit public sont venus, tour à tour et jusqu'à nos jours, modifier, soit la méthode, soit l'application du vieil enseignement académique ; le fond de sa doctrine n'a pas moins subsisté, il est demeuré la sauvegarde du grand art ; son principe, heureusement maintenu au sein de nos écoles d'art, continue à guider les maîtres dans le choix des sujets de concours.

Voyez ce qui se passe dans nos expositions annuelles : les talents faciles qui contribuent à élever si haut le renom de la virtuosité française en produisant des analogues à ce que Louis XIV nommait des « magots », quand il voulait désigner les petites œuvres hollandaises, sont invariablement rangés sous la rubrique adoptée de peinture de genre ; genre de qui ? genre de quoi ? le problème est encore à résoudre. Mais si quelque débutant se révèle par une composition d'un style noble et classique, qui permette d'espérer en lui un adepte de la grande peinture historique ou religieuse, chacun répète sans s'être donné le mot : « Voilà un tableau d'école. »

La constitution de notre école nationale des beaux-arts a été greffée, après la tourmente révolutionnaire, sur les rameaux survivants de l'enseignement que donnaient les anciennes académies. Je manquerais à mon devoir et je serais accusé d'oublier dans quel lieu j'ai l'honneur de parler, si je ne retraçais pas en quelques mots l'histoire de la fondation et du fonctionnement de l'académie royale de peinture et de sculpture.

J'ai eu soin de signaler, dans le courant de mes premières leçons, la révolution artistique qui s'était produite dès la fin du douzième siècle, à l'heure du réveil de notre société. Des dissidents avaient abandonné le cloître ; l'Art, devenu laïque entre leurs mains, s'était mis à chercher la variété et les libres allures. Les communautés religieuses prétendirent, de leur côté, ne pas abdiquer le droit acquis sur un dépôt qu'elles avaient conservé pendant les ténèbres du moyen âge ; elles voulurent perpétuer dans les arts du dessin les pratiques stationnaires et conventionnelles de la tradition monacale. La lutte commença avec le treizième siècle ; les artistes affranchis eurent le bon esprit de se liguer au lieu de s'affaiblir par le travail isolé ; non seulement ils se formèrent en associations, mais ils se mirent à la tête des anciennes corporations de métiers. Les artisans, ainsi reliés aux artistes, se laissèrent diriger par eux, et une discipline salutaire féconda la liberté dans les maîtrises où le mérite seul régla d'abord les distances hiérarchiques.

Les premiers *maîtres* ou officiers étaient respectés, parce que leur valeur personnelle les rendait respectables. Mais le principe d'hérédité, qui est une force dans l'organisation sociale d'un État, fut maladroitement et coupablement adopté dans les maîtrises d'art ou *jurandes*. On se refusa à comprendre que la transmission des grades et des places ne peut impliquer celle des talents et des aptitudes ; il s'ensuivit qu'une insubordination très justifiée vint, après peu de générations, détruire toute confraternité ; c'est alors que les chefs héréditaires en appelèrent à l'autorité royale, au lieu de consentir à une réforme salutaire des statuts. L'enregistrement de ceux-ci sur les livres du prévôt de Paris, en 1260, ne pouvait qu'assurer la perpétuité d'un état de choses qui a nui, pendant cinq siècles, au développement de notre art national. Les peintres de la maîtrise de Paris, qu'ils y aient été introduits après examens et apprentissage ou par bénéfice héréditaire, avaient un double intérêt commun : flatter le pouvoir royal en laissant certains d'entre eux accepter à la cour les fonctions et le titre de peintres-valets ; maintenir ensuite, sous leur dépendance, les artisans associés en leur procurant des bénéfices de métier; le servilisme et le mercantilisme étaient donc devenus des nécessités de l'organisation sociale de la corporation.

Les ordonnances successives des rois de France, depuis celle de Charles VI, en 1391, en faveur du « métier « de peinture et sculpture, gravure et enluminure, do- « rure et vitrerie, » jusqu'à celle de Charles VII, en 1430, qui s'attache à relever la condition des maîtres et à les traiter avec les mêmes égards que la bourgeoisie la plus favorisée, « afin qu'ils soient plus enclins à « bien et mieux continuer et entretenir leur état, » n'ont d'autre but que de prévenir ou de réprimer des tromperies dans la nature des matières employées par les peintres et les sculpteurs; et encore ces ordonnances, pour ménager les susceptibilités de la maîtrise, n'ont-elles l'air de viser que « certains soi-disant peintres ou tailleurs d'images étrangers à la communauté. »

Pour qu'il soit question de goût ou de direction à donner dans les ouvrages d'art, il faut attendre les édits de Henri II, de Charles IX et surtout de Henri III ; ceux-ci accusent « l'ignorance et la paresse des jeunes « gens qui apprennent plutôt à brouiller tout qu'à pein- « dre, à grimacer plutôt qu'à sculpter quelques belles « figures. » Mais la maîtrise ne veut pas rendre responsables ses gardes et ses jurés, qui ne surveillent pas assez les ateliers d'apprentissage et manquent à leur devoir en négligeant de contrôler les œuvres produites. Elle accuse la concurrence illicite des flamands et des italiens, qui se sont abattus sur Paris depuis le quinzième siècle surtout. Nos rois sont les promoteurs de cette invasion ; ils ne peuvent pas regarder comme des enfants illégitimes de l'art les artistes régulièrement issus de l'école de Fontainebleau et des ateliers étrangers qu'ils ont privilégiés ; ils dédommagent la maîtrise de ces infidélités flagrantes et calment ses gémissements, en exagérant les termes flatteurs des lettres patentes qu'ils lui accordent à toute demande.

Il semble vraiment que les Valois et leurs descendants aient pris à tâche d'entretenir pieusement, et de maintenir, sans pouvoir plus l'utiliser, un respectable vestige de la France d'autrefois : car nous voyons Louis XIII, au moment même de sa plus grande passion pour les tableaux étrangers, signer, en 1622, un véritable manifeste en faveur des « maîtres et jurés de « l'art de peinture et sculpture de la ville et de la ban- « lieue », auxquels les gens de Paris avaient pris l'habitude de s'adresser indistinctement, qu'ils aient à faire peindre leurs portraits ou à faire badigeonner à neuf les façades de leurs maisons. Les peintres étrangers à la maîtrise n'avaient, pour résister aux exigences et aux exactions de celle-ci, que la ressource de devenir brevetaires de la couronne ; mais la loi autorisait les poursuites contre eux au profit de la jurande, chaque fois qu'ils s'oubliaient jusqu'à travailler pour des particuliers, c'est-à-dire jusqu'à croire que le travail de la pensée a le droit d'exiger mieux qu'une gloire platonique, et que toute renommée peut se traduire en bien-être.

Le métier et le monopole se prélassaient à l'abri des

enseignes des membres de la maîtrise; il était temps qu'une réaction libérale vînt rendre à l'art sa dignité, ainsi que sa force d'expansion. Une révolution qui était devenue nécessaire eut lieu; celle-ci fut entamée avec une habileté proportionnée aux difficultés qu'allaient offrir à son succès la condition légale de la maîtrise, ses titres et une coutume séculaire. La jeunesse qui fréquentait l'atelier de Vouet commençait à faire autorité : la perspective d'une lutte contre la communauté réputée inviolable flattait ses instincts turbulents et provocateurs. Mais l'expérience de la vie et la réflexion sont des guides nécessaires quand il s'agit de faire croisade au nom d'un principe; nos jeunes artistes, comme tant de générations ont continué à le faire après eux, ne savaient pas mesurer la portée excessive de leur libéralisme; ils prétendaient faire, du même coup, la guerre aux peintres brevetés, quand ils auraient dû s'efforcer de recruter parmi ceux-ci des alliés naturels.

Ch. Le Brun vit le danger et comprit qu'une institution telle que la maîtrise ne pouvait être combattue qu'en lui opposant une rivale; il s'entendit avec M. Martin de Charmois, conseiller d'État, qui avait rapporté d'Italie un amour passionné pour les beaux-arts, et tous deux conçurent le plan d'une académie analogue à celle qui fonctionnait à Rome sous le nom « d'académie de Saint-Luc », et qui « devait comprendre une grande école ouverte à la jeunesse, remplaçant les petits ateliers que tenait en particulier chaque maître, ou plutôt une association de professeurs conduisant et surveillant l'école dans laquelle disciples et maîtres seraient unis et presque assis sur les mêmes bancs. » Le travail fait en commun fut recommandé et communiqué confidentiellement aux principaux membres du conseil d'État, puis soumis en consultation à des artistes amis, tels que les deux frères Testelin, Juste d'Egmont qui appartenait à l'académie de Saint-Luc d'Anvers, Michel Corneille et le sculpteur Jacques Sarrazin.

L'audace des membres de la maîtrise avait depuis longtemps exaspéré la reine mère; Charmois connaissait ses dispositions, et il s'arrangea pour lire devant elle l'exposé du projet, dans le conseil de régence tenu au Palais-Royal le 20 janvier 1648. Le succès fut complet, et, séance tenante, la minute d'un arrêt fut signée en faveur de l'établissement de l'académie royale de peinture et de sculpture.

Il fut même question d'abolir la maîtrise par une ordonnance immédiate, et de défendre aux membres qui continueraient à tenir boutique et à faire partie de la communauté, de s'intituler désormais « peintres » ou « sculpteurs », attendu qu'ils n'étaient que « doreurs » ou « marbriers ». Mais Charmois fut le premier à demander au conseil de ne pas aller trop loin; on se borna à faire rédiger par M. de la Vrillière, secrétaire d'État, un arrêt en bonne forme et dont les expéditions furent immédiatement remises aux nouveaux académiciens, par lequel il était intimé aux jurés « de ne donner aucun trouble ni empeschement aux peintres et sculpteurs de l'Académie, soit par visites, saisies, confiscations de leurs ouvrages, soit en voulant les obliger à se faire passer maîtres. »

Le 9 mars suivant, des lettres patentes confirmatives étaient expédiées par le cabinet du roi; mais Le Brun et ses amis n'avaient pas attendu jusque-là pour se constituer sous la présidence de M. de Charmois, nommé chef perpétuel de la compagnie ; dès le 1ᵉʳ février, c'est-à-dire dix jours après l'arrêt de création, il avait été procédé, suivant les statuts rédigés par les fondateurs, à l'élection des douze anciens qui devaient, chacun pendant un mois, administrer l'Académie et diriger l'école ; le soir même, Le Brun, désigné par le sort pour entrer le premier en fonctions, avait fait l'ouverture des exercices publics devant un concours extraordinaire de personnes de la cour, d'artistes et de curieux.

Les douze anciens élus étaient, parmi les sculpteurs: Simon Guillen, Van Obtal et Jacques Sarrazin; parmi les peintres : La Hire, Sébastien Bourdon, François Perrier, Henri Beaubrun, Juste d'Egmont, Corneille le père, Charles Errard, Eustache Le Sueur et Le Brun.

Les premières réunions eurent lieu dans une maison située près de l'église Saint-Eustache ; mais l'affluence des élèves et du public exigea bientôt un local plus spacieux ; M. de Charmois prit alors à loyer un grand appartement dans l'hôtel de Clisson, rue des Deux-Boules. Pendant plus de deux mois, la nouvelle académie vécut et se développa sans que ses ennemis aient osé lever la tête pour l'attaquer. Elle avait répondu à la faveur du public en montrant combien peu elle pensait à être exclusive ; quatorze artistes nouveaux, parmi lesquels je citerai les deux Testelin, Philippe de Champaigne et Louis Boulogne, venaient d'être appelés à prendre place comme académiciens, immédiatement après les douze anciens.

Mais les jurés ne se tenaient pas pour battus ; ils en voulaient à une compagnie qui n'envisageait que l'amour et l'étude de l'art, et poursuivait le dessein d'empêcher toute confusion entre une profession mercenaire et la pratique des beaux-arts ; ils avaient contre eux l'arrêt du conseil d'État, mais ils pouvaient se présenter devant le Parlement forts de tous leurs droits immémoriaux, qu'aucune modification de la loi civile n'était encore venue leur retrancher. Ils envoyèrent des assignations de saisie aux académiciens, qui ripostèrent en arguant victorieusement de l'arrêt du 20 janvier et des lettres patentes du roi. La lutte se trouvait ainsi engagée sur le terrain légal, où les jurés l'avaient amenée en subissant un premier échec ; ils formèrent opposition à l'enregistrement, que les académiciens réclamaient du Parlement pour les lettres patentes qui établissaient leurs privilèges, et la procédure en règle que les deux partis durent subir à la suite de cet acte, les laissa en présence avec des droits pour ainsi dire égaux.

Les embarras politiques et financiers du royaume vinrent, peu de temps après, priver l'Académie des subsides que la reine mère et le cardinal Mazarin avaient commencé par lui octroyer ; M. de Charmois y suppléa de ses deniers particuliers, mais il eut le tort de profiter de la position qui lui était faite ainsi, et de prétendre dominer les confrères qu'il secourait. La patience échappa à ceux-ci à la suite d'une série de procès-verbaux que le directeur perpétuel avait rédigés à sa guise ; on lui fit sentir délicatement le mécontentement provoqué par sa gestion ; il comprit, en homme d'esprit qu'il était, et se retira en fermant sa bourse.

Les jurés étaient aux aguets ; ils attendirent que la gêne des académiciens fût arrivée à ce point qu'il fallut porter de cinq à dix sous par semaine la rétribution demandée aux élèves, doubler le droit de vingt livres payé par lettre de provision de tout académicien nouvellement admis, et augmenter le taux des offrandes volontaires que les professeurs et les membres avaient l'habitude de verser dans le fonds commun, chaque fois qu'ils siégeaient ou enseignaient. Les peintres de la maîtrise s'entendirent alors pour rompre avec les anciens errements de la communauté, supprimer l'apprentissage isolé et fonder une sorte de contrefaçon de l'école académique. Ils ne créèrent, à proprement dire, qu'une école : car la nouvelle société, qui prit pompeusement le titre d'académie de Saint-Luc, en se plaçant sous le vocable de l'ancien patron de la maîtrise, ne paraît pas avoir introduit dans ses statuts une précaution aussi belle et aussi utile que celle prise par l'académie royale, le jour où elle avait stipulé que nul ne pouvait dorénavant être reçu académicien sans présenter un ouvrage dont les mérites discutés en séance devaient faire décider son admission.

Quoi qu'il en soit, l'académie de Saint-Luc, voulant renchérir sur sa rivale, se constitua avec un conseil de vingt-quatre anciens au lieu de douze et donna à son directeur le titre de prince, comme cela se pratiquait à Rome. Simon Vouet fut élu prince de l'académie de Saint-Luc, à cause de son âge, de la notoriété de son nom et de l'ardeur qu'il avait mise à combattre l'académie royale ; la séance d'ouverture eut lieu dans l'ancienne maison dite des Coquilles, que la maîtrise possédait rue de la Tixeranderie; on lui donna l'éclat d'une cérémonie; on se hâta d'annoncer aux élèves qu'ils étaient admis à dessiner gratis, et qu'on mettait à leur disposition deux modèles, tandis que l'académie royale n'en avait jamais eu qu'un. Le mot « gratis » eut surtout un effet magique, et les étudiants se présentèrent en foule. Mais ce succès ne fut pas de longue durée; au bout d'une semaine, Simon Vouet, fatigué de ses fonctions, laissa à ses confrères le soin de poser le modèle et d'enseigner; les bancs se dégarnirent, et malgré les sommes dépensées, malgré les efforts de Dufresnoy et de Mignard, l'académie de Saint-Luc se trouva bientôt réduite au même état que l'académie royale.

Il est important de bien noter ce fait que la concurrence entre les deux académies s'établit en adoptant un principe commun d'enseignement fondé sur l'exercice du dessin, d'après le « naturel », comme on disait au dix-septième siècle, c'est-à-dire d'après le modèle vivant. L'esprit public s'était enthousiasmé pour cette institution dont on attendait merveille; on y voyait le gage d'études sérieuses qu'il avait été impossible d'organiser dans les ateliers particuliers, dont les ressources ne permettaient pas l'entretien constant d'un modèle. A cette époque, on ne trouvait pas comme aujourd'hui des gens bien faits et bien proportionnés disposés à quitter leurs vêtements en public pour une modeste rémunération. Le métier de modèle n'existait pas encore tel que nous le voyons pratiquer aujourd'hui dans les ateliers ou dans les amphithéâtres, pour l'ensemble ou pour les détails. Les modèles de l'Académie furent longtemps les gardiens mêmes de l'établissement; ils avaient rang de fonctionnaires, et ils n'auraient pas consenti à se laisser mettre en attitude par un autre que l'ancien ou le professeur de service; le succès et la vogue de l'école académique venaient-ils à diminuer, ils étaient les premiers auxquels leur dignité commandait de se retirer!

Si je me tenais à la lettre de mon programme, je ne pousserais pas plus loin l'histoire de l'académie royale de peinture et de sculpture, maintenant que les faits ont démontré comment le fond de l'enseignement académique devait être solidement maintenu par les luttes mêmes qui se livraient autour de lui; mais j'estime que l'existence de cette illustre compagnie se rattache trop étroitement à celle de notre école nationale de peinture, pour que je n'achève pas rapidement son historique, quitte à sortir du siècle où me retient encore la donnée de mon enseignement.

Louis Testelin venait de passer des rangs d'académicien et de secrétaire à celui d'ancien, pour remplacer François Perrier, mort en 1650. Il consacra ses soins et sa fortune au relèvement de l'académie royale, et celle-ci reprit une telle vogue sous sa direction, que Messieurs de l'académie de Saint-Luc, réduits aux abois, envoyèrent des délégués pour proposer une fusion entre les deux corps. Le Brun, La Hire et Sarrazin, seuls parmi les anciens, refusèrent la transaction, et ne consentirent pas à signer le contrat rédigé par M. Hervé, conseiller au Parlement; ils se retirèrent, pendant que quatre maîtres de Saint-Luc étaient reçus par l'académie royale au nombre de ses anciens ; c'étaient Claude Vignon, Poërson, Bruyster qui remplaçait Le Brun démissionnaire, et Lubin Baugin qui prenait la place de La Hire. On commença par ne point s'entendre sur le chapitre des préséances, et une scission allait avoir lieu déjà, quand M. Hervé, croyant mettre fin à toutes les querelles, s'arrangea de manière à obtenir du Parlement l'enregistrement du contrat de jonction.

Les jurés, qui n'étaient réellement entrés dans l'académie royale que pour chercher à la confisquer à leur profit, virent avec exaspération cet acte qui donnait tout d'un coup à celle-ci la sanction judiciaire dont elle avait tant besoin ; ils se séparèrent, et l'Académie retomba dans une telle gêne que les modèles, faute d'être payés, désertèrent l'école.

L'académie royale fut sauvée, cette fois, par un de ses anciens ennemis : Claude Vignon se fit un point d'honneur de ne pas laisser tomber la société qui l'avait accueilli ; il lui fallut une année de démarches, de dépenses personnelles et d'honnête diplomatie pour opérer une nouvelle jonction. Pendant ce temps, Le Brun, tout en se tenant à l'écart, s'entendit avec Errard et Testelin, afin de sauvegarder la dignité et le prestige de l'Académie dont la vie semblait assurée de nouveau ; leur noble prétention était de la soustraire à la domination stérile des membres de la maîtrise, hommes sans talents et sans instruction, qui cabalaient et troublaient tout pour se donner de l'importance. Le but fut atteint par l'ouverture de conférences sur la théorie et les principes fondamentaux des arts du dessin ; les maîtres cessèrent bientôt de paraître pour éviter des réunions où leur impuissance et leur ignorance étaient fatalement dévoilées.

Le Brun, se rappelant l'aide qu'il avait reçue de M. de Charmois, en 1648, s'assura les bons offices de M. de Ratabon, intendant de la maison et des bâtiments du roi ; d'après les conseils du chancelier Séguier, il sollicita et obtint ensuite le protectorat du cardinal Mazarin. Fort de ces deux appuis, il se mit en mesure, avec ses amis, de rédiger un nouveau règlement pour l'Académie ; il modifia les anciens statuts, en créant le titre définitif de « Directeur » pour le chef de la compagnie, et en donnant aux anciens la qualité permanente de professeurs ; quatre recteurs devaient en outre être élus par ces derniers ; ces différents officiers ou dignitaires avaient seuls le droit de voter pour les réceptions. Le nouveau règlement, libellé comme un commandement du roi, avec des articles additionnels déclarant qu'il ne serait plus créé de lettres de maîtrise, comme cela se faisait à l'occasion des mariages ou des naissances dans la famille royale, fut promulgué et lu après homologation et enregistrement, dans l'assemblée générale du 23 juin 1655. Après avoir interrompu la séance par leurs murmures et avoir provoqué de longues et pénibles discussions, les jurés refusèrent d'adopter le nouvel ordre de choses ; leur divorce fut alors complet. Ils voulurent se venger en faisant saisir, dans la grande maison de la rue Sainte-Catherine où l'on s'était installé en commun, le matériel d'enseignement dont ils revendiquaient la copropriété ; cette provocation échoua devant la ferme attitude de Sébastien Bourdon, qui était revenu de Suède, et exerçait les fonctions de recteur par quartier.

La maîtrise se tint pour battue ; mais l'art profita de sa mauvaise humeur : car elle tourna sa rancune contre les nombreux artisans qui faisaient encore partie de la communauté, et qu'elle accusa d'avoir été les instruments de sa ruine par leur incapacité artistique.

De 1655 à 1664, l'académie royale de peinture et de sculpture, sans se soucier des menées jalouses de Pierre Mignard, s'est consacrée à son œuvre d'enseignement et au perfectionnement de sa constitution, qui ne pouvait encore être considérée comme définitive. Quelques querelles intestines entravèrent ses travaux ; mais celles-ci aboutirent seulement à fonder les pouvoirs de Le Brun. Celui-ci profita de l'ascendant acquis depuis sa réintégration et de la force que lui conférait l'amitié de Colbert pour entamer la guerre contre ceux des brevetaires, peintres et sculpteurs du roi et de la reine qui ne s'étaient pas encore rangés sous la bannière académique ; il avait commencé par faire des avances ; mais au moment où il croyait sa victoire assurée, Mignard et Dufresnoy provoquèrent une rupture, en lui adressant un billet laconique par lequel ils signifiaient qu'ils ne voulaient pas de « son académie. » Cette offense eut pour résultat un acte d'autorité ; un arrêt fut obtenu, par représailles, pour ordonner que « ceux qui s'étaient, jusqu'à ce jour, qualifiés peintres « et sculpteurs du roi seraient tenus, s'ils voulaient « conserver leurs titres, de s'unir et incorporer à l'a- « cadémie royale. » La teneur de cet arrêt fondait le monopole de l'Académie, et, du même coup, l'omnipo=

tence de Le Brun; le roi avait pris d'abord l'avance en le nommant son premier peintre.

Une mesure aussi radicale a été une faute; elle supprimait, pour le temps nécessaire à son application, les épreuves sérieuses d'admission ; elle donnait, de plus, un démenti fâcheux à la devise inscrite sur le sceau de l'Académie : « *Libertas artibus restituta.* » Elle avait aussi le tort grave de faire croire à la faiblesse de l'institution au moment même où celle-ci avait conquis, par elle-même, et je dirai aussi par les fruits de son ancien libéralisme, la force de voler de ses propres ailes, sous la tutelle royale devenue plus honorifique qu'effective.

Il était à prévoir que l'ancienne maîtrise ne laisserait pas échapper cette occasion de jouer de nouveau un rôle utile à son ambition qui ne faisait que sommeiller. Mignard accepta l'ancien héritage de Simon Vouet ; ses travaux du Val-de-Grâce l'avaient mis en vogue, et la protection de la reine mère lui donnait confiance ; il fut élu prince de l'académie de Saint-Luc ressuscitée.

Les statuts de 1655 avaient exclusivement réservé à l'académie royale le droit d'ouvrir une école publique et de poser le modèle; celle-ci dut opposer son privilège à des adversaires qui faisaient valoir l'abus du monopole, la cherté d'un enseignement inabordable pour des artistes pauvres, et les bienfaits de l'émulation féconde qu'exciterait l'établissement d'une seconde école. Le Parlement, saisi de l'affaire, hésitait devant une manœuvre bien conduite : car les jurés invoquaient le contrat de jonction passé, en 1652, entre l'académie royale et eux, contrat qu'aucune ordonnance n'avait légalement annulé. La volonté royale, l'autorité de Colbert et la jurisprudence du premier président Guillaume de Lamoignon, suffirent à grand'peine pour faire donner gain de cause aux académiciens privilégiés. Le triomphe grandit encore le pouvoir et la position de Le Brun par les obligations que ses collègues reconnurent lui avoir. L'académie royale de peinture et de sculpture avait une constitution définitive. Il serait intéressant de rechercher si le rôle prépondérant et oppressif qui lui échut ainsi n'a pas dépassé ce qui devait lui être strictement concédé afin qu'elle fût à même de supprimer des coutumes surannées et en même temps d'assurer aux artistes une condition digne de tout homme à la hauteur de ce titre. Je n'aborderai pas une semblable discussion; je me contenterai de faire observer que l'enseignement académique subsistait dans sa forme primitive améliorée.

L'académie royale paraissait n'avoir plus rien à craindre; l'introduction forcée de Mignard parmi ses membres ne fut même d'aucun profit pour les maîtres peintres et sculpteurs qui s'étaient remis à espérer par lui; leurs réclamations en faveur de la communauté restèrent sans effet, bien que présentées par l'entremise de Mignard au premier ministre. Lorsqu'une déclaration de l'année 1705 permit à la communauté de « rétablir publiquement l'académie de Saint-Luc et de reprendre ses exercices d'enseignement », l'académie royale eut le bon sens de ne plus invoquer son privilège et de laisser sa concurrente s'installer dans un beau local de la rue du Haut-Moulin, près Saint-Denis-la-Châtre, pendant qu'elle continuait à siéger au Palais-Royal, ou du moins dans le palais Brion, qui faisait partie du Palais-Royal, avait sa porte sur la rue de Richelieu et occupait, par conséquent, l'emplacement actuel du Théâtre-Français. Depuis son départ de la rue Sainte-Catherine, elle avait successivement élu domicile au Collège Royal, puis au Louvre dans un logement laissé vacant par Sarrazin, en s'arrangeant toujours de manière à être logée aux frais de Sa Majesté.

La concurrence entre les deux corps académiques fut longue et loyale ; elle ne cessa qu'en l'année 1775, qui vit la fin de l'académie de Saint-Luc, le jour de la promulgation de l'édit qui supprimait les corporations, et, par ce fait, la communauté des peintres. L'académie royale de sculpture et de peinture n'avait rien perdu en renonçant au monopole de l'enseignement ; son rang était acquis, et pendant le dix-septième siècle, elle accapara tous les grands talents au point que son histoire se confondit avec celle de notre peinture nationale ; il faut reconnaître toutefois que les professeurs respectèrent dans leurs leçons les lois de l'enseignement académique plus qu'ils ne le faisaient dans leurs œuvres courantes, auxquelles la mode imposait moins d'éclectisme, moins de respect de la tradition antique et plus de laisser aller fantaisiste. On acquiert la preuve de ce fait par l'examen des nombreuses études que les maîtres avaient l'habitude d'exécuter, d'après le modèle sous les yeux des élèves, et qui appartiennent aux archives de l'école nationale des beaux-arts.

L'académie royale avait aussi tiré une grande force de l'institution des expositions périodiques organisées depuis 1763 ; ces exposition avaient les honneurs du Louvre et n'étaient ouvertes qu'aux seuls tableaux des académiciens. Une autre exposition, celle dite « de la jeunesse » se tenait chaque année, depuis un temps immémorial, le jour de la Fête-Dieu, à la place Dauphine. C'est là que les peintres de la maîtrise ou de l'académie de Saint-Luc étaient seulement admis à exposer leurs toiles, en plein air, en les accrochant aux tapisseries tendues pour faire honneur à la procession ; ils devaient retirer leurs œuvres lorsque celle-ci se présentait. A partir de 1751 jusqu'en 1774, l'académie de Saint-Luc parvint à avoir aussi ses expositions dans la salle des Grands-Augustins, à l'Arsenal, à l'hôtel d'Aligre, à l'hôtel Jabach, etc., etc., mais à la condition que celles-ci n'aient pas lieu en même temps que les expositions des académiciens privilégiés.

Après la disparition de l'académie de Saint-Luc, des particuliers s'entendirent pour organiser des expositions libres dans le local appelé « le Colysée » ; mais un arrêt du parlement les supprima dès l'année 1777.

Plus tard, un certain Pahin de la Blanchisserie, rêvant de procurer aux artistes non académiciens les moyens de produire leurs œuvres, fonda rue Saint-André-des-Arts, à l'hôtel Villayer, une exposition libre et permanente à laquelle il donna le titre de « Salon de la Correspondance » ; de puissants protecteurs trouvèrent moyen de faire vivre le Salon de la Correspondance de 1779 à 1787 ; quelques livrets conservés de ces expositions nomment des artistes inconnus dont aucun ouvrage n'a subsisté.

L'académie royale de peinture et de sculpture était destinée à périr au nom du principe même qui avait fait sa force : le principe hiérarchique. C'est en son nom qu'elle fut attaquée par l'Assemblée de 1791. C'est moins par jacobinisme que par rancune contre ce principe auquel il devait son trop long écartement des dignités académiques, que David monta à la tribune pour renier le titre d'académicien qui lui appartenait depuis 1783. Quatremère de Quincy supplia vainement l'académie de se sauver elle-même, sans renier les bases de son institution, mais en rendant une liberté morale aux arts par la séparation de l'école c'est-à-dire par la suppression d'une confusion surannée qui constituait les mêmes hommes professeurs et juges de leurs élèves. « Intéressez à votre institution, » disait-il, « la masse entière des artistes, mais ne leur donnez pas plus l'égalité des droits et du pouvoir qu'ils ne peuvent vous procurer l'égalité des talents. » La Convention coupa court aux résistances que l'académie faisait à toute réforme conciliable avec l'esprit politique du temps ; elle décréta sa suppression en 1793, en même temps que celle de l'académie d'architecture. Cette dernière avait été créée par Colbert en 1671 et confirmée par lettres patentes du roi en 1777, mais elle était toujours restée étrangère à l'autre compagnie.

La Convention décréta, l'année suivante, la formation de l'Institut, dont les Beaux-Arts formèrent une classe distincte, à partir de l'année 1803. Les trois sections de peinture, de sculpture et d'architecture étaient ainsi réunies en un corps, mais celui-ci avait été immédiatement scindé en deux parties : l'une qui resta dans les attributions de l'Institut concernait spécialement la discussion des questions d'art ; l'autre prit le titre d'école des beaux-arts et fut particulièrement chargée de l'enseignement.

L'école nationale des beaux-arts, dans l'hémicycle de laquelle nous sommes assemblés aujourd'hui, occupe, depuis l'année 1816 l'emplacement de l'ancien couvent des Petits-Augustins; c'est là que Lenoir ancien élève de l'académie royale de peinture et père de notre honorable secrétaire actuel, avait obtenu de Bailly, maire de Paris, l'autorisation de réunir les objets d'art et les monuments historiques arrachés aux mains des pillards révolutionnaires.

L'institution officielle de l'école nationale des beaux-arts avait suivi de près celle de l'Institut, en 1795 ; elle succédait à une « école de modèle » qui n'avait jamais cessé, même pendant les plus mauvais jours, d'admettre des élèves aux leçons données gratuitement par quelques professeurs zélés. Avant d'occuper le palais actuel commencé en 1819, mais achevé seulement sous le gouvernement de Juillet par M. Duban, elle avait changé plusieurs fois de résidence, au Louvre, au Palais-Royal, et au palais de l'Institut. Le couvent des Augustins, grâce au courage et au dévouement d'Albert Lenoir, a été la sauvegarde du grand art représenté par les monuments; l'école nationale des beaux-arts a hérité d'une mission non moins grande ; celle de maintenir intacts les fondements immuables de la théorie et de la pratique de ce même grand art ; elle est, par ses cours, ses règlements et ses concours, la continuatrice de l'enseignement académique. Celui-ci a traversé, sans s'amoindrir, les grandes luttes du dix-septième siècle, les tracasseries du dix-huitième et la tourmente révolutionnaire. Il aura raison des ennemis qui l'attaquent aujourd'hui au nom d'une liberté artistique dégénérée en licence. Mais pour rendre sa victoire plus assurée et plus prochaine, il faut le montrer dégagé de toutes les fausses interprétations de la nature et de l'antique que des applications mal réglées de son principe ont presque fait adopter sous sa rubrique.

L'enseignement académique, tel que son passé permet de l'envisager et tel qu'il doit encore être donné de nos jours, est, à proprement parler, la théorie de la tradition artistique. Il est le seul qui puisse faire autorité ; l'épithète de « classique » lui convient triplement, parce qu'il est conforme aux règles établies par les artistes de l'antiquité, de la renaissance italienne et du dix-septième siècle français.

Le climat, l'usage journalier des bains en public, la fréquentation des gymnases, l'habitude de la lutte et des jeux athlétiques, la légèreté de ces étoffes nommées « nuages » qui, dans le costume des femmes, voilaient la nudité sans dissimuler les formes, tout chez les Grecs contribuait à faire connaître et apprécier les proportions et les contours du corps humain. La beauté physique était un mérite pour parvenir à la gloire, elle était une condition exigée pour l'exercice du sacerdoce. Reproduire sans cesse et invariablement le nu était, par suite de ces circonstances, le but pour ainsi dire unique et naturel qui s'imposait aux artistes placés par l'admiration de leurs concitoyens au rang de demi-dieux créateurs. L'abondance et la pureté des marbres fournis par le continent et par les îles, s'ajoutaient pour encourager la sculpture plus spécialement que la peinture, à ces époques où le sacrifice de la forme à l'expression ne demandait pas à la couleur le don de vie qu'elle procure dans les images. Le génie grec était surtout épris de plastique et plus adonné à des représentations froidement esthétiques qu'à des interprétations animées ; il s'approchait de la perfection par voie d'éclectisme. Les sculpteurs d'Athènes et de Corinthe ont produit la beauté idéale par le choix de belles parties empruntées à différents modèles et par la réunion harmonieuse de celles-ci dans une même figure. Pendant la renaissance, les types de l'antiquité retrouvée se sont imposés, parce que l'importance des personnages de la mythologie a été reconnue basée sur une beauté accomplie qui devait naturellement les recommander aux artistes.

Le corps humain, représenté par des images plus parfaites qu'aucune des réalités de la nature, tel a été le principal objectif de l'Art, pendant ses plus belles périodes.

Il avait été question, dès le règne de Louis XIII, d'introduire en France l'usage du modèle vivant, répandu depuis longtemps dans les ateliers de Rome, de Florence et de Bologne. A l'instigation de Poussin, le roi avait demandé au sculpteur flamand François Duquesnoy, de venir s'établir à Paris pour fonder et diriger une école de beaux-arts, où les sculpteurs et les peintres se seraient exercés au dessin d'après le naturel. Ce projet ne fut pas réalisé, par suite d'un accès de folie et d'une maladie qui retinrent Duquesnoy, juste au moment où les intrigues de ses rivaux allaient chasser Poussin de Paris vers Rome. Il fallut, en attendant l'institution de l'académie royale, se contenter d'un enseignement analogue à celui de l'école de Fontainebleau, ou de celle de Vouet, dans laquelle les élèves qui n'avaient pas les moyens de passer en Italie, n'apprenaient qu'à peindre de pratique.

Le premier soin de l'académie royale de peinture et de sculpture, a donc été l'introduction du modèle vivant dans les ateliers de son école; elle institua ensuite des cours d'anatomie, de géométrie et de perspective. Ces trois sciences sont indispensables au peintre. Le chirurgien Quadroux chargé d'enseigner la première, avait fait de l'ostéologie la base de ses leçons; il expliquait l'ossature humaine d'après un squelette, et les auditeurs apprenaient ainsi à connaître les aplombs, la carrure et la charpente du corps humain, de manière à savoir accuser les dessous dans le dessin d'un personnage drapé. Mais après s'être rendu capable de bien faire sentir qu'il y a quelque chose sous l'étoffe, le peintre doit aussi pouvoir faire sentir ce qu'il y a sous la peau d'une figure nue; les études anatomiques sur le cadavre furent ajoutées pour remplir ce but, et enseigner en même temps la mécanique corrélative des mouvements musculaires. Les moulages de plâtre d'après les marbres garnissaient abondamment les ateliers; comme de nos jours, on voyait en eux les exemples recommandables du parti que le peintre et le sculpteur peuvent tirer de l'étude de la nature, ainsi que les motifs de la comparaison essentielle à établir entre le naturel et son interprétation artistique. Le plâtre est en outre le complément du modèle vivant; il est l'immobilisation démonstrative et vraie du symptôme vital.

Les professeurs de l'académie royale, ainsi que je l'ai déjà dit, dessinaient sous les yeux de leurs élèves. Pendant les repos du modèle ou ceux que commandait la fatigue d'une forte application, on discutait, on échangeait des observations, on dissertait sur les meilleurs profits à tirer du dessin d'imitation. Le respect et l'amour de l'art s'étendaient jusqu'aux outils de son enseignement ; c'est ainsi que le bris du moulage d'un torse antique, pendant le déménagement nécessité par l'un des changements de domicile de l'Académie, fut déploré comme la perte d'un objet du plus grand prix; une autre fois, quatre mois de prison furent la punition d'un élève, qui avait tiré l'épée contre un modèle, parce que celui-ci lui reprochait des propos indécents au sujet de sa pose. M. Chauveau resta longtemps chargé du cours de géométrie qu'il avait inauguré, et le graveur Bosse fut le premier à donner des leçons de perspective.

Je vais au-devant de l'objection grave, par laquelle on peut m'arrêter. Peut-être va-t-on conclure que l'enseignement académique n'est bon qu'à procurer soit le pouvoir d'exactitude nécessaire pour copier rigoureusement les formes d'un modèle vivant ou d'un plâtre, soit la précision scientifique indispensable pour représenter les objets inanimés dans leur vérité géométrique, et suivant les apparences de la perspective. Mais l'art, me dira-t-on, l'art dont vous avez fait une pure et invisible essence, que vous avez lié aux vibrations de l'âme assez intimement pour en faire un élément étranger au modèle et provenant directement de la pensée du peintre, comment va-t-il éclore devant ce réalisme en chair et en os, en face de cet éclectisme combiné d'avance sur le plâtre? Je répondrai en citant et en développant, suivant mon sentiment, une phrase recueillie au cours de la lecture des pages humoristiques, consacrées par Topfer à un « Essai sur le Beau dans les arts ». Voici le texte du peintre genevois ; il contient, suivant moi, la plus absolue des vérités : « L'art ne peut pas être séparé de l'imitation ; l'imitation ne peut se passer du procédé ; et cependant, l'art est distinct de l'imitation et n'a rien de commun avec le procédé. Ce sont trois termes liés sans être semblables, et leur rapport entre eux est tel que si, à la vérité, l'art ne peut se passer des deux autres termes, les deux autres termes peuvent se passer et se passent fréquemment de l'art ».

Qu'est-ce que le procédé, sinon la science pratique et accessible à tous, de répartir des couleurs sur une palette, de les humecter d'huile pour que la brosse s'en imprègne et les étale aisément sur la toile, d'en faire les mélanges nécessaires pour produire des tons ou des nuances, de les appliquer enfin suivant des méthodes qu'une expérience séculaire a perfectionnées graduellement. L'imitation n'est pas autre chose que ce que j'appellerai le moyen, c'est-à-dire la partie matérielle qui est à l'art ce que le corps est à l'âme. L'âme, pour se manifester, doit revêtir un corps, l'art doit revêtir une image.

Le procédé et le moyen sont la grammaire et la prosodie de la langue, c'est-à-dire de la manifestation artistique ; les moulages sont les éditions courantes et scolaires des ouvrages qu'il faut consulter, pour se rendre compte de la manière dont les maîtres ont personnellement appliqué, suivant les inspirations de leur génie, les règles de cette grammaire et de cette prosodie.

C'est seulement en face du modèle qu'il est possible de se perfectionner dans le dessin, si justement appelé par Ingres « la probité de l'art » ; j'ajoute que le modèle seul permet d'atteindre au Beau, que Platon nommait la splendeur du Vrai. Je ne parle pas, bien entendu, de l'usage du modèle, placé dans des poses combinées, dans des attitudes convenues, qui une fois entrées dans la mémoire des jeunes gens, s'y fixent et s'y gravent en traits tellement ineffaçables que tel peintre, qui, pendant sa vie, croit avoir mis au monde des milliers de personnages divers, n'a fait, la plupart du temps, qu'habiller de costumes plus ou moins variés, ce mannequin de chair humaine devant lequel on lui enseigna jadis à dessiner le nu. Ce reproche, que M. Vitet a fait à l'enseignement académique en général, ne peut être appliqué qu'à l'enseignement académique mal donné. David lui-même, à l'école duquel on a tant reproché l'abus du style académique, défendait au modèle de faire ce qu'il appelait « son torse », c'est-à-dire de prendre des postures si peu naturelles, qu'il lui fallait chercher les points d'appui nécessaires à son équilibre, en soutenant ses membres par des cordes attachées au plafond. Le peintre maître du procédé et du moyen de son métier, autrement dit capable d'employer ses outils à embellir la nature sans inventer la moindre forme en dehors d'elle, devient artiste à l'heure où l'inspiration se saisit de lui ; le modèle ne lui apparaît plus alors que comme un memento classique ; il ne voit plus ses gestes convenus et ses insignifiants contours ; il a devant les yeux un argile de forme et de couleur humaine qu'il faut faire vivre de la vie du héros, du dieu, du martyr, de la Phryné ou de la Madeleine, qui forme le sujet de la composition. Le véritable peintre n'abandonne jamais le modèle, mais en s'exerçant en face de lui à l'inépuisable interprétation des formes du corps humain, il se souvient toujours qu'il dessine un homme, c'est-à-dire une créature intelligente et passionnée ; ce type de profession, cet inconscient mis en attitude à raison de trois francs l'heure, se transfigure dans l'imagination du peintre ; il rentre chez lui la pipe à la bouche, va se réchauffer sur le comptoir du cabaret, fait en dehors de ses séances des métiers inénarrables, mais son passage à travers l'atelier n'en a pas moins servi à la création d'une imposante figure de Jupiter lançant la foudre, de Christ expirant, d'Achille vainqueur, d'Homère ou de Napoléon le Grand.

Voilà l'Art ; l'art usant du procédé et du moyen pour créer la vie et l'insuffler à ces formes, à ces couleurs qui ne respirent, qui n'expriment, qui ne captivent, qui ne touchent que par lui. Le rôle de l'artiste n'est pas celui d'un copiste habile, il est celui d'un créateur. Le modèle académique ne lui fournit pas l'image qu'il doit reproduire ; après l'avoir aidé à s'instruire, il l'aide à combiner les éléments matériels de l'image qu'il doit animer, c'est-à-dire créer. L'usage du modèle renouvelle et entretient la science qui est le complément de l'Art. L'enseignement académique est un enseignement scientifique, et il est indispensable comme tel, car je ne puis accorder l'ignorance chez un artiste ; je ne puis concevoir surtout l'immunité et les scandaleux éloges qu'on accorde si légèrement à ces innombrables manieurs de pinceau, à ces faiseurs d'images à la mode, à ces flatteurs de la jouissance sensuelle, dont les tableaux paraissent sortir d'une usine plutôt que d'un atelier, tant ils se ressemblent et sentent la commande. On se plaît aujourd'hui à couvrir d'or et de marques d'admiration des œuvres fantaisistes auxquelles on pardonne tout en les décorant du titre « d'œuvres de goût. » Est-il admissible que l'Art subisse dans ses productions l'influence des aspirations et des préférences qui caractérisent le goût d'une société ou d'une époque? Ses origines, son essence idéale ne lui assignent-elles pas un rôle plus prépondérant? Diriger le sentiment de la foule est sa charge souveraine ; sa tâche vraie est de créer des modèles capables d'élever les esprits au-dessus des appétits sensuels, que fait éclore le progrès, surtout quand on fait consister celui-ci dans l'accroissement du bien-être et de la liberté matérielle.

Beaucoup de nos peintres paraissent renier leur mission, si l'on en juge par cette invasion du réalisme qui déborde actuellement dans leurs œuvres. C'est qu'ils dissimulent moins que jamais les défauts de nos qualités nationales ; ils cèdent au caprice du goût, au lieu de s'astreindre aux convictions du jugement. Le goût est un sentiment indépendant de toute science ; il est instinctivement correct en France, mais agir d'après lui, quel qu'il soit, c'est obéir à l'impression première et par conséquent ne viser qu'à la satisfaction sensuelle. Envisagé comme sentiment, il a été désigné avec intention, dans le langage métaphysique, par le nom emprunté au plus obtus des sens ; il se blase comme ce dernier.

En rompant son harmonie avec l'estomac, le sens physique compromet l'existence organique ; le jour où il n'est plus d'accord avec la raison, le sentiment paralyse l'essor du fonctionnement artistique. Si belles que soient les conceptions de l'esprit, les motifs en sont toujours fournis par les sens ; cet axiome est universellement vérifié, mais la conception n'est vraiment belle que lorsque les sens en ont appelé au jugement ; il faut reconnaître, hélas ! que l'impression, au lieu de devenir la matière première de la pensée, est trop souvent accaparée de nos jours par le goût, qui n'est accessible qu'à la beauté relative, tandis que le jugement fécondé par la science peut seul discerner la perfection.

Une société esclave du goût plutôt que du jugement, et qui sacrifie la raison au caprice, arrive fatalement au matérialisme, c'est-à-dire à satisfaire les besoins des sens avant ceux de l'esprit et de l'âme. L'Art aboutit au réalisme par la même voie ; il perd sa raison d'être en se réduisant à montrer les objets et les individus tels que nous pourrions les voir par nous-mêmes. Le réalisme est la mort de l'Art.

Loin de moi, la pensée de confiner l'Art dans un domaine tellement élevé, tellement privilégié et tellement scientifique qu'il faille restreindre à l'infini les catégories de ceux qui peuvent atteindre à ses hauteurs. Je demande simplement que le grand art demeure un éternel et suprême exemple ; que les rayons de son influence pénètrent jusqu'aux moindres objets de notre vie privée ou publique, que la fantaisie même dérive de lui au lieu de se forger les moyens spécieux que la foule ignorante et blasée acceptera bientôt comme des principes. Je suis l'ami et le propagateur, dans la force de mes moyens, de toutes les applications de l'art à l'industrie. J'admets l'art industriel; on ne peut pas être plus libéral ! il me sera permis d'exposer, en terminant, les motifs de ce libéralisme que je crois utile et rationnel.

Chacun subit les influences du milieu où il est astreint à vivre. Le sentiment, le goût, les manières de voir et de penser s'établissent ou se modifient invinciblement par le commerce des personnes que les obligations ou les conditions de la vie rapprochent le plus fréquemment, au contact des objets que nos professions ou nos coutumes domestiques mettent journellement en face de nous. Celui qui échappe à cette loi crée une exception; c'est l'homme doué d'un esprit assez supérieur pour dépasser les sphères de l'habitude sans s'égarer dans les espaces infinis du monde imaginaire; c'est le nomade assez prévoyant pour accumuler des souvenirs qui feront diversion, plus tard, aux monotones actualités de la vie sédentaire.

Cette malléabilité de la nature humaine est une faiblesse et une force dont les sociétés ont à tenir compte. Je prétends seulement que les influences de milieux sont indiscutables, et qu'il y a lieu d'utiliser ce servilisme de l'instinct humain pour l'amélioration du goût public et le rehaussement des idées courantes. L'Art peut se charger d'une partie de cette tâche en fixant aux moindres objets de la vie usuelle, à l'immense matériel de nos besoins physiques, le reflet de la grâce qui charme ou l'empreinte de la beauté qui s'impose. Voilà pourquoi j'admets l'art industriel.

Un meuble vieilli à notre service devient précieux par les souvenirs auxquels notre pensée le rattache ; l'ustensile le plus banal acquiert du prix par la durée et l'habitude de son usage. Ils sont les accessoires indispensables à la fidélité des tableaux que l'esprit évoque, quand il se recueille en face du passé intime. Notre mémoire garde les détails de la forme ainsi que de la couleur de ces témoins familiers qui fixent souvent en elle les faits lointains de l'histoire du foyer. Si l'aspect ordinairement insignifiant et, parfois rudimentaire de ces objets ne leur enlève pas la faculté de parler aux cœurs, des formes plus recherchées et esthétiquement appropriées à leurs destinations leur fourniront une éloquence qui frappera les sens et l'imagination. Je n'ai pas à plaider ici la cause de l'art somptueux ; pour une fois, je résisterai à l'admiration accaparante des merveilles intrinsèquement précieuses, dont la recherche n'appartient qu'à l'opulence. Ma thèse est en faveur de ces articles courants que le besoin ou la fantaisie imposent au mobilier et au costume de toutes les classes.

Le culte de l'Art et du bon goût est le devoir mais non l'apanage de ceux qui, pour la gloire de l'état ou le prestige de leur richesse, peuvent réaliser l'alliance toujours désirable du précieux de la matière avec la perfection du travail. La correction dans la forme, l'harmonie proportionnelle dans les parties, le choix des modèles reproduits ou interprétés, la pureté des conceptions originales, le but indiqué de créer l'élégance dans la simplicité, sont des qualités qui démocratisent l'art ; elles soulignent et font honorer sa mission, qui n'est point de créer le luxe dont il a seulement la raison de profiter en toutes occasions, mais de fonder un ordre de jouissances immatérielles accessibles à tous, pour le bien de tous.

La réalisation d'un tel programme dépend de la diffusion des leçons que le grand art peut seul répandre. L'enseignement académique doit être la clef de voûte de tout l'édifice artistique, le claveau qui assure la durée du gros œuvre aussi bien que de l'organe décoratif le plus délicat. Tout se tient dans les arts ; qui peut le plus peut le moins ; c'est en vertu de cette éternelle vérité que l'enseignement académique continuera à être une force dont aucune école n'a le pouvoir de se passer.

DOUZIÈME LEÇON

Juste d'Egmont. — Les Beaubrun. — Charles Errard et l'académie de France à Rome. — Claude Vignon. — Charles Poërson et Lubin Baugin. — Les Testelin. — Daniel et Claude Hallé, etc. — Les peintres des Gobelins. — Les Coypel. — Les Boulogne. — Les Corneille.

Pendant ma dernière leçon, j'ai présenté un aperçu très rapide mais complet de l'histoire de l'académie royale de peinture et de sculpture envisagée surtout au point de vue pédagogique de son institution. J'ai cité les noms des neuf peintres qui figurèrent les premiers parmi les douze anciens, c'est-à-dire qui furent au nombre des douze fondateurs de la compagnie. La plupart de ces peintres étaient connus d'avance; j'avais eu soin de parler d'eux avec des développements proportionnés à leur réputation, à leurs mérites, à la valeur et à l'importance de leurs œuvres subsistantes. Je n'ai plus rien à ajouter à ce que j'ai dit de Pierre Mignard, d'Eustache Le Sueur, de Sébastien Bourdon, de François Perrier et de La Hire.

Juste d'Egmont n'était pas français; il était né à Leyde en 1602 et avait appris à peindre dans l'atelier de Rubens; il peut être considéré comme l'un des principaux auteurs des tableaux de la vie de Marie de Médicis peints à Anvers pour les galeries du Luxembourg et appartenant aujourd'hui au musée du Louvre; on sait, en effet, qu'à partir de l'année 1620, Rubens se fit considérablement aider par ses élèves, ne peignant que les parties essentielles et se contentant de retoucher le reste avec l'habileté que le caractérisait. Juste d'Egmont était membre de l'académie de Saint-Luc d'Anvers; il était venu accompagner les tableaux de Rubens à Paris, et c'est après s'être fixé dans notre ville qu'il devint peintre de Louis XIII et de Louis XIV, puis fondateur de l'académie de peinture et de sculpture. J'avoue que je n'ai vu aucun de ses tableaux; je n'en connais pas dans nos musées de Paris ou de province. C'était, dit-on, un coloriste brillant; son pinceau était agréable, mais il péchait par le dessin.

Henri Beaubrun, né en 1603 à Amboise, était surtout peintre de portraits; il travaillait en collaboration constante avec son cousin, Charles Beaubrun, né la même année que lui; ils avaient la réputation d'embellir leurs modèles tout en respectant la ressemblance; l'union de ce défaut et de cette qualité jointe à l'amabilité de leurs caractères les faisait goûter à la cour de Versailles, et c'est probablement grâce à la sympathie générale qui entourait sa personne que Henri Beaubrun fut compris parmi les douze anciens, lors de la création de l'Académie. Le musée du Louvre ne possède pas une seule œuvre des Beaubrun; on y trouve, sous le n° 309, leurs portraits exécutés sur une même toile par un peintre, nommé Martin Lambert, qui passe pour avoir été leur élève. Les galeries de Versailles renferment deux portraits de Marie-Thérèse d'Autriche, reine de France, et un de madame Ardier, femme d'un président de la chambre des Comptes, qui sont mis à l'avoir de Henri Beaubrun. Le musée de Tours a catalogué sous le nom du même Henri Beaubrun deux peintures mythologiques représentant l'une : *Minerve armée de la lance et du bouclier*, l'autre : *Vénus dérobant une flèche à l'Amour*, d'une exécution pitoyable. Ces deux tableaux avaient été attribués à Louis Beaubrun, peintre médiocre qui fut l'oncle et le professeur de Charles et de Henri Beaubrun.

Michel Corneille, le père, était né à Orléans en 1603 ; il vint de bonne heure à Paris et resta l'un des plus fidèles élèves de Vouet dont il finit par épouser la nièce. Il était surtout dessinateur et graveur. Il fut nommé parmi les fondateurs de l'Académie à son retour de Rome, où il s'était mis à copier les statues antiques avec une exactitude mathématique appliquée aux moindres détails anatomiques. Ses trois fils, dont l'un, connu sous le nom de Michel Corneille le jeune, nous occupera plus spécialement dans quelques instants, avaient hérité de cette passion pour le rendu fac-similaire ; ils ont fourni au célèbre collectionneur Jabach un nombre considérable de copies d'après des dessins italiens, et beaucoup de celles-ci ont passé ensuite pour des originaux. Corneille le père a fait beaucoup de cartons de tapisseries pour la manufacture des Gobelins. Son tableau le plus connu et le meilleur appartient à l'église de Saint-Pierre de Toulouse ; il représente *saint Pierre venu de Joppée à Césarée pour baptiser le Centenier;* il est peint dans la manière de Simon Vouet, et avait été offert à Notre-Dame par la corporation des orfèvres de la ville de Paris, pour le 1ᵉʳ mai 1658.

Le dernier des neuf peintres fondateurs de l'académie royale, dont j'aie à m'occuper est Charles Errard. Né à Nantes en 1607, il avait appris à dessiner et à peindre chez son père, portraitiste sans réputation. Dès l'âge de dix-huit ans, il arrivait à Rome où la double protection du maréchal de Créquy, ambassadeur de France, et du pape Urbain VIII, ainsi que l'amitié de Poussin, le mirent à même d'entreprendre de sérieuses études d'après l'antique et les modèles de la renaissance. Il paraît s'être consacré surtout à l'ornementation et à la peinture architectonique, car une fois revenu à Paris, il eut la spécialité de fournir des dessins à tous les corps d'état dont le métier touchait à la décoration. Il ne semble pas qu'il se fut adonné lui-même à la peinture proprement dite; c'était un chef décorateur sachant choisir et diriger les peintres auxquels il s'agissait de confier l'exécution des différentes parties. Il a beaucoup employé Noël Coypel, dont je parlerai tout à l'heure; il le chargea, entre autres travaux, de peindre d'après ses maquettes, les décors de l'Opéra d'*Orphée et Eurydice*, et le plafond de la « salle des machines, » qu'il avait entrepris de faire décorer dans le palais des Tuileries. M. des Noyers, surintendant des Bâtiments, lui confia le soin d'orner la galerie de son château de Dangu. C'est aussi lui qui décora l'hôtel de M. le Charron, beau-père de Colbert, la demeure de M. Catalan, fermier général, la chambre des Enquêtes au Parlement, les appartements de la reine-mère à Fontainebleau, et diverses pièces dans le palais de Saint-Germain.

Parmi les artistes que Ch. Errard employait de préférence, je dois citer Jean le Maire, que j'ai déjà fait connaître à Rome dans l'intimité de Poussin. C'est lui que Charles Errard chargeait spécialement de peindre les perspectives architecturales ; il en fit une si vraie, sur le mur de la maison du cardinal de Richelieu, à Rueil, que les oiseaux venaient s'y tuer en croyant passer au travers.

Charles Errard était, de plus, un érudit ; on lui doit une traduction des quatre livres d'architecture de Palladio et une autre de l'art de la peinture de Léonard de Vinci ; sa science et son bon goût l'ont surtout fait désigner pour prendre part à la fondation de l'académie royale de peinture et de sculpture ; il a été l'un des promoteurs de l'éphémère jonction de celle-ci avec la maîtrise, en 1652.

Le nom de Charles Errard se rattache spécialement à l'institution de l'académie de France à Rome, qui compte aujourd'hui, 7 mars, 211 ans d'existence jour pour jour. Pendant longtemps, un voyage en Italie avait été une récompense décernée par le roi, par de prévoyants protecteurs ou par l'académie royale, aux artistes que leurs œuvres désignaient comme les plus capables d'en profiter. Ce fut à l'instigation de Colbert que Louis XIV prit la résolution d'établir à Rome une académie de France où seraient entretenus, aux frais de la cassette royale, chacun pendant cinq ans, douze artistes, peintres, sculpteurs ou architectes.

Pour devenir pensionnaire de l'académie de France à Rome, il fallait être désigné par l'Académie, avoir suivi les cours de son école et y avoir remporté des prix.

C'est le 7 mars 1666 que Charles Errard, alors directeur de l'Académie, partit de Paris avec la mission d'aller fonder l'académie de France à Rome ; il emmenait avec lui douze pensionnaires, les uns ayant obtenu des récompenses, les autres ayant été simplement désignés par le roi ou par le premier ministre ; je peux nommer parmi ces premiers pensionnaires : Corneille le jeune, Mosnier et Bonnemer. Tout en organisant la nouvelle colonie artistique française, Charles Errard s'occupait des intérêts de l'académie royale de Paris, en composant une collection de moulages dont une partie figure encore dans les galeries de notre école nationale des beaux-arts. Les plâtres de la colonne Trajane firent partie de son premier envoi. Il ne négligeait pas non plus ses travaux de décoration ou d'architecture, et c'est du palais Capronica, où il s'était installé avec les pensionnaires, qu'il fit parvenir les plans de l'église de l'Assomption, dont la première pierre fut posée en 1670.

Charles Errard, une fois l'académie de France organisée, revint à Paris en 1672 et fut remplacé à Rome par Noël Coypel, qui occupa sa place pendant trois ans ; il y retourna, en 1675, avec le titre de directeur, et se consacra jusqu'à l'année de sa mort, arrivée en 1683, au perfectionnement de l'école de Rome, qui n'a cessé depuis d'être florissante et utile.

L'école de Rome, est devenue, depuis quelques années, l'objet de bien des critiques que je ne puis regarder comme sérieuses, parce qu'elles ne sont que le résultat malheureux ou coupable de l'entraînement des idées vers cette peinture de genre que j'ai prise à parti pendant ma dernière leçon, non pas pour la condamner absolument mais pour déplorer l'oubli qu'elle amène des grands principes de la véritable peinture française. Il faut n'avoir pas été à Rome, il faut n'avoir pas fréquenté cette jeunesse d'élite qui constitue dans la villa Médicis, à deux pas du lieu où s'élevait l'atelier de Nicolas Poussin, un centre intellectuel et artistique que le monde nous envie, pour méconnaître l'utilité d'un pareil établissement. On sait quelles sont les obligations faites par le règlement aux pensionnaires de l'école de Rome dans la section de peinture : ils doivent exécuter, pendant la première année, une figure peinte d'après nature et de grandeur naturelle, un dessin d'après les grands maîtres et un autre d'après un œuvre remarquable de sculpture de l'antiquité ou de la renaissance ; n'est-ce pas la continuation de l'enseignement académique tel qu'il fut inauguré sous les auspices de Le Brun en 1648 ?

L'élève de deuxième année est mis en demeure de faire apprécier les résultats de cet enseignement dans lequel il vient de se retremper pendant douze mois, malgré ses connaissances acquises et dont la manifestation dans un concours difficile et et solennel a décidé son envoi à Rome ; il doit fournir un tableau d'au moins deux figures nues ou en partie drapées, de grandeur naturelle. En troisième année, le règlement lui permet de corriger, par une nouvelle étude, les points défectueux de son travail pendant l'année précédente, c'est-à-dire qu'il lui réclame une copie peinte d'après un tableau ou une fresque de grand maître. Ce n'est pas tout ; son séjour dans la ville des modèles sublimes et de l'inspiration, a dû le mettre à même de devenir inventeur et d'aborder la composition originale ; on lui demande, en conséquence, une esquisse peinte de sa composition. En quatrième année enfin, il doit se révéler tout à fait peintre, en produisant un tableau complet de plusieurs figures de grandeur naturelle.

Je ne crois pas, qu'il puisse y avoir un programme meilleur au monde pour développer et même pour fonder la capacité d'un artiste. Les travaux des pensionnaires de Rome sont envoyés chaque année à Paris et exposés pendant une semaine à l'école des beaux-arts ; l'empressement de la foule à fréquenter ces expositions, les discussions qui s'établissent dans la presse et dans les lieux de réunion au sujet des œuvres exposées, montrent combien l'esprit public apprécie encore la grandeur de l'institution de l'école française à Rome.

On aime aussi à parcourir souvent ces petites salles de notre école où sont réunis les tableaux qui ont valu à leurs jeunes auteurs la réalisation d'un voyage dans la ville de Raphaël et de Michel-Ange. On se plaît à y relire les noms des hommes qui ont commencé ainsi leur réputation, et qui, pour la plupart, n'ont pas failli aux promesses de leur vingtième année.

Tous nos grands peintres ne sortent pas de l'école française de Rome, mais il en est bien peu parmi ceux qui ont eu le bonheur d'y passer, qui aient renié les leçons acquises dans cet asile académique. Notre pays, je le dis hautement à sa gloire, possède le culte inné des institutions qui ont fondé sa suprématie, mais la vivacité de nos impressions nous empêche souvent de vouloir l'immuabilité de ces institutions ; on est porté chez nous à confondre le changement avec le progrès, la révolution avec le perfectionnement. La critique artistique est aujourd'hui disséminée sous trop de plumes impuissantes, qui, sous prétexte d'inventer des nouveautés, répandent des hérésies dont l'opinion ne fait pas assez justice ! On se laisse aller à admettre tout ce qu'on entend et tout ce qu'on lit. J'ai rencontré des personnes auxquelles leur position, leur instruction et leur intelligence auraient dû défendre une telle légèreté ou un tel blasphème, jeter la pierre à l'académie française de Rome, en se faisant l'écho de je ne sais quel journal qui, farci du faux esprit de la rue et des brasseries, avait prétendu qu'en l'état actuel, un invalide suffirait à garder et à diriger la villa Médicis.

Les « Romains », ainsi qu'on est convenu d'appeler ceux qui ont passé par l'école de Rome, auront toujours parmi nos artistes le privilège d'une instruction première capable, à défaut du génie réel, de leur assurer les succès les plus légitimes ; s'il en est d'autres, comme j'espère le constater de plus en plus, qui viennent partager ces succès avec eux, ceux-là auront l'honorable mérite d'avoir été eux-mêmes se perfectionner auprès des maîtres immortels qui ne marchandent jamais leurs leçons à condition qu'elles soient sollicitées et écoutées avec la patience recueillie, qui assure les bénéfices et le respect de la tradition artistique.

J'ai cité Claude Vignon parmi les maîtres de l'académie de Saint-Luc, qui avaient été agréés au nombre des douze anciens de l'académie royale, lors de la jonction des deux compagnies. Ce peintre était né à Tours en 1590. Il avait commencé par être de l'école du Caravage et était revenu ensuite à un coloris plus frais, mais également faux dans son éclat. Ses tableaux sont très rares; ils sont regardés comme hors de toute vraisemblance dans la composition et le dessin. Sa manière expéditive l'a toujours empêché de produire des œuvres tant soit peu recommandables. L'église parisienne de Saint-Nicolas-des-Champs possède une *Circoncision* qui lui est attribuée. On rencontre de lui une *Adoration des Mages*, au musée de Lille, et un *Jésus discutant avec les docteurs* au musée de Grenoble. Le tableau de Lille paraît être le meilleur de son œuvre connue. On cite encore à Caen une figure de *Didon*, d'un style lourd et maniéré.

Je dois parler, après Claude Vignon, de Charles Poërson et de Lubin Baugin, qui passèrent avec lui du titre de jurés au rang d'académiciens. Charles Poërson, que l'on confond quelquefois avec son père, Paris Poërson, qui avait fait partie de l'atelier de Vouet, était né à Paris; il devint peintre du roi après son avènement à l'Académie, et fut occupé aux décorations du grand Trianon, à Versailles, et de divers palais. Je crois que le musée du Mans possède de lui deux toiles représentant des sujets de la *vie de Cincinnatus;* ses ouvrages à Versailles sont difficiles à désigner, s'il en subsiste quelques-uns; je me hasarderai seulement à signaler les figures de la grande perspective peinte sur le palier de l'escalier de la reine, comme étant de sa main; elles sont placées aux différents plans d'un grand décor architectural exécuté par Meusnier, qui avait la spécialité des perspectives et des intérieurs d'église; Blaise de Fontenay, dont j'ai déjà eu l'occasion de parler à propos de Baptiste Monnoyer, a peint les fleurs de cette composition. Charles Poërson paraît donc n'avoir été qu'un peintre très secondaire, à tel point qu'on fut obligé de lui retirer la décoration de la chapelle de Saint-Ambroise, aux Invalides, tant le travail commencé par lui était défectueux. Il devait mieux connaître la théorie et l'histoire de l'art que sa pratique, car on lui donna en dédommagement de sa déconvenue, la direction de l'académie de France à Rome, où il mourut. On raconte qu'il avait essayé de peindre, dans la manière d'Eustache Le Sueur, sans parvenir à être autre chose qu'un pâle et impuissant pasticheur de ce maître incomparable.

Lubin Baugin, connu au dix-septième siècle sous le surnom du « petit Guide », ne resta pas longtemps académicien; il était au nombre des jurés qui s'étaient fait introduire avec l'arrière-pensée de confisquer la nouvelle compagnie au profit de l'ancienne maîtrise; il fut destitué au commencement de l'année 1655. Il était né à Pithiviers; il paraît avoir voyagé en Italie, car Félibien dit qu'il a beaucoup imité les maîtres italiens gracieux, tels que le Guide, le Parmesan et l'Albane. Il a surtout laissé une réputation par les cartons qu'il fournissait en abondance aux manufactures de tapisseries. Sa manière était plus bizarre qu'originale, si l'on en juge par un petit tableau de lui que possède le musée de Nancy, et qui représente une *Vierge à l'enfant*, ou par une plus grande composition exposée dans le musée de Rennes sous ce titre : *La Vierge et le Nino;* les personnages y sont de grandeur naturelle et vus à mi-corps. Je citerai encore de lui une *Sainte Famille* reléguée dans un coin du musée de Dijon.

Je n'ai pas l'intention de prendre un à un les fondateurs ou les premiers membres de l'académie royale et de présenter chacun d'eux en particulier ; cela serait long, fastidieux et sans intérêt bien réel pour des leçons dont l'objet principal est de faire connaître les personnalités caractéristiques de l'école française de peinture. Je crois cependant que je commettrais une omission regrettable si je passais sous silence les deux Testelin, qui ont été des auxiliaires dévoués et utiles de Le Brun pour la fondation et les réformes successives de l'académie royale de peinture et de sculpture. Henri et Louis Testelin, nés à un an de distance l'un de l'autre, à Paris, en 1616 et en 1615, étaient fils de Gilles Testelin, peintre de Louis XIII ; tous deux furent élèves de Vouet. Ils ont exécuté un grand nombre de peintures decoratives. Les Testelin, et surtout Louis qui était l'ami particulier de Ch. Le Brun, se sont adonnés, en outre, au portrait, et, les premiers, ont porté atteinte à l'ancienne simplicité du genre en y introduisant des accessoires brillants et nombreux ; c'est ainsi que dans le portrait de Louis XIV âgé de dix ans, qui porte la signature de Henri Testelin, avec la date de 1648, dans les galeries de Versailles, le peintre a eu l'idée de mettre au pied du trône sur lequel le jeune roi est assis le sceptre à la main, les attributs de la peinture et de la sculpture.

Louis Testelin a exécuté, d'après les dessins de Le Brun, le grand tableau du *Passage du Rhin*, placé au palais de Versailles, dans la salle qui occupe l'emplacement du grand escalier de l'aile nord, détruit lors de l'établissement des galeries historiques. C'est encore d'après Le Brun qu'il a peint pour le même palais le *Mariage de Louis XIV et de Marie-Thérèse d'Autriche dans l'église de Saint-Jean-de-Luz*. Cette composition est intéressante parce que les personnages représentés, tels que Mazarin, Anne d'Autriche, Monsieur, frère du roi, et mademoiselle de Montpensier avec ses deux sœurs, sont traités comme de véritables portraits, et passent pour être d'une ressemblance assez exacte pour donner au tableau la valeur d'un document historique. Cette peinture était un modèle destiné à être reproduit en tapisserie, et fait pour être exécuté au rebours, ce qui explique pourquoi Louis XIV et la reine se donnent la main gauche.

Je recommanderai encore, dans l'œuvre de Louis Testelin, *la Prise de la place de Marsal* et *le siège de Dôle*, exécutés aussi pour la manufacture des Gobelins, d'après Le Brun et van der Meulen.

L'église Notre-Dame de Bonne-Nouvelle, à Paris, renferme un tableau peint par l'un des Testelin dans la manière de Sébastien Bourdon, plutôt que dans celle de Le Brun; il représente *Saint Louis pansant un blessé au milieu des princes de sa cour*. Je crois savoir que le Louvre possède en magasin un de ses tableaux, qui provient de Notre-Dame, et dont le sujet est *Saint Pierre ressuscitant la veuve*.

Henri Testelin a laissé un *Traité de la peinture et de la sculpture* où l'enseignement académique est formulé suivant les données rigoureuses de la tradition la plus épurée; il est moins connu que son frère, car sa qualité de calviniste le força à quitter la France et à aller s'établir à La Haye, après la révocation de l'édit de Nantes.

Louis Testelin, qui semble être resté en France, était un artiste timide, incapable de se défendre contre l'envie et la jalousie ; il eut été oublié sans l'aide de Le Brun que sa grande âme poussait toujours à veiller au succès des talents distingués. Les conseils du premier peintre du roi ont eu une grande influence sur l'effet général des tableaux de Louis Testelin ; son style est ample, mais trop uniformément massif ; son dessin, très régulier, est harmonieusement animé par une couleur légère, moelleuse et intelligente. Louis Testelin a aussi composé quelques dessins burlesques ou caricatures qui ont eu de la vogue ; entre autres : *la Déroute des Cormorans*, à propos de la chambre de justice établie pour juger les gens de finances ; *la Chasse de Mon-Oye*, logogriphe graphique où l'on voit une oie qui représente la Monnoye, et après laquelle tout le monde court.

Je fais grâce de peintres d'histoire de la même époque, tels que Daniel Hallé et son fils Claude Hallé qui, n'étant jamais sortis de leur patrie et n'ayant eu sous leurs yeux d'autres exemples à suivre que ceux des peintres les plus célèbres de leur école, ne furent que des imitateurs de ceux-ci, mais si lourds et si dégénérés que leur influence fit perdre aux élèves de leur atelier toute espèce d'idée de choix et de délicatesse. Il en est de même des deux frères Gilbert et Pierre de Sève, de Noël Quillerié, de Jean Cotelle, élève de Vouet, et d'Arnoud de Vuez, élève de Le Brun ; ce dernier artiste a laissé dans quelques églises de Saint-

Omer, sa ville natale, des tableaux qui sont des contrefaçons de son maître sous un coloris grisâtre et avec infiniment moins d'intelligence du clair-obscur.

Il serait long de dresser la liste de tous ceux qui ont été les imitateurs de Le Brun, non pas dans sa peinture de chevalet, souvent si voisine de celles de Poussin et de Le Sueur, non pas même dans son genre décoratif, où la richesse de l'invention et de la composition faisait oublier les défaillances du dessin ou du coloris, mais dans la manière froide, compassée, officiellement réaliste qu'il a souvent employée pour préparer les cartons destinés aux Gobelins. Cette peinture spéciale exige une sécheresse en rapport avec les ressources des métiers de haute-lisse; le peintre fait à son art les sacrifices nécessaires pour que la reproduction en tapisserie soit abordable, possiblement exacte, et produise, par les points, un effet que l'auteur du carton ne peut préparer qu'en ménageant beaucoup de teintes plates. J'aurais à parler dans cette catégorie de Claude Simpol, qui faisait surtout des grisailles, de Georges Lallemand et de bien d'autres, jusqu'à Antoine Dieu, qui a encore travaillé pendant le premier quart du dix-huitième siècle, et qui clôt la série en mettant un pinceau facile au service d'une composition dépourvue de tout caractère, d'un coloris faible, d'un dessin désastreusement lourd et d'un embarras extrême dans les draperies; on appréciera ce peintre en voyant dans la chambre de la reine, à Versailles, son immense tableau du *Mariage du duc de Bourgogne avec Marie-Adélaïde de Savoie;* cette peinture a été exécutée sous le règne de Louis XV pour la suite des modèles de tapisserie représentant l'histoire de Louis XIV; on y retrouve le profil de Louis XIV d'après la cire d'Antoine Benoist, placée actuellement dans la chambre du roi, et une *Madame Henriette d'Angleterre, duchesse d'Orléans*, reproduite exactement d'après le portrait connu où Rigaud l'a représentée tenant un petit chien.

Il est temps que je m'occupe d'autres artistes plus considérables, dont les noms complètent l'étiquette de l'école française de peinture du dix-septième siècle, qui ont établi, avec Le Brun à leur tête, le faste artistique de Louis XIV, qui ont vécu sous son règne et se sont éteints avec lui, comme s'il eût été arrêté par un décret du sort qu'aucun de ses brillants satellites ne devait survivre au nouveau Sardanapale qui se faisait appeler le Roi-Soleil.

La grande époque du grand roi s'est terminée avec le dix-septième siècle; c'est à la fin du dix-septième qu'ont disparu aussi les Corneille, les Molière, les Racine, les Poussin, les Le Brun et les Pierre Puget. Bossuet et Fénelon seuls, parmi les sommités de la littérature et des arts, ont franchi le terme qui paraissait assigné aux manifestations de la grande gloire et des grands mérites. C'est grâce à eux et en abusant d'eux que la cour a pu, pendant la vieillesse de Louis XIV, dissimuler son abaissement moral sous les dehors d'une pruderie hypocrite et dévote.

Les peintres, dont j'ai à parler maintenant, les Michel Corneille, les Boulogne, les Coypel, La Fosse et Jouvenet appartiennent, par les principales de leurs œuvres, à l'époque de transition et de première décadence qui fut celle de la maturité de leurs talents. Leur mort a précédé ou suivi de près celle de Louis XIV survenue, comme on sait, en 1715. Ils sont surtout peintres décorateurs, praticiens pour la confection rapide de cartons de tapisseries ou de grandes compositions tirées de l'histoire sacrée et profane; dans ce dernier genre, que j'envisagerai surtout, ils répondent parfaitement au goût de ce temps amoureux de spectacles.

Malgré Bossuet et Port-Royal, et en dépit des prélats qui, cachés au fond des loges grillées, allaient voir et étudier l'acteur Baron pour reproduire ses gestes en tonnant du haut de la chaire contre les spectacles, le théâtre était devenu le rendez-vous des esprits délicats. Plus plébéien que la peinture, l'art dramatique avait saisi toutes les classes; ses personnages empanachés enthousiasmaient la foule. C'est alors que les peintres allèrent plus loin que Le Brun; ils ne se contentèrent plus de farder le naturel comme celui-ci avait été obligé de le faire dans ses épopées allégoriques, ils adoptèrent la manière théâtrale, et le style emphatique remplaça dès lors le style pompeux.

Le musée du Louvre renferme certainement des tableaux de ces maîtres fort intéressants à étudier, mais insuffisants pour les faire bien comprendre. Par bonheur, il existe un édifice de Paris dont les peintures décoratives fournissent les meilleurs renseignements qu'on puisse désirer, c'est le dôme de l'église Saint-Louis-des-Invalides; je prie mes auditeurs de vouloir bien y entrer avec moi pendant quelques instants, sans négliger pour cela les salons de Versailles où les peintres en question ont laissé aussi des pages essentielles à connaître.

Je n'ai pas besoin de retracer l'histoire de l'hôtel des Invalides, dont la construction fut terminée en 1674 ; je rappellerai seulement que le dôme de l'église Saint-Louis, attenante à l'hôtel, a été bâti par Hardouin Mansard, au commencement du dix-septième siècle. On connaît la belle ordonnance architecturale de l'intérieur du monument qui abrite sous ses coupoles le tombeau de Turenne, dessiné par Le Brun et exécuté par le sculpteur Tuby, celui de Vauban, avec deux statues dues au ciseau de M. Étex ; enfin, le mausolée de Napoléon Ier, qui est l'œuvre de l'architecte Visconti avec les sculpteurs Duret et Pradier. Le sanctuaire du dôme est de forme elliptique ; il est orné de peintures exécutées par Noël Coypel pendant sa vieillesse. Les quatre chapelles latérales, placées aux quatre angles du massif, ont été décorées par Corneille et les Boulogne ; la grande coupole, enfin, a été peinte par Charles La Fosse et Jean Jouvenet.

Noël Coypel naquit à Paris, en 1628 ; il fit ses premières études artistiques à Orléans, chez un nommé Poncet. Il vint ensuite se perfectionner à Paris, dans l'atelier de Quillerié, d'où Charles Errard le fit sortir pour l'employer aux décorations du Louvre et des maisons royales. J'ai dit qu'il obtint son premier succès par ses peintures du plafond de la « salle des Machines », c'est-à-dire de l'ancienne salle d'Opéra, aux Tuileries. Il finit par être tellement apprécié pour son talent et surtout pour sa connaissance scientifique de la théorie de l'art, qu'il fut reçu à l'Académie, en 1663, sur la simple promesse de fournir son tableau de réception lorsqu'il aurait eu le temps de l'exécuter, ce qui n'eut lieu que longtemps après ; ce tableau est actuellement au Louvre, sous le n° 142 ; il représente *la Réprobation de Caïn qui vient de tuer Abel*.

Après avoir rempli les fonctions de professeur adjoint à l'école académique, et avoir exécuté les peintures décoratives de la salle du parlement de Bretagne, au Palais-Royal, il fut nommé, par Colbert, directeur de l'académie de Rome ; il resta à ce poste pendant trois ans, s'occupa utilement de la rédaction du règlement définitif de l'école, et dota les collections de celle-ci d'un grand nombre de moulages d'après l'antique. Il était lié avec Carle Maratte et le chevalier Bernin dont la manière plaisait à son tempérament. C'est pendant son séjour à Rome qu'il peignit les quatre tableaux qui portent les n°s 138, 139, 140 et 141, dans les galeries du Louvre. Ceux-ci étaient destinés au cabinet du Conseil, dans le palais de Versailles, mais à son retour en France, il dut exécuter en grand, d'après eux, les quatre compositions qui garnissent les voussures du plafond de l'ancienne salle des Gardes de la Reine. La première représente *Ptolémée Philadelphe rendant la liberté aux Juifs*. On y constate une absence presque totale d'expression dans les figures qui sont trop académiques et sentent trop le modèle d'école. Les draperies sont traitées à l'antique ; la perspective et l'agencement architectural du fond ne laissent rien à désirer. Les groupes sont bien pondérés, mais dans une manière qui tient du bas-relief. Il faut y reprendre, sous le rapport du coloris, des contrastes fâcheux, entre des carnations forcées en rouge, et d'autres qui paraissent livides parce qu'elles sont plus naturelles. Les mêmes qualités et les mêmes défauts se rencontrent dans les autres voussures. De plus, dans celle qui montre *Alexandre Sévère faisant distribuer du blé au peuple dans un temps de disette*, les expressions ont le tort grave de ne pas correspondre aux mouvements. L'abus du geste théâtral tourne au grotesque chez tous ces personnages dont les doigts s'écartent au bout de leurs bras machinalement tendus ou repliés à angle droit.

L'anachronisme du costume et des accessoires ne préoccupait nullement Coypel; ce parti pris de négligence est manifeste dans la voussure de *Trajan rendant la justice* et dans la quatrième où *Solon, expliquant les lois*, est assis avec ses auditeurs devant une table qui rappelle les bois dorés de l'époque de Louis XIV.

Le plafond de cette même salle fait voir, dans un cadre octogone *Jupiter accompagné de la Justice et de la Piété;* cette peinture est aussi de Noël Coypel; elle est inférieure à celle des voussures. L'éclairage y est factice, comme celle d'une apothéose scénique; les ombres sans violence sont laissées transparentes, mais les parties claires sont accusées avec exagération par des points ou des raies de lumière rehaussées de touches blanches. Le char d'argent, traîné par deux aigles sur des nuages opaques et lourds, est digne d'une gloire d'opéra. Les chairs des figures de femmes ont de la fraîcheur, mais, par contre, les corps masculins sont d'un rouge qui les fait ressembler à des comparses maquillés.

Après ces travaux de Versailles, Coypel se consacra surtout aux cartons de nombreuses tapisseries des Gobelins ; il ne commença qu'à l'âge de soixante-dix-sept ans les peintures à fresque placées au-dessus du maître-autel, dans le sanctuaire du dôme des Invalides. Il a représenté sur la voûte la *très sainte Trinité* et *l'Assomption de la Vierge*. Dans la première de ces compositions, le triangle symbolique rayonne au sommet, au-dessus d'une figure assise du Christ ; celui-ci étreint de son bras gauche le bois de la croix, et soutient, avec Dieu, le père, qui lui fait vis-à-vis, une couronne d'étoiles ; le Saint-Esprit plane dans les nuages ; à gauche et à droite sont des vols de chérubins et des anges en adoration. Les traits du Père éternel sont ceux d'un homme encore jeune ; cette infraction à la donnée iconographique chrétienne n'est pas la seule que Noël Coypel se soit autorisé à commettre. Dans la deuxième composition, la Vierge est totalement dépourvue de cet air classique de chasteté sérieuse et de candeur virginale que lui ont toujours donné les maîtres italiens et les grands peintres de notre école, tels que Poussin, Le Sueur et Le Brun ; elle n'a pas même cette coquetterie naïve que Mignard avait inventée pour la mère du Christ. Noël Coypel en a fait une sainte absorbée dans une extase mondaine ; elle rappelle la sainte Thérèse du Bernin, placée dans l'église de la Vittoria, à Rome ; c'est une beauté terrestre en extase de pénitence plutôt que de piété, faisant au ciel le sacrifice de ses tendances voluptueuses. Les trois anges qui soutiennent cette figure principale sont représentés dans un lancé gracieux et aérien. Je n'insisterai pas sur la valeur du coloris dans ces peintures; des restaurations, exécutées en 1852, ont détruit leur caractère primitif; les verrières à reflet jaune, qui éclairent la voûte, répandent d'ailleurs sur l'ensemble une lumière dorée qui fausse tous les tons ou empêche de les apprécier.

Antoine Coypel, fils du précédent, avait accompagné son père lorsqu'il vint à Rome diriger l'académie de France; ses débuts le placent au rang des petits prodiges. Lauréat de l'académie romaine de Saint-Luc, à l'âge de quatorze ans, il rentra à Paris pour remporter, l'année suivante, un second prix à l'académie royale, et fut reçu académicien n'étant âgé que de vingt ans. Cette facilité et ces succès précoces dus en grande partie à la faveur que le nom et l'autorité de son père faisaient rejaillir sur sa personne, lui défendirent le progrès. Il est resté un peintre abondant, un praticien plus habile que méritant, cherchant par dessus le marché à compenser par une magnificence d'emprunt la richesse d'invention naturelle que la rapidité d'exécution l'empêchait trop souvent d'exploiter. Nommé professeur et ensuite directeur de l'académie royale, il allait partir pour l'Angleterre, où l'attiraient des propositions avantageuses, quand le duc de Chartres, devenu duc d'Orléans, après la mort de Monsieur, lui confia la décoration de la nouvelle galerie du Palais-Royal, qui a été démolie depuis; plus tard, il fut le professeur de peinture de ce prince nommé régent du royaume. Il a composé un nombre immense de cartons de tapisseries d'après l'*Iliade* et l'*Histoire sainte*. Il était de plus grand collectionneur et amateur d'estampes ainsi que de dessins. Les palais et les églises de Paris étaient remplis de ses œuvres, aujourd'hui disséminées dans les musées de province. Il est mort à Paris, en 1722. Si l'on examine ses grandes compositions du Louvre, cataloguées sous les n⁰ˢ 143, 144, 145, 146, tirées des histoires d'Athalie ou d'Esther, et exécutées pour les Gobelins, on ne tarde pas à constater des expressions équivoques, des attitudes guindées, un mélange bizarre de l'antique et du moderne, des anachronismes impardonnables dans les costumes et dans les accessoires, tout cela au sein d'une distribution théâtrale et d'un coloris dont la chaleur ne respecte pas toujours les règles de l'harmonie. Gault de Saint-Germain a remarqué fort justement qu'il a introduit des physionomies françaises pour représenter des personnages anciens; si l'on avait à adresser la parole aux acteurs de ses scènes, on serait tenté de leur dire : « Monsieur Achille.... Monsieur Agamemnon.... »

Il est juste cependant d'ajouter que les toiles du Louvre sont insuffisantes pour juger Antoine Coypel; il s'est souvent montré supérieur à ces œuvres. Ainsi, le musée de Montpellier renferme deux tableaux qui proviennent de la suite peinte au Palais-Royal pour le duc d'Orléans, et qui ne manquent pas de qualités sérieuses. L'un a pour sujet : *Énée sauvant son père Anchise et ses dieux Lares;* une énergie vraie et une puissance expressive de bon aloi ressortent des figures de Créuse regardant avec effroi la destruction de sa patrie, et du jeune Ascagne, terrifié, qui presse ses parents de fuir au plus vite. Le second tableau représente : *La Mort de Didon.* La reine se perce le sein sur un bûcher dressé par ses mains, et Iris, la messagère de Junon, détache le cheveu fatal qui la retient encore à la vie. Ce tableau est exceptionnellement distingué, bien qu'encore décoratif et théâtral ; le soin que son auteur a pris de serrer son dessin, d'étudier les expressions, et d'équilibrer la composition, indique qu'il a voulu faire une œuvre d'art sérieuse, et non plus un simple carton de tapisserie.

Je n'introduirais pas dans cette leçon le nom de Charles-Antoine Coypel, fils d'Antoine Coypel, qui appartient au plein dix-huitième siècle par la date de sa naissance en 1694, si je n'avais à relever une erreur qu'on commet fréquemment, en attribuant à son père et non à lui, ainsi que cela doit être, les cartons des tapisseries si connues des Gobelins, qui représentent des scènes du roman de Don Quichotte.

La famille parisienne des Boulogne a produit cinq peintres de mérite. Deux fils, Bon Boulogne, dit l'aîné, et Louis de Boulogne ; puis deux filles qui portaient les prénoms de Madeleine et de Geneviève ; celles-ci ont perpétué jusqu'à la fin du premier tiers du dix-huitième siècle, le nom honorablement porté dans l'art de la peinture par leur père, Louis de Boulogne l'ancien.

Louis de Boulogne l'ancien était né en 1609 ; il a fait partie de l'académie royale, lors de sa fondation, comme adjoint aux douze anciens. Il s'était lié avec Sébastien Bourdon, et avait étudié à côté de lui à Rome. Il était surtout un copiste habile et, à ce titre, le collectionneur Jabach l'a souvent fait travailler. Il prit part, sous la surintendance de Colbert, aux embellissements du Louvre où il refit, d'après les dessins de Poussin, la partie brûlée de la grande galerie. Il exécuta aussi d'importantes peintures, au château de Versailles, dans l'attique du midi qui a été démolie sous Louis XV. Il était élève de Blanchard le père, et avait été envoyé en Italie avec une pension des échevins de la ville de Paris. Ses grandes décorations dans l'hôtel de M. de la Bazinière, trésorier de l'épargne, quai Malaquais, celles de la demeure de M. de Bizeuil, maître des requêtes, et du couvent des dames religieuses de l'abbaye du faubourg Saint-Antoine, lui avaient acquis de la célébrité et contribuèrent à sa nomination comme professeur à l'Académie, où il enseigna pendant dix-neuf ans; il prit part aux conférences organisées pour dévoiler l'ignorance des peintres de la maîtrise implantés dans l'académie royale et prononça, entre autres, un discours très remarquable sur le tableau de l'*Enfant Jésus et de sainte Catherine* par Titien. J'ai dit que Boulogne l'ancien était renommé pour ses copies; il a abusé de ce talent spécial qui l'avait fait employer par les amateurs de Paris et par le roi Charles Ier d'Angleterre. Il se plaisait à peindre ses copies sur des panneaux de bois auxquels il donnait, par des moyens factices, l'aspect de bois anciens et piqués; il était même arrivé à reproduire la patine des tableaux les plus vieux. Il s'est ainsi rendu le complice de bien des faux commis, de son temps et après lui, par des personnes qui n'hésitaient pas à vendre pour des originaux les fac-simile répandus par lui. Plus d'une collection possède sans doute encore de ces copies qui passent pour véridiques, tandis que l'œuvre originale a disparu ou est enfouie on ne sait où.

Bon Boulogne, dit Boulogne l'aîné, fils aîné du précédent, est un des artistes les plus laborieux de l'école française du dix-septième siècle. Il était né à Paris, en 1649, et ne quitta l'atelier de son père, près duquel il avait fait son apprentissage, que pour aller à Rome, où la protection de Colbert l'envoyait comme pensionnaire; il y resta cinq ans et se croisa, au retour, avec son frère Louis de Boulogne, plus jeune que lui de cinq ans; celui-ci allait rejoindre Errard, sous la direction duquel il exécuta, à destination de la manufacture des Gobelins, des cartons d'après les fresques de l'*école d'Athènes* et de *la dispute du Saint-Sacrement*.

Les deux frères avaient beaucoup copié les maîtres italiens pendant leur séjour en Italie, mais l'éducation première leur manquait pour tirer de ces travaux tout le fruit désirable; ils acquirent de la pratique, mais l'érudition leur fit toujours défaut. Ils ne furent pas moins académiciens. Ils savaient peindre et voilà tout, car leurs compositions sont systématiques, ainsi que le voulaient les allures de l'époque dans la grande peinture décorative. Bon Boulogne fut employé par Charles Le Brun aux travaux du palais de Versailles; il eut à s'y partager avec son frère les peintures des petits plafonds des quinze travées de la tribune du pourtour, dans la chapelle; Louis Boulogne peignit de plus la voûte de la chapelle de la Vierge, ou il a représenté une *Assomption*.

C'est dans le sanctuaire du dôme des Invalides que se trouvent les œuvres les plus considérables de ces deux peintres.

Les deux chapelles de Saint-Ambroise et de Saint-Jérôme ont été entièrement décorées par Bon Boulogne. Elles ont chacune une disposition architectonique analogue, qui ménage un plafond circulaire au sommet de la coupole et six compartiments oblongs répartis symétriquement en voussures autour des retombées. Dans la première de ces chapelles, la fresque de la coupole n'a rien de remarquable, elle fait voir l'*enlèvement de saint Ambroise au ciel ;* les draperies ne laissent pas deviner le corps du saint, dont la figure fait paquet au centre de la composition. La fresque supérieure de la chapelle de Saint-Jérôme représente la gloire du saint, agenouillé sur les nuages et regardant le ciel dans une posture contorsionnée, désagréable à voir.

Les fresques des retombées sont plus recommandables ; malgré la taille gigantesque des personnages, et leurs poses toujours guindées ou emphatiques, elles sont solides d'effet et d'exécution ; le dessin a peu de caractère ; la couleur est à la fois crue et brillante ; il faut y noter, comme qualité dominante, une recherche de naturalisme qui rappelle de loin la manière exacte du Dominiquin, que le peintre a certainement voulu prendre pour modèle. Je citerai, parmi les tableaux les meilleurs de la chapelle de Saint-Ambroise, celui qui représente *le saint élu miraculeusement archevêque de Milan ;* tout en condamnant sa violence déplacée, on appréciera la vérité du geste de saint Ambroise apaisant les cris du peuple qui l'acclame ; le jeune enfant placé au premier plan exprime bien l'effort qu'il est obligé de faire pour crier aussi haut que les hommes qui l'entourent. Les deux tableaux que j'engage à considérer ensuite représentent l'un *saint Ambroise convertissant un arien;* l'autre *saint Ambroise guérissant un démoniaque*; dans le dernier, la figure du possédé, qui se tord sur les dalles du portique, est d'un beau dessin académique. Dans l'autre chapelle, les six tableaux qui ont pour sujet des épisodes de la vie de saint Jérôme méritent d'être vus, mais ne fournissent aucune observation spéciale; je signale toutefois, dans celui qui montre *saint Jérôme effrayé par la pensée des jugements de Dieu,* le beau groupe des trois anges qui volent au-dessus du saint et dont l'un sonne bruyamment de la trompette. Bon Boulogne a peint, dans les embrasures des fenêtres qui éclairent le sanctuaire, de chaque côté du maître-autel, des concerts de génies célestes qui sont d'un assez beau caractère, quant à la composition surtout.

Je préfère aux fresques de Bon Boulogne, dans les deux chapelles que je viens de décrire rapidement, les fresques exécutées par son frère dans la troisième chapelle, consacrée à saint Augustin. La peinture de la coupole, où saint Augustin apparaît dans sa gloire, est d'un style noble et gracieux à la fois. Les six compositions du pourtour sont des œuvres de valeur qu'il faut noter, dans un temps où l'art de la peinture commençait à s'éloigner à grands pas des principes savants du beau. *Saint Augustin converti* forme le motif d'une peinture belle et limpide; le fils de sainte Monique est assis sous un figuier, son expression est celle de la réflexion extatique; deux ravissantes figures de chérubins voltigent au-dessus de lui dans l'azur lumineux du ciel sur lequel se détache un fond d'architecture agréablement entremêlé de verdure. Le tableau qui représente *saint Augustin prêchant à Hippone en présence de l'évêque Valère* est remarquable par la science de la composition ; la scène se passe dans une basilique ; les groupes d'assistants sont bien reliés les uns aux autres, tout en gardant chacun son intérêt particulier, comme celui de la femme qui anime le premier plan en recommandant à son enfant le silence et l'attention. Enfin, il m'est impossible de laisser de côté la belle scène de *saint Augustin, à son lit de mort, guérissant un malade*. Louis de Boulogne a rendu admirablement l'attitude du saint pendant qu'il impose les mains et tourne vers le ciel un regard où se lit la prière, non plus pour lui-même qui va quitter la terre, mais pour celui qui souffre à ses côtés ; le malade forme un groupe touchant avec le serviteur sur les genoux et le bras duquel il s'affaisse inertement.

Le Louvre possède, sous le numéro 33, le tableau exécuté par Bon Boulogne sur sa réception à l'Académie ; il a pour sujet *le Combat d'Hercule contre les Centaures*.

La toile du *Christ et de la Samaritaine*, peinte par Louis de Boulogne pour le *May* de l'année 1695, appartient au musée de Rennes.

L'œuvre de chevalet des deux frères est dispersée dans les musées de province et à l'étranger ; la plupart de leurs grandes peintures décoratives ont disparu avec les parties de palais ou les hôtels particuliers qui les abritaient.

Une des meilleures pages de Louis Boulogne se voit actuellement dans l'église de l'Assomption, elle représente : *saint Germain donnant une médaille à sainte Geneviève, en présence de la Vierge et de sainte Catherine.* Le tableau est signé et porte un écu, celui du donateur sans doute, ou celui du peintre; on sait, en effet, que ce dernier avait été anobli par lettres patentes du Régent.

Cette même église de l'Assomption était autrefois ornée de peintures qui décoraient le pourtour du Dôme entre chacune des fenêtres; ces peintures subsistent, mais ont été recouvertes d'une couche de badigeon blanc qu'on jugera peut-être bon d'enlever un jour; il y avait là deux tableaux de Bon Boulogne : *la Présentation de la Vierge au Temple*, et *le Mariage de la Vierge;* quatre autres représentent *l'Annonciation*, par Jacques Stella; *la Conception* et *la Purification*, par Antoine Coypel; et *la Fuite en Égypte*, par Le Moine.

Bon Boulogne mourut en 1717, seize ans avant son frère, qui fut l'un des derniers survivants du groupe des peintres que j'ai rangés à la suite immédiate de Le Brun, ou du moins parmi les plus proches imitateurs de sa manière. Geneviève et Madeleine de Boulogne paraissent avoir aidé leurs frères dans leurs travaux décoratifs; elles peignaient surtout des fleurs et des attributs. Je ne connais aucune œuvre de Geneviève. Je peux signaler dans le salon et l'antichambre de la reine, au palais de Versailles, quatre dessus de portes représentant des trophées d'armes et d'instruments militaires, qui sont de la main de Madeleine de Boulogne ; ils sont très fermement peints, d'une couleur vive et intense, d'un dessin soigné, avec des jeux de lumière très ingénieusement combinés pour faire saillir les reliefs.

La quatrième chapelle du dôme des Invalides, celle de Saint-Grégoire, nous met en présence de Michel Corneille l'aîné, autrement dit de Corneille des Gobelins, ainsi qu'on le surnomma à cause du logement que le roi lui avait donné dans les bâtiments de la manufacture. Michel Corneille l'aîné naquit à Paris en 1642; son père, qui portait le même nom que lui, avait été un des douze anciens de l'académie de peinture. Corneille l'aîné avait été pensionnaire de l'académie de France à Rome, avait voyagé en Italie et s'était donné les Carrache pour modèles de prédilection; il devint académicien et faillit être le gendre de Mignard dont il s'était attiré les bonnes grâces par une reproduction en grisaille de la coupole du Val-de-Grâce. Sa manière plus originalement tranchée et plus élevée que celle des contemporains, dont je viens de faire apprécier les qualités et les défauts, ne peut être connue que par une visite du dôme des Invalides et du palais de Versailles. Il a peint le plafond du salon de la reine; c'est là son œuvre la plus médiocre; il y a représenté *Mercure répandant son influence sur les arts et sur les sciences*. Je crois que des retouches maladroitement faites ont altéré la composition au lieu de la faire revivre; dans l'état actuel le modelé n'existe plus, les raccourcis ne sont plus accusés, et le ton général est d'une fadeur écœurante.

J'aime mieux la coupole et les six tableaux à fresque de la chapelle de Saint-Grégoire, malgré les restaurations de Doyen à la fin du siècle dernier, et le chancis que l'humidité de la voûte a répandu sur toutes les surfaces peintes. L'ordonnance générale est la même que dans les autres chapelles; une coupole ronde et six panneaux le long des retombées. Le meilleur morceau est celui de la coupole; il représente *l'Enlèvement de saint Grégoire au ciel;* l'attitude du saint, revêtu de ses habits pontificaux, est majestueuse, bien qu'empreinte d'humilité chrétienne; l'ange qui vole en brandissant la crosse papale et ceux qui supportent la gloire sur laquelle saint Grégoire monte vers Dieu, forment un ensemble d'un bel effet aérien et plafonnant. Le caractère des six tableaux inférieurs est un peu rude, leur aspect a quelque chose de sauvage qui tient surtout au coloris; Michel Corneille ne savait pas harmoniser les couleurs juxtaposées; il avait une entente parfaite du clair-obscur, mais se laissait aller à des oppositions trop violentes, à un abus de reflets blanchâtres répandus sur des parties intentionnellement tenues dans des tons énergiques. Ses perspectives sont admirablement rendues; il sait mieux que personne ouvrir et approfondir la scène en ménageant avec discernement les espaces nuisibles à l'intérêt des groupes. Le tableau qui représente *saint Grégoire donnant tous ses biens aux pauvres* est composé avec art; on se demande seulement pourquoi saint Grégoire, qui fut préteur avant d'embrasser les ordres, est représenté vêtu en espèce d'hidalgo à la manière du Cid; pourquoi aussi, dans la composition de *la peste cessant à la suite des prières ordonnées par le pape,* avoir gâté la mise en scène historique de la procession qui circule devant le château Saint-Ange par l'introduction d'un petit page habillé comme l'étaient les gens de la maison du roi à Versailles?

Le musée de Tours possède un très intéressant tableau de Michel Corneille qui représente *le Massacre des Innocents;* cette toile provient de l'ancienne église des Saints-Innocents de Paris; elle avait été longtemps exposée à l'église Saint-Jacques-la-Boucherie, avant la Révolution. Une *Assomption de la Vierge,* exécutée par le même peintre et provenant de l'église de l'Assomption, appartient au musée de Dijon. Michel Corneille est mort aux Gobelins en 1708. Il est le dernier que j'avais à présenter parmi les peintres de l'école française du dix-septième siècle, qui se sont formés à la grande peinture décorative par l'exemple des travaux de Versailles, ou par leur collaboration dans ceux-ci. Je suis tenté de dire qu'il y a eu une école de Versailles, comme il y avait eu une école de Fontainebleau. Les maîtres, dont il me reste à vous parler, inclinent vers le style du dix-huitième siècle. Jouvenet et La Fosse, avec lesquels j'entamerai ma prochaine leçon sont les intermédiaires les plus nettement désignés pour passer de l'école de Le Brun à celle de l'époque du Régent et de Louis XV.

J'ai une observation à faire avant de finir; je n'ai pu citer que très peu de tableaux attribuables aux peintres nombreux dont j'ai parlé aujourd'hui; leurs œuvres sont nombreuses cependant, mais elles sont très disséminées, et les documents manquent pour connaître les lieux, les musées, les palais, les églises, les collections particulières où elles se trouvent actuellement. Les intéressants volumes de M. Clément de Ris sur les musées de province fournissent bien quelques indications, mais laissent encore une lacune considédérable; celle-ci sera bientôt comblée grâce au zèle, à la patience et aux recherches savantes et méthodiques entreprises de différents côtés. C'est ainsi qu'une commission de l'inventaire des richesses d'art de la France, travaillant sous le contrôle de la direction des beaux-arts, étend ses investigations sur tout le territoire national, et a déjà établi la monographie historique, artistique et descriptive d'un grand nombre d'édifices et d'églises de Paris et de la province.

Je vous signale enfin et je vous annonce avec tous les éloges mérités par une aussi belle entreprise, que le service de la direction des travaux d'art de la ville de Paris, a commencé et poursuit le relevé de tous les tableaux et de toutes les peintures, qui existent actuellement dans les églises de la capitale. Chaque morceau formera l'objet d'un chapitre indiquant ses origines, ses pérégrinations, sa légende, son état actuel et les restaurations subies. La partie critique formera dans cet ouvrage intéressant une série de chapitres, dont la valeur sera considérable, si l'on en juge par la conscience et l'autorité de ses auteurs en matière d'art, en même temps que par leur connaissance approfondie de l'histoire de la ville de Paris.

TREIZIÈME LEÇON

Santerre. — La Fosse. — Jouvenet. — Louis Galloche. — Joseph Parrocel et sa suite. — Hyacinthe Rigaud et Largillière. — Les portraitistes.

Ainsi que je l'ai fait sentir pendant ma dernière leçon, la peinture française de la fin du règne de Louis XIV avait des tendances d'autant plus marquées vers l'art spécieux, que les peintres ne s'occupaient plus pour ainsi dire que de la mimique de leurs compositions ; ils peignaient, sous tous les noms de l'histoire et de la mythologie, des personnages emphatiques de théâtre ; leurs héros étaient devenus des comparses couverts de costumes se rapportant ou ne se rapportant pas à l'époque du sujet. J'ai dit que Charles-Antoine Coypel s'était trouvé impuissant à soutenir le nom que son père avait relativement illustré pendant la deuxième moitié du dix-septième siècle. Après quelques tableaux de chevalet inégaux de mérite, et en même temps qu'il s'adonnait aux plates compositions que la manufacture des Gobelins accueillait trop facilement, il se mit à peindre des « bambochades, » c'est-à-dire des toiles de genre sur lesquelles ses contemporains prirent le change et crurent lire l'expression d'un esprit raffiné.

Je cite spécialement et de nouveau Charles-Antoine Coypel parce qu'il a été l'un des premiers représentants, dans l'art de peindre, de ce que j'appellerai le bel esprit, qui commençait à envahir tous les rangs de la société française ; l'érudition et la culture de son intelligence pouvaient faire de lui un critique et un professeur compétent pourvu qu'il ne créât pas des imitateurs, mais il était désigné pour être le grand ancêtre de ces petits maîtres devenus si nombreux de nos jours, qui voient l'art par ses côtés faciles ou plaisants, fréquentent le théâtre au lieu de l'académie, font vivre leurs personnages comme on fait parler des acteurs de comédie, et oublient les leçons de la nature devant les représentations d'un monde factice. Charles-Antoine Coypel éblouissait son entourage par son élégant bavardage ; ses mots étaient recueillis comme ses petits tableaux étaient acceptés. La race des sots artistiques allait naître grâce à lui, comme il arrive chaque fois que des peintres intéressés ou peu scrupuleux de leur dignité, laissent tomber à la portée de bourses mieux garnies que la cervelle de leurs propriétaires, des œuvres nulles sous le rapport de l'exécution et du sentiment, mais flatteuses d'aspect.

Un autre peintre vint à l'aide de Charles-Antoine Coypel pour préparer le goût public aux raffinements de la Régence ; ce fut Jean-Baptiste Santerre, né à Paris, en 1650. Il avait été l'un des meilleurs élèves de Bon Boulogne, mais il ne tarda pas à se montrer tout à fait indocile au style académique ; il en est résulté que sa réputation n'a jamais égalé ses mérites, qui sont cependant réels dans le dessin et dans le coloris. Ses tableaux sont d'un beau fini ; son trait est régulier tout en étant moelleux. Malgré le flou de son pinceau, il dédaignait les couleurs légères et diaphanes ; il ne se servait que de couleurs solides ; on rapporte même qu'il cherchait à se rendre compte dans la rue, en observant les enseignes des boutiques, des couleurs que le temps détruisait le moins. Ainsi que l'a dit un de ses contemporains, « son art voluptueux consistait à caresser d'un pinceau un peu féminin les nudités des chastes Suzannes, » mais il faut ajouter que sa magie fut de trouver dans sa pâte robuste toutes les grâces, toutes les légèretés, toutes les transparences que les peintres sans souci du lendemain produisent avec les glacis.

Santerre s'était mis d'abord à faire des portraits, mais il ne pouvait se résoudre à imiter dans son modèle autre chose que les traits qui lui semblaient agréables, quitte à sacrifier la ressemblance ; il arriva progressivement ainsi à composer des têtes de fantaisie, et on peut dire qu'il a été le premier introducteur d'une pareille audace. Il aimait les femmes au point qu'il peuplait son atelier des plus belles filles qu'il pouvait rencontrer ; il les faisait poser pour ses tableaux où les types de Vénus et de Sainte-Vierge se confondent ; il vivait au milieu d'elles comme un pacha dans son harem. Louis XIV aimait son talent et lui avait acheté une Madeleine pour la placer dans son cabinet ; ce qui avait flatté le goût du roi, c'est que la figure peinte par Santerre, donnait l'idée d'une repentante peu sincère et toute prête à céder à la première occasion de péché d'amour. Mais son pinceau n'eut jamais de caresses plus voluptueuses que lorqu'il peignit ensuite une sainte Thérèse en. « méditation ; » il trouva moyen de faire sentir dans ce tableau, et sur les traits de la sainte, la lutte passionnelle entre l'amour divin et l'amour profane ; pour le coup, Louis XIV lui accorda une pension.

L'âge ne changea pas les habitudes galantes de Santerre, qui lui valurent l'amitié du Régent ; on rapporte que ce prince voulut lui prouver qu'il savait admirablement choisir ses maîtresses, et lui dévoila les beautés de sa favorite, Mme de Parabère. L'histoire ne dit pas si Santerre joua le rôle de Gigès après que le régent eut joué celui du roi Candaule, mais on sait qu'il peignit Mme de Parabère en Eve.

La peinture sensuelle de Jean-Baptiste Santerre devait aboutir au genre faux de François Boucher. Les bambochades de Charles-Antoine Coypel n'eurent pas un résultat aussi fâcheux ; un peintre de grand esprit et de grand sentiment, Antoine Watteau, est devenu le chef de cette délicieuse école du dix-huitième siècle, qui a montré au monde qu'après avoir été grand dans l'épopée, le génie français sait encore émouvoir, n'eût-il que l'arme du madrigal pour atteindre au cœur.

Si j'ai un regret profond, c'est celui de n'avoir pu, pendant ce semestre, vous présenter l'histoire de l'école française de peinture au dix-huitième siècle, après celle du dix-septième siècle ; j'aurais voulu avoir le temps de montrer que notre tempérament national a toujours été opposé à la banalité et au non sens. Nos péchés artistiques ont été des péchés humains. Les peintres de la Régence et du règne de Louis XV ont certainement participé à l'esprit du temps qui rejetait les grands modèles de l'antiquité, et préférait les frivolités empruntées à la littérature moderne; ils ont cédé au courant qui substituait l'idéal sensuel à celui des jouissances morales, et réclamait plus d'ingéniosité que de génie dans le talent. L'académie royale avait ouvert ses portes à des grands seigneurs, à de riches financiers qui, sous le titre d'académiciens libres, se pavanaient dans leur dignité d'amateurs parvenus et prétendaient y donner le ton par leurs discours et leurs écrits. Nos artistes étaient trop souvent devenus, à ce contact, des beaux esprits manqués, mais de mauvais peintres; il faut reconnaître toutefois que leur scepticisme a presque toujours été élégant; leur manière a subi la même transformation que le costume; celui-ci avait perdu cette ampleur qui impose la tenue et la dignité; la culotte y avait remplacé les trousses à canons; on était revenu à la poudre comme à l'époque des petits-maîtres et des abbés mondains de la fronde. L'art, lui aussi, s'était fait coquet et fluet, mais sans trivialité; il était galant et pompadour. Watteau a peint la vie frivole avec la désinvolture spirituelle d'un philosophe qui veut parler la langue de ceux qui l'écoutent, mais qui en manie les termes avec une poésie si peu digne d'un tel auditoire, qu'elle est restée un modèle impérissable. J'aurais parlé de peintres agréables et frivoles; des appétits nouveaux des classes qui se confondaient à la curée des actions du Mississipi, gaspillaient largement des fortunes acquises par une spéculation passée à l'état de maladie, amoindrissaient les privilèges au profit du réalisme égalitaire; j'aurais eu encore à signaler bien des noms qui restent attachés à la grande peinture, depuis Le Moine et Subleyras qu'on a trop souvent et sans pitié regardés comme des adeptes arriérés ou déchus du style classique, jusqu'à Vien et David, en passant par les ateliers de Doyen, de Lagrenée, de Suvée et de bien d'autres, dont les œuvres honorent notre pays. Mon temps est limité ; il me permettra à peine de dire ce qu'étaient La Fosse et Jouvenet qu'il faut considérer comme des intermédiaires entre l'école de Le Brun et celle du dix-huitième siècle.

La Fosse était fils d'un orfèvre de Paris ; il était né en 1636. Chauveau, célèbre dessinateur et graveur du temps, fut son premier maître. Il passa ensuite dans l'atelier de Le Brun sous la direction duquel il travailla jusqu'à l'âge de 22 ans. Un séjour prolongé à Rome le mit à même d'étudier et de copier les peintures de Raphaël, mais un voyage à Venise changea sa manière de voir, au point qu'il ne voulut plus reconnaître d'autres modèles que les coloristes. Il resta trois ans en face de Titien et de Paul Véronèse avant de rentrer à Paris, où il devint un décorateur très recherché ; ses contemporains s'enthousiasmèrent pour lui jusqu'à le mettre en parallèle avec Paul Véronèse.

A l'instar de Pierre Mignard, La Fosse s'était amouraché d'une certaine demoiselle Béguin, dont il fit sa femme et qui lui servit constamment de modèle pour représenter la Vierge ou des figures de saintes. Mlle Béguin ne devait être ni réellement jolie, ni d'une taille élancée, car les personnages féminins de La Fosse ont toujours des proportions trapues, et leurs airs de tête sont communs. Ses compositions sont riches, ses groupes sont heureusement disposés, malgré les remplissages qu'il introduisait trop souvent pour soutenir son impuissance relative à côté du luxe et de l'invention intarissables de Charles Le Brun. Il a fait très peu de tableaux de chevalet, étant presque toujours employé aux travaux publics. Son habileté était prodigieuse pour produire des ensembles qui faisaient un effet incontestable, malgré les défauts que l'analyse y fait découvrir, tels que des touches heurtées, un désordre choquant dans les draperies dont les plis se confondent, et une nullité flagrante de style dans le dessin. Par contre, il sait merveilleusement harmoniser les contrastes et appliquer intelligemment la science du clair-obscur. Sa célébrité repose avant tout sur ses qualités de coloriste ; sa couleur ardente et lumineuse tire sur le jaune doré.

Il sera facile de contrôler les observations dont je viens de faire part, en s'armant d'une lorgnette pour examiner le fouillis de figures dont La Fosse a décoré la lanterne percée au milieu de la voûte de l'église de l'Assomption. Cette fresque représente *l'Assomption de la Vierge ;* elle est très endommagée ; l'esquisse de cette composition est au musée de Rouen. L'église actuelle est réduite à sa coupole ; il avait peint, dans une chapelle attenante qui a été détruite lors de la Révolution, *la Sainte Trinité* et *le Couronnement de la Vierge.*

La Fosse décora, à la même époque la chapelle de l'hôtel de Mlle de Montpensier et le château de Meudon pour M. de Louvois.

La Fosse entreprit, en 1705, les peintures de la grande

coupole des Invalides; c'est là son œuvre capitale. J'ai tenu à voir de près cette vaste composition, et une ascension jusqu'à elle, m'a permis de constater les mauvaises restaurations qu'elle a subies, l'état lamentable de dégradation où elle se trouve quand même, et le lâché inimaginable d'un dessin qu'est venu animer une peinture rousse faite à l'effet. J'y ai surpris La Fosse en plein délit de praticien insouciant de tous les principes de l'art sérieux et mesuré, mais j'ai trouvé en lui le témoin naïf du procédé décoratif qui tendait de plus en plus à convertir l'art de peindre en un métier rattaché à une tradition artistique. Toutes les figures sont entassées dans un pêle-mêle inextricable au pourtour de la retombée de la voûte; la partie libre du sommet est désagréablement coupée par un nuage opaque frangé de reflets d'aurore. On connaît le sujet de cette fresque : Saint Louis, revêtu du costume royal, entre dans la gloire céleste au milieu d'un cortège d'anges qui soutiennent son manteau et portent l'écu de France fleurdelysé. Le roi est à genoux et vu de profil; sa couronne est à ses pieds; il présente à Jésus Christ l'épée avec laquelle il a triomphé des ennemis du nom chrétien. Le Fils de Dieu est assis sur un trône de nuages; son bras droit, appuyé sur le globe terrestre, tient le sceptre du monde, et sa main gauche s'élève pour bénir; une draperie légère voltige autour de son torse nu. La Vierge en prières est à ses côtés. A l'opposé de ce groupe principal, le peintre a représenté un concert d'anges jouant de la harpe, de l'orgue et du violon; les figures de ces musiciens célestes sont gracieuses, mais n'émergent pas assez de la nuée cotonneuse qui les étouffe. Dans l'intervalle de droite, d'autres messagers célestes portent la croix et les instruments de la Passion, au milieu desquels la colonne tient une place démesurément grande; tous ces anges ont une physionomie féminine et uniforme; ils ont le type de dames de la cour. Comme pendant aux emblèmes de la Passion, une grappe d'esprits divins et de chérubins, tourbillonne au milieu de vapeurs lumineuses. Si des mesures intelligentes ne sont pas prises à bref délai par l'administration compétente, cette peinture est appelée à disparaître comme tant d'autres, que La Fosse avaient exécutées dans un grand nombre d'édifices de Paris ainsi qu'en Angleterre chez lord Montaigu, à Londres, et dans le palais de Hampton Court.

Les quatre pendentifs trapézoïdaux de la coupole des Invalides sont aussi décorés par La Fosse, ils contiennent les figures des quatre Évangélistes, d'un dessin plus serré, mais représentées dans des attitudes nonchalantes qui font déjà penser à François Boucher.

Lorsque Mansard mourut, La Fosse avait dessiné d'après ses ordres un projet complet de décoration pour la chapelle du palais de Versailles; on ne lui confia pas l'éxécution de tout l'ensemble; il demeura seulement chargé de peindre la *Résurrection du Christ* sur la partie de la voûte placée au-dessus du maître-autel; sa facilité d'exécution était tellement grande que son travail fut achevé en moins de quatre mois.

Le palais de Versailles renferme d'autres compositions du même peintre; ce sont d'abord deux voussures de la salle de Diane, montrant, l'une *Jason et les Argonautes abordant à Colchos*, l'autre *Alexandre à la chasse au lion*. Je citerai ensuite, en le recommandant tout particulièrement, le beau plafond du salon d'Apollon. Le dieu du jour, sur son char tiré par quatre chevaux, est représenté sous les traits de Louis XIV ; autour de lui, le Printemps porte une corbeille de fleurs ; l'Automne est figuré par Bacchus tenant une coupe dans laquelle un génie verse du vin ; l'Hiver, par un vieillard assis près d'un brasier ; l'Eté, par Cérès tenant une faucille. Dans le bas sont deux femmes symbolisant l'une l'*Abondance*, l'autre la *France*. C'est une singulière peinture pleine de défauts et de qualités, où La Fosse a su introduire du pittoresque dans le grandiose ; la perspective du fond paysagesque et architectural est savamment rendue ; les draperies y sont moins désordonnées que dans ses autres tableaux, mais le chatoiement exagéré de la lumière sur les étoffes et sur les chairs est d'un effet aussi faux que fâcheux.

Ce qui manquait à cet artiste, c'était l'intelligence de son art et le discernement ; vers la fin de sa carrière, il se confessa de s'être trompé toute sa vie en ne prenant pas pour uniques modèles les peintures que le Primatice avait laissées dans le palais de Fontainebleau et qui lui paraissaient tout à coup supérieures à toutes celles du Vatican et du palais ducal de Venise. Ce revirement d'opinion qui détourna son admiration des œuvres de Rubens et de Van Dyck, qui avaient eu ses premières sympathies parce que, ces maîtres, avaient été, comme lui, étudier les Vénitiens, est excusable chez La Fosse parce qu'il a été sincère ; la probité et la conscience étaient le fond de son caractère, et il n'avait jamais connu d'autre bonheur que son travail. Il mourut en 1716, à l'âge de 79 ans, après avoir été pensionnaire du roi et directeur de l'Académie, après la mort de Mignard.

Après vous avoir parlé d'un coloriste, j'ai à vous entretenir d'un naturaliste éclectique, de Jean Jouvenet, qui naquit à Rouen, en 1644. Son père, Noël Jouvenet, qui avait été le premier maître de Poussin, lui enseigna les éléments du dessin. Jean Jouvenet arriva dans Paris à l'âge de 17 ans, en 1661, et courut assez longtemps les ateliers de la capitale avant d'obtenir un commencement de notoriété. Le premier tableau qu'on cite de lui est un *Moïse faisant jaillir l'eau du rocher*; il était exécuté dans la manière de Poussin, que son père n'avait cessé de lui recommander comme modèle à suivre. Un tel début était de nature à lui concilier les bonnes grâces de Le Brun, dont la carrière s'était ouverte sous les mêmes auspices; celui-ci l'attira à lui et l'employa aux décorations de Versailles. Son nom fut dès lors connu, et, en 1668, il fit le tableau de *May* pour Notre-Dame, après avoir été reçu à l'Académie sur la présentation d'une toile ayant pour sujet l'*évanouissement d'Esther*, qui orna longtemps le local des séances académiques.

Le premier chef-d'œuvre de Jouvenet, celui qui restera au nombre des belles pages de la peinture française, c'est la *Descente de croix* exécutée pour le maître-autel de l'église des Capucins, qui se trouvait autrefois sur la place Vendôme; ce tableau appartient aujourd'hui au musée du Louvre, sous le n° 301. Je me suis souvent demandé, en étudiant cette magnifique composition, comment l'auteur d'un tel morceau avait pu déserter tant de fois une voie où il était si vaillamment entré. Jean Jouvenet a évidemment subi le sort commun ; il a été condamné à l'inégalité de talent, ou plutôt d'exécution, comme tous les peintres de la fin du siècle de Louis XIV ; je dirai même comme la plus part de ceux du dix-septième siècle. La faute en est à la multiplicité des ouvrages qu'on leur confiait, au peu de temps qu'on leur permettait de consacrer à la peinture de chevalet, c'est-à-dire à la libre traduction de leur sentiment.

Il faut s'arrêter longuement devant la *Descente de croix* de Jean Jouvenet. On dirait qu'il a suivi l'exemple de Rubens, en choisissant le même sujet pour montrer qu'il était un penseur idéal avant d'être un praticien inventif ; les deux saintes femmes et la Madeleine agenouillée au pied de la croix ont une expression douloureuse d'une délicatesse exquise ; on remarquera aussi la sollicitude recueillie de Joseph d'Arimathie et de saint Jean, qui s'apprêtent à recevoir dans son linceul le corps du Christ soutenu par cinq belles figures académiques d'hommes. La lumière discrète et mystique qui éclaire la scène augmente son caractère de grandeur impressionnante.

Quelques années auparavant, Jean Jouvenet avait été chargé de décorer la chambre du conseil du parlement de Rennes ; cette commande avait été pour lui l'occasion de produire de véritables chefs-d'œuvre d'un autre genre. Voici les renseignements que j'ai pu recueillir sur l'ornementation de cette salle qui est restée l'un des spécimens les plus charmants et les plus purs de l'art décoratif du dix-septième siècle : Le 21 juin 1669,

Pierre Dumesnil, maître menuisier, et Jean Gillet, maître sculpteur, firent marché, pour l'exécution des lambris et du plafond de cette chambre moyennant 7300 livres; les travaux étaient terminés, en 1694, et on demanda alors les peintures à Jouvenet. Les archives de l'art français ont publié la lettre dans laquelle ce dernier annonce l'envoi de ses tableaux. On ignore les noms des artistes remarquables auxquels furent confiées les peintures accessoires qui accompagnent les compositions de Jouvenet. Je ne sais si ces compositions ont été gravées, mais les ornements de la salle ont été publiés dans le bel ouvrage sur l'*Art architectural en France* édité par MM. Noblet et Baudry; une partie a été reproduite dans le *Magasin pittoresque* de l'année 1866, à la page 15.

Le Louvre et le dôme des Invalides permettent par contre, de constater combien Jean Jouvenet a pu être inégal à lui-même dans une certaine partie de son œuvre. Je signalerai d'abord les quatre tableaux de notre musée National, qui portent les n°s 299, 298, 297, 300, et ont pour sujets : *Les Vendeurs chassés du Temple; La Résurrection de Lazare; La Pêche miraculeuse; Le repas chez Simon le Pharisien.* Ces immenses compositions sont supérieures à celles des Invalides; elles se recommandent surtout par des traits hardis, une ordonnance magistrale et une étonnante facilité d'exécution. Jouvenet ne s'est pas assez attaché à rendre l'expression du sujet; il est tombé là dans une manière dangereuse à suivre parce qu'elle n'aborde que des idées communes et les masses extérieures sous des apparences captieuses ; il ne révèle plus cette pénétration et cette étude de l'émotion vraie qu'il avait su communiquer dans son tableau de la *Descente de Croix*. Jouvenet a eu des éclairs d'inspiration, mais ceux-ci se sont renouvelés rarement parce que leur éclat n'avait pas pour point de départ l'instruction et la science spéculative, dont l'artiste doit toujours s'entourer.

Ces tableaux, s'ils formaient à eux seuls le bagage artistique de Jouvenet, tendraient à prouver qu'il n'avait pas l'élévation d'idées qui convient au style sublime, ni le sentiment inné de l'expression. Par contre, il entendait bien l'ordonnance d'une scène; sa touche était ferme; il avait le sentiment de l'harmonie et dépassait ses contemporains par le jet large et souple des draperies. Il était, avant tout, un naturaliste qui saisissait bien ce qu'il voyait, mais sans approfondir son modèle. Ses figures du Christ debout, dans les deux compositions de la *Résurrection de Lazare* et des *Vendeurs chassés du Temple* ne sont plus théâtrales à la manière des autres peintres de son époque; elles sont seulement exagérées sous le rapport de la taille, du geste et de l'attitude; j'imagine que cela tient surtout à la constitution physique de l'auteur; il était grand, bien fait, d'une belle physionomie et d'une prestance distinguée, d'une tenue irréprochable qui alliait la dignité du maintien à la correction de la mise.

Je n'ai pas l'intention d'établir une discussion qui aurait des prétentions à un essai de critique naturelle; on pourrait disserter longuement sur les rapports qui existent entre le caractère et la physionomie d'un individu, sur leurs influences réciproques, dans le domaine spécial de l'art. Cette corrélation me semble manifeste chez Jean Jouvenet; sa pensée n'était pas assez exercée et pas assez maîtresse de sa main pour s'abstraire dans des spéculations étrangères à son propre individu. Les tableaux qui nous occupent eurent un succès prodigieux à l'époque de leur apparition; ils méritent encore d'être cités parmi les œuvres très recommandables de la grande peinture française. J'y trouve certainement des masses encombrantes et nuisibles à l'intérêt du sujet, telles que le groupe des deux hommes retenant des taureaux dans le tableau des *Vendeurs chassés du Temple :* mais en isolant ces parties accessoires, je ne peux me refuser à constater en elles des qualités sérieuses qui, dans les nus spécialement, rappellent parfois l'école de Poussin. J'excepte absolument de cet éloge, que je crois juste, le dessin et le coloris des extrémités dans les personnages de Jouvenet; les mains surtout sont ordinairement trop petites, et décharnées au point de faire l'effet de membres desséchés.

Louis XIV s'était fait apporter ces peintures à Trianon; il ordonna à Jouvenet de les répéter pour être exécutées en tapisseries aux Gobelins; un de ces cartons existe, autant que je m'en souviens, au musée de Lyon. Quand le czar Pierre le Grand visita l'établissement des Gobelins én 1717, il fut si charmé de cette suite de tentures que le roi lui en fit présent.

J'ai encore à décrire, parmi les grands travaux de Jouvenet, ses fresques du dôme des Invalides : elles sont réparties autour de la retombée intérieure de la coupole dans douze compartiments, espacés suivant la disposition architectonique des grands trophées dorés placés à l'extérieur du comble. Ces peintures, qui

représentent les douze apôtres, sont trop largement
exécutées ; je reconnais que leur style convient à leur
emploi décoratif, mais c'est banal et souvent trop violent ; aucun modelé ne remplit les contours en sorte
que les figures sont sans épaisseur et sans relief. Saint
André, assis dans la fourche de sa croix classique, rappelle le modèle inconscient qui aurait posé pour le
dieu Saturne à la longue barbe, sans changer sa posture
ou son expression. Saint Paul apôtre, est aussi bien un
Moïse qu'un prophète quelconque ; le génie qui est
placé à ses pieds et lui tend un glaive, a l'air d'un
épileptique, tant son mouvement tourne à la contorsion.
J'aime mieux le tableau de saint Pierre ; le prince des
apôtres est représenté au-dessus et en arrière de deux
belles figures d'anges qui portent la croix du martyre ;
ses mains jointes et ses regards levés au ciel donnent
bien le sentiment de la prière ; j'aime aussi le lancé
aérien du chérubin qui va poser sur la tête du saint
la tiare pontificale. Je recommande enfin, dans le
cadre de saint Barthélemy, la tête expressive et le beau
raccourci du bras du génie céleste placé aux pieds de
l'apôtre ; on dirait le génie de la guerre. Jouvenet a
soigné ses draperies moins qu'à l'ordinaire ; il les a, en
outre, éclairées à faux sans arriver à produire un effet
qu'il cherchait certainement. Sa couleur est claire et
naturelle ; les qualités de coloris sont frappantes, à
côté de la chaude intensité de la fresque de La Fosse
qui domine l'ensemble.

Nous sommes arrivés à l'heure où Jean Jouvenet avait
révélé, au moyen d'œuvres différentes par leurs genres
et par leurs appropriations, la fécondité de son talent

ainsi que les éléments d'une grande inspiration. Louis XIV voulut l'envoyer en Italie à ses frais, c'est-à-dire en augmentant le chiffre de la pension dont il l'avait déjà gratifié ; malheureusement, il tomba malade au moment de partir, et la lenteur de la guérison le força à renoncer au voyage. Cet incident est regrettable, car Jouvenet avait tout ce qu'il faut pour devenir un grand peintre, en face des grands modèles ; il serait certainement revenu de Rome, amendé par les révélations qui envahissent infailliblement les esprits bien préparés lorsqu'ils arrivent devant les pages immortelles des maîtres italiens de la belle époque.

Un autre malheur ne tarda pas à l'atteindre en 1713 ; il devint paralysé de la main droite. Son désespoir fut immense ; pour la première fois, il se prit à réfléchir sérieusement en se disant qu'après tout l'art réside dans la tête et non pas dans le bras ; il se mit alors à travailler de la main gauche, et peu de temps après, il terminait sa carrière par un beau tableau du *Magnificat* qui resta longtemps dans le chœur de l'église de Notre-Dame.

Jean Jouvenet mourut à Paris en 1717, à l'âge de 73 ans. Il a été l'un des artistes les plus productifs de l'école française ; ses tableaux sont très répandus. Le château de Versailles renferme quelques bonnes peintures de lui dans le salon de Mars et dans la chapelle où je dois recommander spécialement la composition qui représente *saint Louis soignant les blessés après la bataille de la Massoure*. Les musées du Mans, de Toulouse, d'Aix, de Grenoble, de Caen et de Rouen sont riches en toiles de lui. L'église parisienne de Saint-

Étienne du Mont a donné asile à un vaste cadre qui provient des Grands-Augustins ; il renferme une composition très noircie et très fatiguée qu'on attribue à Jean Jouvenet ; elle a pour sujet *saint Pierre guérissant les malades par son ombre*.

Jean Jouvenet est le dernier représentant de la peinture française du dix-septième siècle ; il aurait pu être l'Annibal Carrache de notre école, c'est-à-dire que sa personnalité, ses grands instincts, ses dons d'assimilation et son intelligence pouvaient faire de lui un chef d'atelier, comparable, comme influence et comme valeur relative, à ce qu'avait été Simon Vouet. Il n'en fut pas ainsi ; notre peinture nationale devait abandonner pendant un siècle les voies de la tradition classique ; plus favorisée que la peinture italienne de la fin du seizième siècle, elle n'était pas appelée à déchoir après un regain de gloire éphémère ; elle allait se modifier en se délassant de ses grands triomphes, dans un art plus facile.

Les enseignements du dix-septième siècle étaient condamnés à attendre la venue de David pour rentrer en faveur. L'esprit critique du dix-huitième siècle avait commencé son œuvre ; on lui doit l'épuration du goût français, le règne de la grâce après celui de la beauté, le remplacement momentané du beau par l'élégant ; c'est l'arbuste qui se repose en ne donnant plus de fruits sans cesser pour cela de produire des fleurs.

Jouvenet n'a pour ainsi dire pas formé d'élèves. La Fosse était plus en harmonie avec les goûts du jour et il avait fait quelques disciples dont les plus connus sont François Marot, qui a suivi de très près la manière de son maître et Antoine Pesne, neveu du célèbre graveur Jean Pesne.

L'école des Boulogne, que Santerre avait abandonnée pour préluder, ainsi que je l'ai dit, aux galanteries du nouveau siècle, a eu un continuateur dans Louis Galloche, qui garda le culte des grands maîtres à travers la Régence et le règne de Louis XV, jusqu'à sa mort survenue en 1670. Le Louvre possède un assez bon tableau de ce maître, peint pour sa réception à l'Académie : il représente *Hercule rendant Alceste à Admète* et porte le n° 216 ; on y constate un honorable respect du style académique.

Je m'arrête, car il me faudrait entamer maintenant l'histoire des peintres du nom de DeTroy, ou de Van Loo, et par conséquent me lancer en plein dix-huitième siècle dont le programme de mon cours me défend l'accès. Je veux cependant parler encore de Joseph Parrocel qui était né à Paris en 1648. Il s'était lié à Rome avec le Bourguignon et devint, à son école, peintre de batailles. Les manières de Salvator Rosa et de Tempesta, qu'il avait connus et fréquentés en Italie, convenaient à son esprit brûlant, ami des expressions fortes et de la couleur vigoureuse. Il devint, à Paris et à Versailles, le rival de Van der Meulen que Le Brun employait pour les travaux du roi. La concurrence de cet étranger, exact et froid dans sa façon de peindre, fit tomber Joseph Parrocel dans l'excès contraire ; ses tableaux de batailles ne sont, à proprement parler, que des ébauches ; mais quelles ébauches éloquentes ! quels effets surprenants que les siens ! Il a excellé dans le rendu des masses expressives, des situations tourmentées jusqu'à l'invraisemblance; il se plaisait à tracer toutes les fureurs de la guerre, et il blâmait le calme relatif des batailles du Bourguignon en disant que « ce peintre ne savait pas tuer son homme. » .

Les meilleurs tableaux de Joseph Parrocel sont à Versailles dans l'antichambre du roi; celui qui représente *le Combat de Leuze* est un morceau plein de fougue et de chaleur dans le coloris aussi bien que dans la composition. Joseph Parrocel, dégoûté des intrigues dont l'entourait la jalousie de Van der Meulen, avait un beau jour abandonné ses pinceaux pour faire des vers; son peu de succès dans la poésie lui valut une leçon de la part de Mme de Sévigné, qui écrivit à son sujet cette phrase mordante : « Oh! combien la folie de vouloir chanter sur tous les tons fait une mauvaise musique. » Cette apostrophe méritée lui fit reprendre sa palette qu'il ne quitta qu'à sa mort arrivée en 1704.

Joseph Parrocel avait eu douze enfants; Charles Parrocel, l'aîné de tous, a été également peintre de batailles. On le confond quelquefois avec son père. Sa couleur est plus lumineuse et plus brillante; il était élève de La Fosse. Il a été l'auteur des cartons de tapisseries des Gobelins si intéressantes et si connues, qui représentent *l'entrée à Paris de l'ambassadeur de Turquie, par le jardin des Tuileries* et *la sortie du même par le pont tournant, après son audience*. Charles Parrocel a assisté à la bataille de Fontenoy; c'est dire qu'il appartient complètement au dix-huitième siècle. Il a souvent travaillé en collaboration avec Jean-Baptiste Van Loo. La famille Parrocel a fourni des peintres de talent dans tous les genres jusqu'à la fin du règne de Louis XVI.

Je crois être arrivé à la fin de ma tâche. J'ai essayé de donner un aperçu critique et historique de la peinture française, depuis ses origines jusqu'à la fin du règne de Louis XIV. J'aurais voulu pouvoir être moins rapide, mais le nombre de mes leçons était compté ; je craignais d'ailleurs d'abuser du temps ainsi que de la bienveillante attention de mon auditoire. Mon but est atteint si j'ai réussi à inculquer le goût d'une étude trop généralement négligée.

J'ose dire que je n'admets pas qu'on puisse ignorer les noms et les œuvres des peintres qui ont illustré notre art national ; en les citant, j'ai jalonné la voie qui me paraît la meilleure à suivre pour approfondir des connaissances dont j'ai tenu, avant tout, à faire saisir l'étendue et l'intérêt.

J'estime que trois années seraient nécessaires pour enseigner l'histoire et l'esthétique de la peinture française avec tous les développements essentiels qu'un aussi beau sujet comporte. La première année serait consacrée aux origines, la deuxième au dix-septième siècle, la troisième à la période comprise entre Watteau et l'école de 1830.

Je laisse de côté la peinture moderne ; elle est une actualité qui relève de la critique, mais n'appartient pas encore à l'impartiale histoire. Ce n'est qu'à la fin de cette triple série de leçons qu'il conviendrait d'aborder une catégorie de peintres que j'ai négligés à dessein ; je veux parler des portraitistes. J'avais d'abord songé à vous faire connaître ceux du dix-septième siècle, mais je m'en suis abstenu à la suite de réflexions dont je tiens à faire part avant de terminer cette dernière leçon.

Tous les peintres français, à très peu d'exceptions près, ont été portraitistes pendant le seizième, le dix-septième et le dix-huitième siècle ; ils ont peint les personnages de leurs époques avec un art et une exactitude qui classent tout à fait à part l'école du portrait français ; l'étude de celle-ci ne peut, à mon avis, être entreprise par tronçons ; elle doit être faite avec suite et liaison, car il ne s'agit pas seulement d'indiquer la valeur du dessin et du coloris chez chaque artiste ; il faut, avant tout, envisager la façon dont il a su interpréter son modèle.

Les difficultés du genre ont varié au fur et à mesure que les costumes changeaient, que la mode imposait des caprices nouveaux, que les aménagements intérieurs des maisons exigeaient que les cadres fussent réduits ou augmentés pour pouvoir être placés ; les peintres ont donc été obligés de modifier successivement leurs méthodes, les allures de leurs œuvres, tout en respectant les conditions essentielles attachées à la confection d'un portrait. Ce qui est, par conséquent, surtout curieux à étudier dans l'histoire des portraitistes français, c'est l'ingéniosité qu'ils ont déployée aux époques successives pour trouver des moyens en rapport avec la tâche imposée à leur art.

Quelques mots me suffiront pour définir la tâche spéciale du portraitiste.

Qu'on présente un miroir à une femme ou à un singe, la première cherchera à se composer une expression gracieuse, l'autre fera la grimace ; tant il est vrai que la supériorité de l'intelligence sur l'instinct n'apporte aucune exception à la règle générale, qui veut que tout être préfère voir son image sous un autre aspect que celui auquel la nature et l'habitude l'ont voué, dans les circonstances ordinaires de la vie. Pour répondre à ce besoin, sans faillir à son art, le peintre de portraits doit savoir saisir et reproduire les conditions d'expression dans lesquelles le modèle ne se présente pas à tout instant, mais qui le font voir sous un ensemble plus flatteur et plus idéal sans cesser d'être vrai.

La ressemblance, d'autre part, ne consiste pas seulement dans un rendu habile du type individuel; la ressemblance, c'est-à-dire la vérité artistique, n'existe pas sans la reproduction exacte et modelée des traits anatomiques dont le jeu constitue l'expression. Le portraitiste doit donc être à la fois naturaliste et interprète; il doit faire vivre son modèle en face de lui, le faire causer, le regarder penser, et saisir, pour les fixer sur la toile, les éclairs de vie intérieure qui viennent illuminer son visage. La puissance de l'art éclate quand on compare, par exemple, un beau portrait à ces figures de cire qui, malgré la perfection plastique qu'on sait si bien leur donner, ont l'apparence de cadavres sur lesquels la vie aurait laissé tous ses symptômes physiques; le pinceau du portraitiste a le privilège d'animer une apparence.

Des obstacles d'une nature particulière se sont présentés aux portraitistes du dix-septième et du dix-huitième siècle. Les modèles arrivaient devant eux surchargés de perruques colossales, enfouis dans des flots de dentelles ou de rubans, les joues et le front couverts de fard et piquetés de mouches, poudrés et coiffés de manière à faire confondre ou à supprimer les signes de l'âge. Il fallait retrouver l'homme ou la femme sous cet attirail dissimulateur, saisir les caractéristiques de la physionomie sous cette uniformité de la coiffure et du maquillage ; en un mot, il fallait peindre d'après des peintures ambulantes et ressusciter la nature.

Hyacinthe Rigaud et Nicolas de Largillière, nés, le premier à Perpignan en 1659, le second à Paris en 1656, ont excellé à vaincre ces difficultés réservées aux portraitistes. Hyacinthe Rigaud est le roi du portrait français ; comme Titien et Van Dyck, il a la science des belles couleurs et le don de saisir la ressemblance en l'animant ; il a donné à ses figures autant de ressemblance que de vérité, c'est-à-dire qu'il surprenait le caractère particulier de celles dont il rendait exactement les traits. Malgré la prodigieuse facilité de pinceau qui l'a aidé à exécuter plus de sept cents portraits dans l'espace de dix-huit ans, il ne négligeait rien ; tout est également terminé dans ses ouvrages, les étoffes, les armures, la légèreté et la transparence des linges et des dentelles. Son dessin est magistral, en même temps que sa couleur est d'une puissance harmonieuse. Ses portraits plaisent autant de loin que de près, car la beauté du fini ne détruit pas leur effet. Ses draperies sont amples et nobles ; il excellait à imiter les velours, et personne n'a peint les mains plus merveilleusement que lui. Quoique galant, il n'aimait pas à peindre les femmes : « Si je les fais telles qu'elles sont, » disait-il « elles ne se trouvent pas assez belles ; si je les flatte, elles ne sont pas ressemblantes. »

Largillière, par contre, n'a jamais pu s'assujettir complètement au joug de la ressemblance ; aussi a-t-il peint beaucoup de femmes. Aucun peintre n'a été plus universel que lui : histoire, paysage, animaux, fruits, fleurs, architecture, tous les genres convenaient à sa fécondité et à sa mémoire qui lui permettait de dessiner sans modèles. Il peut être comparé à Rubens et au Corrège, comme j'ai tout à l'heure comparé Rigaud à Titien et à Van Dyck.

Mais Largillière est avant tout portraitiste, et c'est comme tel qu'il faut le considérer ; ses qualités dans les autres genres se lisent sur les fonds de ses portraits. Il a peint avec une grâce correcte ; ses têtes et ses mains sont admirables ; il savait merveilleusement fixer les grâces mobiles et légères de la femme, aussi bien que l'expression sourcilleuse des penseurs, le caractère de noblesse et de dignité inhérent aux rejetons des grands noms de France. Il a été le complément de Rigaud, en travaillant beaucoup pour les particuliers, tandis que celui-ci travaillait surtout pour la cour. Son premier portrait avait été celui de Van der Meulen, « Voilà qui est beau ! dit Le Brun en voyant son ouvrage, comment vous nommez-vous? — J'ai nom Largillière. — Je dirai votre nom au roi, mais vous le direz vous-même à toute la France. »

Ch. Le Brun, avait été bon prophète. Largillière, comme Rigaud, est devenu une de nos gloires nationales. Il faut rappeler à côté d'eux Sophie Chéron à laquelle nous devons les portraits de Mme Deshoullières et celui de Mlle de Scudéry ; Charles Lefébure, qui a peint le fameux antiquaire Ch. Patin et le marquis de Louvois. Joseph Vivien, élève de Le Brun, maniait également bien le pinceau et le pastel pour exécuter d'excellents portraits parmi lesquels je citerai ceux du sculpteur Girardon et de l'architecte Robert de Cotte. Robert Tournières mérite enfin une place distinguée, et je nommerai, pour finir, Joseph Raoux qui a laissé beaucoup de portraits des femmes de la cour du Régent, en costumes de déesses de l'Olympe ou même de vestales.

Enfin, si j'avais eu à faire l'histoire complète des portraitistes du dix-septième siècle, je n'aurais pas négligé les miniaturistes comme les Du Guerrier, le Père Saillant, Claude Dervet, Gribelin et surtout Petitot qui, après avoir été joaillier à la cour d'Angleterre, était venu se fixer à Paris avec son beau-frère Bordier émailleur comme lui. Petitot a exécuté un nombre incalculable de petits portraits très recherchés aujourd'hui à cause de leur finesse et de leur ressemblance. Il avait la spécialité de faire les portraits du roi qu'on donnait aux ambassadeurs qui venaient prendre congé.

Je ne sais si j'ai réussi à présenter un aperçu suffisamment clair de la façon dont l'école française de peinture a compris la philosophie de l'art depuis les temps primitifs de notre histoire jusqu'à la fin du dix-septième siècle. J'ai cherché à extraire des faits biographiques se rapportant aux peintres soumis à notre appréciation les éléments psychologiques de la manière de chacun analysée en face de ses œuvres principales.

J'ai parfois comparé et puis soudé ensemble des conclusions individuelles pour déduire la caractéristique d'une période ou d'un atelier, c'est-à-dire d'un groupe d'artistes congénères. Il n'y a qu'un instant, j'ai exprimé un regret, en disant combien j'aurais désiré entamer l'histoire complète du portrait en France; j'ai donné les motifs qui, suivant moi, exigent que cette histoire particulière d'un genre soit faite isolément, sans interruptions d'époques, avec les liaisons communes au tableau des mœurs de notre pays. J'aurais fait voir spécialement combien les modifications du costume ont été intimement liées à celles de l'esprit public : nous serions arrivés successivement au temps présent, où notre mise simplifiée correspond si bien au positivisme actuel.

Le génie de la France n'a pas périclité parce que ses efforts sont moins complètement tournés vers la recherche spéculative qui fait les grands littérateurs, les grands peintres et les grands sculpteurs; il a d'autres manifestations, mais il ne s'est pas amoindri.

Je ne cesserai de le répéter : le despotisme des appétits matériels, substitué dans une large mesure au respect et à la recherche des inspirations fournies par la raison librement et esthétiquement agissante, impose au génie humain une dose prépondérante d'application vers la réalisation du bien-être et des satisfactions physiques; c'est là qu'il faut chercher les causes qui ont plus spécialement voué notre époque à l'industrie et aux sciences utiles. Nier les progrès obtenus dans cette voie serait méconnaître un élan intellectuel qui honore notre patrie. Je me permettrais néanmoins de déplorer la condition faite aux beaux-arts si je ne voyais de tous côtés des hommes de science et de goût se consacrer à la recherche des moyens les plus capables de relever l'Art par lui-même d'abord et ensuite par son alliance avec l'industrie qu'on a trop longtemps considérée comme son ennemie inconciliable.

La *Société de l'Union centrale des Beaux-Arts appliqués à l'Industrie* a porté le premier coup à ce préjugé funeste; elle a rendu d'immenses services en organisant périodiquement des expositions qui ont pris le caractère de solennités artistiques et industrielles, en prodiguant ses encouragements à l'enseignement pratique du dessin, en ouvrant les salles de sa bibliothèque aux artisans de toutes les professions. Mais il faut plus que cela. L'Angleterre nous a donné l'exemple; elle a réformé son goût par la fondation de cette merveille utile qui s'appelle le South Kensington Museum. A côté de nos musées nationaux, qui sont des arsenaux de trésors, il nous faut un musée secondaire dont les collections soient formées et groupées dans un but d'instruction générale ou spéciale, pratique ou historique; en un mot un musée qui apprenne l'histoire des *choses* depuis leur état purement usuel jusqu'à leur plus grand perfectionnement artistique.

Je vous annonce que le *Musée français des Arts décoratifs* va être institué; il le sera par l'initiative privée, par la coopération matérielle et intellectuelle de tous. Un grand nom français figure en tête des organisateurs de cette œuvre depuis longtemps désirée : M. le duc d'Audiffret-Pasquier a accepté la présidence d'un comité de patronage qui comprendra dans son sein les représentants les plus éminents de l'art, de l'industrie, du travail, du progrès. Une commission d'exécution, formée de neuf fondateurs et de vingt et un adjoints, a déjà fonctionné. Son président élu est M. le duc de Chaulnes.

La Commission a voulu rendre un hommage à la mémoire d'Albert de Luynes, dans la personne de son petit-fils, voué lui-même au noble culte des beaux-arts. Une souscription sera ouverte sur tous les points du territoire afin que chacun puisse apporter sa pierre ou son grain de sable à ce piédestal d'une nouvelle gloire française et humanitaire. Des écoles seront adjointes au musée ; les éléments de leur constitution sont prêts, grâce à l'*Union centrale des beaux-arts appliqués à l'Industrie*. Cette Société a libéralement compris qu'elle avait la mission de devenir l'associée de la grande entreprise qui se prépare ; elle a conquis, par ce fait, d'autres titres à la reconnaissance publique.

La France est et sera toujours le pays des grandes idées. Le Musée des arts décoratifs naîtra la veille de l'ouverture de l'Exposition universelle de 1878.

Le Champ-de-Mars et les hauteurs du Trocadéro vont devenir le théâtre d'une seconde fête internationale et pacifique, où les arts et l'industrie étaleront les plus beaux fruits de leur bienfaisant mariage.

J'ai l'honneur d'avoir une part importante dans les travaux préparatoires de cette gigantesque assemblée des peuples. Eh bien, savez-vous ce qui ressort des observations que je suis à même de faire ? Laissant de côté le groupe proprement dit des beaux-arts, je vois les produits industriels chercher plus que jamais à se faire beaux avant de paraître dans la lice. La pureté de la forme et de la couleur, cette coquetterie du pauvre, ce premier échelon de l'art, tend à imposer sa parure à l'objet même le plus commun ; les qualités essentielles de la fabrication ne sont pas négligées, mais l'élégance réclame ses droits, qui sont des droits français.

J'assiste même à des luttes qui peuvent devenir fécondes ; les céramistes et les peintres verriers, entre bien d'autres, se tiraillent dans leurs classes respectives pour aller, qui du côté des beaux-arts, qui du côté de l'industrie. Il y a là une délimitation délicate à établir, car chacun a raison de son côté ; mais, quoi qu'il arrive, chacun trouvera son compte, et l'union de l'art avec l'industrie profitera de cette désunion passagère entre l'artiste et l'industriel. Le fer lui-même, qui sera employé à profusion dans les bâtiments de l'Exposition, se façonne, sous la main d'ingénieurs éminents, de manière à allier la résistance mathématique à l'élégance des galbes. En voyant se profiler les fermes et les courbes de nos grandes galeries, on ne dira plus seulement : « C'est solide », on dira encore : « C'est beau. » La formule chiffrée fraternisant avec la formule esthétique, voilà un progrès, ou bien je ne m'y connais pas!

Après beaucoup d'alternatives inhérentes à la mise en train de toutes les grandes entreprises, l'Exposition universelle de 1878 est entrée dans la voie du succès. L'élan national est immense, il dépasse toutes les prévisions. De leur côté, les nations étrangères se préparent avec une ardeur qu'aucune préoccupation politique ne parvient à ralentir. Chacun a le droit de compter maintenant sur l'éclat de cette grande démonstration pacifique, de ce concours solennel dont les préparatifs universels auraient suffi pour donner une idée du large courant intellectuel qui envahit aujourd'hui toutes les parties du monde.

Je me suis voué à l'œuvre de l'Exposition avec toute l'abnégation que réclame un acte de patriotisme, mais j'aurais difficilement pardonné à l'Exposition, si elle m'avait privé de l'honneur de parler devant vous pendant les quatre mois qui viennent de s'écouler. C'est du fond du cœur que je vous remercie, Messieurs, de votre longue et bienveillante attention.

TABLE DES MATIÈRES

PREMIÈRE LEÇON

Introduction : définitions générales. — Origines de l'école française. — Art carlovingien; école palatine d'Aix-la-Chapelle. — Calligraphes; peintres de manuscrits; peintres verriers. — L'architecture et la peinture en miniature. — Le treizième siècle est une ère d'émancipation; les corporations. — La plate-peinture : retables et tableaux de chevet. — Les peintres imagiers. — Influences diverses : la Bourgogne et les Flandres; l'école de Cologne; Van Eyck et Fra Giovanni Angelico; Hemling et Jean Fouquet.   1

DEUXIÈME LEÇON

Vestiges de la peinture murale en France du neuvième siècle à la fin du quinzième siècle. — Jean Fouquet. — Jean Cousin et les Clouet..   53

TROISIÈME LEÇON

L'école de Fontainebleau : le Rosso; le Primatice; Nicolo dell'Abbate. — Corneille de Lyon. — Les Foulon; les Dumoustier; les Quesnel. — Antoine Caron. — Toussaint Dubreuil. — Bunel. — Ambroise Dubois. — Martin Fréminet. — Quentin Varin. .   65

QUATRIÈME LEÇON

L'école italienne de la fin du seizième siècle et du commencement du dix-septième siècle; ses influences sur la manière française. — Valentin. — Simon Vouet et ses contemporains; son atelier : ses élèves. — Les Blanchard. — Laurent de la Hire. — Claude Vignon. — Le Bourguignon. — Jacques Callot. — Les Lenain. 90

CINQUIÈME LEÇON

Nicolas Poussin. 120

SIXIÈME LEÇON

Nicolas Poussin (suite). 148

SEPTIÈME LEÇON

Claude le Lorrain. — Les paysagistes du dix-septième siècle. — Eustache Le Sueur. 167

HUITIÈME LEÇON

Eustache Le Sueur (suite). 197

NEUVIÈME LEÇON

Pierre Puget. — Jacques Stella. — Sébastien Bourdon. — Charles Le Brun et Pierre Mignard. 211

DIXIÈME LEÇON

Charles Le Brun et Mignard (suite). 243

ONZIÈME LEÇON

L'académie royale de peinture et de sculpture. — L'enseignement académique. — L'usage du modèle. 272

DOUZIÈME LEÇON

Juste d'Egmont. — Les Beaubrun. — Charles Errard et l'académie de France à Rome. — Claude Vignon. — Charles Poërson et Lubin Baugin. — Les Testelin. — Daniel et Claude Hallé, etc. — Les peintres des Gobelins. — Les Coypel. — Les Boulogne. — Les Corneille. 306

TREIZIÈME LEÇON

Santerre. — La Fosse. — Jouvenet. — Louis Galloche. — Joseph Parocel et sa suite. — Hyacinthe Rigaud et Largillière. — Les portraitistes. 340

5174. — PARIS, TYPOGRAPHIE A. LAHURE
9, Rue de Fleurus, 9

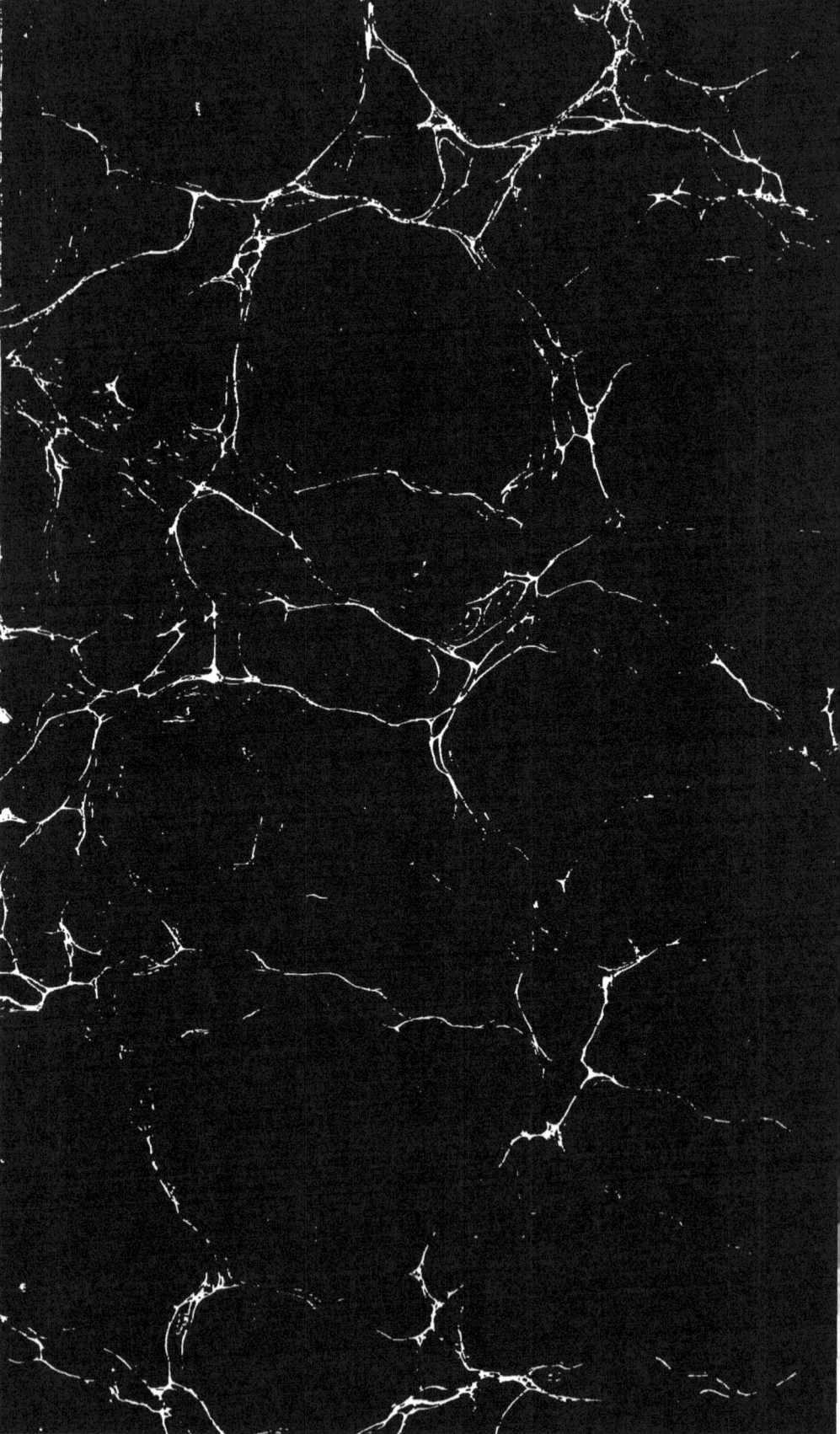

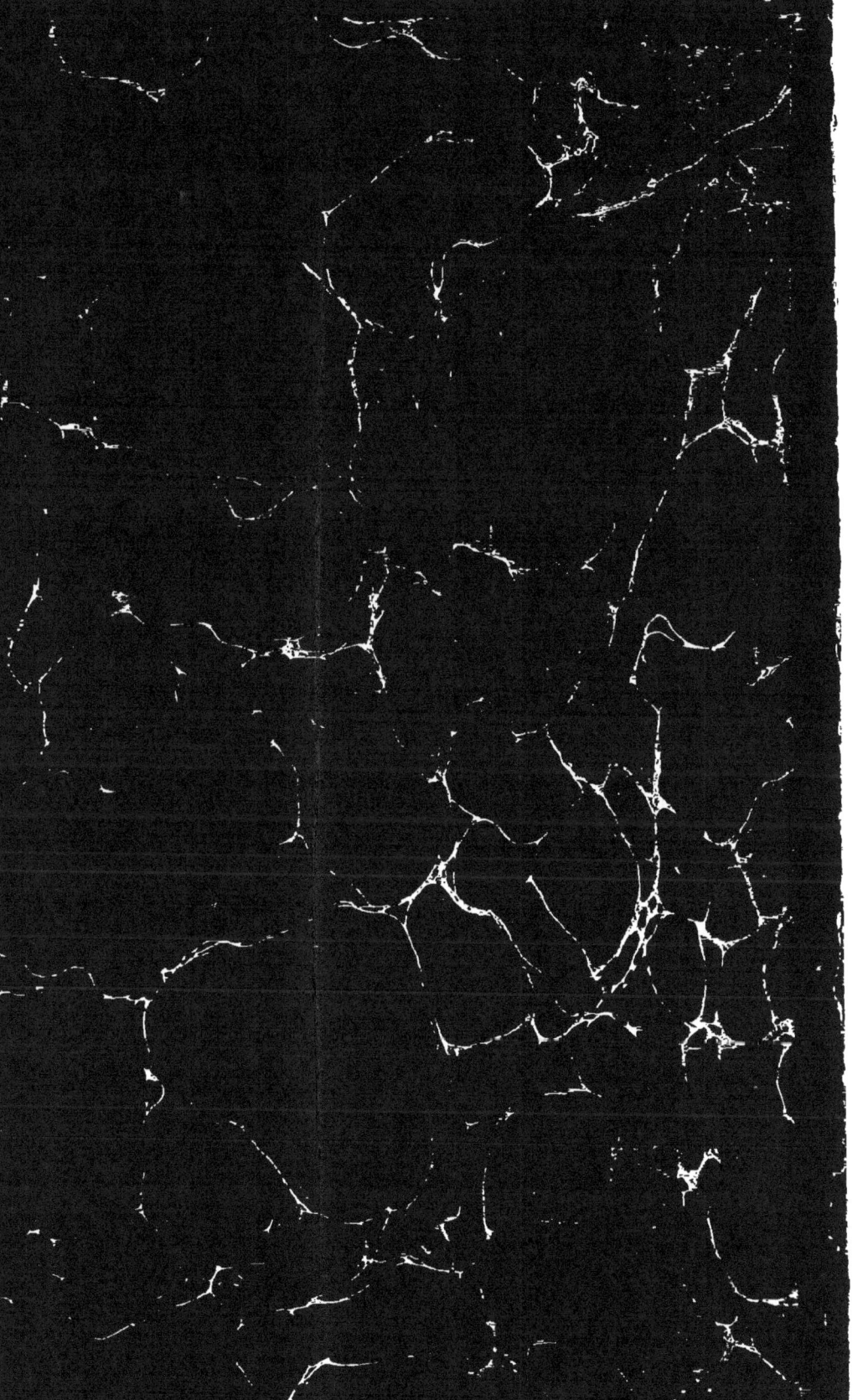

www.ingramcontent.com/pod-product-compliance
Lightning Source LLC
Chambersburg PA
CBHW050153230526
45470CB00001B/70